U0604337

广视角·全方位·多品种

河南蓝皮书

BLUE BOOK OF HENAN

2014 年
河南社会形势分析与预测

SOCIETY OF HENAN ANALYSIS AND FORECAST
(2014)

新型城镇化与社会体制改革

主　编／刘道兴　牛苏林

副主编／周全德　李怀玉　刘振杰

社会科学文献出版社

SOCIAL SCIENCES ACADEMIC PRESS (CHINA)

图书在版编目（CIP）数据

2014 年河南社会形势分析与预测：新型城镇化与社会体制改革/
刘道兴，牛苏林主编. —北京：社会科学文献出版社，2014.1
（河南蓝皮书）
ISBN 978 - 7 - 5097 - 5567 - 9

Ⅰ.①2… Ⅱ.①刘… ②牛… Ⅲ.①社会分析 - 河南省 - 2013
②社会预测 - 河南省 - 2014 Ⅳ.①D668

中国版本图书馆 CIP 数据核字（2014）第 012598 号

河南蓝皮书
2014 年河南社会形势分析与预测
——新型城镇化与社会体制改革

主　　编／刘道兴　牛苏林
副 主 编／周全德　李怀玉　刘振杰

出 版 人／谢寿光
出 版 者／社会科学文献出版社
地　　址／北京市西城区北三环中路甲 29 号院 3 号楼华龙大厦
邮政编码／100029

责任部门／皮书出版中心（010）59367127　　　　责任编辑／王　颉
电子信箱／pishubu@ ssap. cn　　　　　　　　　责任校对／李　腊
项目统筹／任文武　　　　　　　　　　　　　　责任印制／岳　阳
经　　销／社会科学文献出版社市场营销中心（010）59367081　59367089
读者服务／读者服务中心（010）59367028

印　　装／北京季蜂印刷有限公司
开　　本／787mm×1092mm　1/16　　　　　　印　　张／23
版　　次／2014 年 1 月第 1 版　　　　　　　　字　　数／370 千字
印　　次／2014 年 1 月第 1 次印刷
书　　号／ISBN 978 - 7 - 5097 - 5567 - 9
定　　价／69.00 元

河南蓝皮书系列编委会

主要编撰者简介

刘道兴　男，1954 年 6 月生，河南省南阳市人。现任河南省社会科学院副院长，研究员。享受国务院特殊津贴专家，河南省管专家，兼任河南省经济学会副会长、河南省自然辩证法研究会副理事长。长期从事经济社会发展问题研究，承担国家社会科学规划课题 1 项，省社科规划课题 3 项，独立撰写或参编专著《河南可持续发展研究》《转型与升级》《科学论》《教育投入的革命》等多部，发表学术论文多篇。

牛苏林　男，1958 年 12 月生，福建德化人。现任河南省社会科学院社会发展研究所所长，研究员。河南省管专家，兼任河南省社会学学会副会长、秘书长，河南省统一战线理论研究会副会长，民盟中央兼职研究员。长期从事哲学、宗教学、社会学研究，独立承担国家社会科学规划课题 2 项，省部级课题多项，出版著作《不朽思想的历程》《马克思恩格斯的宗教理解》《河南：走向现代化》《构建和谐中原》《河南社会发展与变迁》等多部，发表学术论文数十篇。

摘　要

　　本书由河南省社会科学院主持编纂，系统概括了近年来尤其是 2013 年河南社会建设所取得的主要成绩，分析当前面临的形势、任务和亟须认真破解的主要问题，并对河南 2014 年社会发展提出对策建议。

　　2014 年河南社会蓝皮书依据党的十八大报告及十八届三中全会《决定》的基本精神，以新型城镇化与社会体制改革为主题。全书由总报告、城乡统筹篇、民生就业篇、网络舆情篇、社会治理篇组成。总报告由河南省社会科学院"河南社会形势分析与预测"课题组撰写，代表本书对河南社会形势分析与预测的主要观点和见解。总报告认为，2013 年，河南省委、省政府坚持以科学发展观统领经济社会发展全局，努力打造富强河南、文明河南、平安河南、美丽河南"四个河南"，着力调结构、转方式、促改革、惠民生，促进了河南经济社会持续健康发展。但人口多、底子薄、基础弱、人均水平低、发展不平衡的基本省情尚未根本改变，发展中还存在一系列亟待破解的瓶颈和障碍，河南仍处于爬坡过坎、攻坚转型的关键时期。社会领域各项事业总体滞后的基本现状，依然是制约河南经济社会协调发展的短板。2014 年，是全面贯彻落实党的十八届三中全会关于全面深化改革战略部署的重要一年，转变社会发展方式、大力改善民生、深化社会体制改革、推进社会公平，努力破解社会发展瓶颈，加快形成科学有效的社会治理体制，全面提升经济社会发展的质量，将是河南实现科学发展，加快推进社会建设面临的主要任务。城乡统筹篇、民生就业篇、网络舆情篇、社会治理篇四大板块内容，邀请省内专家学者从不同视角探究、评析社会建设和社会体制改革中的热点难点问题。全书主题明确、内涵丰富，客观反映了 2013 年河南社会发展的轨迹，破解了河南社会发展领域中的矛盾和问题，提出了深化社会体制改革、加快社会事业发展、创新社会治理体制的对策建议，展望了 2014 年河南社会形势的发展趋向。

目 录

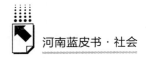

皮书数据库阅读**使用指南**

总 报 告

General Report

B.1

在推进新型城镇化中深化社会体制改革

——2013~2014年河南社会发展形势分析与预测

河南省社会科学院课题组*

摘 要：

2013年，是河南全面贯彻落实党的十八大精神的第一个年头，也是全面实施国家批准的粮食生产核心区、中原经济区、郑州航空港经济综合实验区三项战略规划的重要一年。在这一年，河南省委、省政府坚持以科学发展观统领经济社会发展全局，努力打造富强河南、文明河南、平安河南、美丽河南"四个河南"，着力调结构、转方式、促改革、惠民生，促进了河南经济社会持续健康发展。但人口多、底子薄、基础弱、人均水平低、发展不平衡的基本省情尚未根本改变，发展中还存在一系列亟待破解的瓶颈和障碍，河南仍处于爬坡过坎、攻坚转型的关键

---

* 课题负责人：刘道兴，牛苏林；执笔：牛苏林、周全德、李怀玉、刘振杰。

时期。教育、就业、就医、收入分配、社会保障等民生问题依然突出；社会领域各项体制改革未实现重大突破；城乡之间基本公共服务供给不均，促进社会公平正义任重道远；社会矛盾与社会风险增多，社会治理难度加大；全省人口老龄化进程加快，社会老龄化压力日趋沉重；全省生态环境、公共安全等方面面临的形势十分严峻。社会领域各项事业总体滞后的基本现状，依然是制约河南经济社会协调发展的短板。2013 年 11 月 9~12 日召开的党的十八届三中全会，是在我国改革开放新的重要关头召开的一次重要会议。2014 年，是全面贯彻落实党的十八大精神和党的十八届三中全会关于全面深化改革战略部署的重要一年，是全面实施中原经济区建设的关键一年，转变社会发展方式、大力改善民生、深化社会体制改革，推进社会公平，努力破解社会发展瓶颈，加快形成科学有效的社会治理体制，全面提升经济社会发展的质量，将是河南实现科学发展，加快推进社会建设面临的主要任务。

关键词：

改善民生　社会体制改革　社会治理

一　2013 年河南社会发展总体形势

2013 年，河南省委、省政府坚持以科学发展观统领经济社会发展全局，认真落实中央和河南省的一系列重大决策部署，深入实施粮食生产核心区、中原经济区、郑州航空港经济综合实验区三大战略规划，全省经济呈现出稳中趋升、稳中有进、稳中向好的态势，年初经济增速回落过大的局面逐步扭转，速度、结构、质量、效益等指标趋于协调，持续健康发展基础不断夯实。总体上看，全省综合经济实力、粮食生产能力、城镇化发展水平、基础设施建设和人民生活水平跨上新的台阶，经济社会发展呈现出好的势态，中原经济区建设迈出了坚实的一步。

（一）十八届三中全会对全面深化改革做出新的战略部署，为河南各项事业的发展增添强大动力

党的十八届三中全会胜利召开，全会审议通过的《关于全面深化改革若干重大问题的决定》，为河南经济社会发展注入新动力和新活力。改革开放是河南全面建成小康社会、实现富民强省的必由之路，是河南破解发展难题、实现转型升级的根本途径，是河南发挥独特优势、实现跨越发展的难得机遇。全面深化改革，对河南这样一个发展中大省，具有特别重要意义。作为人口大省，河南与全国同步全面建成小康社会任务艰巨；作为农业大省，河南既要解决好自身的吃饭问题、为经济社会发展奠定基础，又要为保障国家粮食安全做贡献；作为能源原材料大省，河南资源环境约束加剧，生态保护难度加大，调整经济结构、转变发展方式的要求非常迫切。只有全面深化改革，才能构筑充满活力、富有效率、更加开放、有利于科学发展的体制机制，才能更加有效地调结构、转方式、惠民生，促进河南经济社会持续健康发展。

十八届三中全会通过的《决定》用"六个紧紧围绕"描绘了全面深化改革的"路线图"，使经济、政治、文化、社会、生态文明和党的建设等各方面制度和体制机制更加科学、更加完善。河南省委、省政府结合省情和多年的发展实践，提出打造富强河南、文明河南、平安河南、美丽河南"四个河南"，推进社会主义民主政治制度建设、加强和提高党的执政能力制度建设"两项建设"。打造"四个河南"，推进"两项建设"，必须全面深化改革。围绕"富强河南"建设，就是要把握经济体制改革这个重点，充分发挥市场在资源配置中的决定性作用和更好发挥政府作用，全面实施国家批准的粮食生产核心区、中原经济区、郑州航空港经济综合实验区三项战略规划，加快培育产业集聚区科学发展载体和现代产业体系、现代城镇体系、科技创新体系，构建开放型经济新体制，加快建设先进制造业大省、高成长性服务业大省、现代农业大省，打造河南经济升级版；围绕"文明河南"建设，就是要继续推进文化体制改革，打造华夏历史文明传承创新区，推进社会主义核心价值体系建设，倡导做文明人、办文明事；围绕"平安河南"建设，就是要推进社会事业改革创新，创新社会治理体制，探索基层党组织和城乡基层群众性自治组织充分发

挥作用的体制机制，坚持法治德治相结合，夯实平安建设的组织基础、群众基础、社会基础；围绕"美丽河南"建设，就是要推动生态文明制度建设，以机制创新促进资源能源节约、环境保护、生态系统建设，建设天蓝地绿水净的美好家园。同时，围绕社会主义民主政治制度建设深化改革，就是要加快推进社会主义民主政治制度化、规范化、程序化；围绕加强和提高党的执政能力制度建设深化改革，提高科学执政、民主执政、依法执政水平。①

（二）国家战略聚焦中原，河南社会发展获得新机遇

继"长三角、珠三角、京津冀"之后，以河南为主体的中原经济区已经成为中国第四大经济区。随之而来的则是国家有关部委"真金白银"的政策不断密集给力中原，为中原经济区建设提供政策红利。这类利好所带来的不仅仅是项目数量与投资额度的增长，更重要的是引发了诸多之变——发展理念、发展速度、发展路径、发展质量等方面的变化，为"四个河南"建设打下了牢固基础。

1. 国家推动河南经济社会发展的又一重大战略部署

2013 年 3 月 7 日，国务院正式批复了郑州航空港区发展规划。这是目前中国唯一以航空经济为主题而进入国家层面的功能区规划。无论是从大局还是从大势看，这一规划的批复对于河南未来的发展都是巨大的利好消息，都是千载难逢的历史机遇。为此，河南省委、省政府把郑州航空港区建设列为全省"一号工程"，并赋予航空港区省辖市级管理权限。这一重大举措意味着将对航空港区倾全省之力予以支持。可以断定，这一重大战略部署必将对亿万中原人民在经济、政治、社会、文化、生态等方方面面，产生不可估量的深远影响。

2. 实施国家战略举措亮点纷呈

2013 年，河南全省坚持以科学发展观为主题，以加快转变经济发展方式为主线，深入实施粮食生产核心区、中原经济区、郑州航空港经济综合试验区三大战略规划，河南战略地位明显提升，发展空间不断拓展。尤其是航空港经

---

① 郭庚茂：《爬坡过坎靠改革发力》，《人民日报》2013 年 11 月 25 日，第 5 版。

济综合实验区规划被批复且实施建设，郑州将全力打造千万人口的繁华都市区。目前，全省正在以交通要道、生态廊道、产业集聚区等六方面为抓手，掀起新的城镇化热潮。届时，航空、物流、电子等高新技术产业对河南经济增长的贡献度将大幅增长。

3. 河南社会发展注入新动力

随着中原经济区和郑州航空经济综合实验区建设的逐步实施，中原这块热土再次成为国内外无数商家开拓发展空间、赢得无限商机的焦点。以郑东新区为代表的中原城市群城市新区快速发展，其综合功能和配套服务日益完善，资金、土地、人力资源等要素供给相对充裕，基础设施日趋完善，早已成为投资兴业、承接转移的圣地，从而吸引了富士康等一批重大项目落地生根发芽，使河南的对外经贸呈现井喷之势。伴随经济建设焕发新活力，河南社会发展也被注入新动力。

（三）经济运行总体平稳趋缓，城乡居民生活水平稳步提高

随着经济结构持续调整和产业转型升级，河南省经济增长的动力正在发生根本性改变。尤其是"一个载体、三个体系"① 的完善，为河南提升创新驱动发展的能力和水平奠定了良好基础。

1. 经济运行总体平稳

当前，河南经济增长的新亮点和新动力不断呈现，经济增长仍处于较快区间，主要经济指标增速继续保持在较高平台上，总体延续了稳中有进的良好态势。2013 年上半年，全省生产总值增长 8.4%；规模以上工业增加值增长 11.1%；固定资产投资、社会消费品零售总额分别增长 23.5%、13.2%。随着保增长、调结构、促改革等一系列政策的实施，总体上完全可以实现全省全年 GDP 增长 8%~9% 的运行目标。尤为值得一提的是，目前河南省已初步建成 180 个省级产业集聚区和一批市县级产业集聚区，对全省工业增长的贡献率达到了 52.7%，已经成为全省经济增长的主要载体。②

---

① "一个载体、三个体系"是指以产业集聚区为主的科学发展载体和现代产业体系、现代城镇体系、自主创新体系。
② 数据来自河南省统计局有关资料。

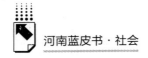

2. 城乡居民生活水平稳步提高

2013年夏粮产量在高平台基础上再创历史新高，达到647.04亿斤，比上年增产8.2亿斤，实现十一年连增。秋粮播种面积近7000万亩，比上年有所增加。主要经济作物、蔬菜等发展平稳，生猪、禽类养殖逐步恢复正常。市场物价总体稳定，居民消费价格涨幅同比回落0.8个百分点。国家统计局河南调查总队发布的调查报告显示：全省城镇居民中10%最低收入户和10%最高收入户的可支配收入之比2010年为1∶6.74，2011年为1∶6.54，2012年为1∶6.11，收入差距连续三年缩小。① 2013年前三季度，全省农民人均现金收入比上年同期增长12.5%，城镇居民人均可支配收入比上年同期增长9.6%。② 全省城乡收入差距进一步缩小，居民幸福指数明显提升。

（四）城镇化进程加快，城乡统筹稳步推进

《国务院关于支持河南省加快建设中原经济区的指导意见》（国发〔2011〕32号）明确支持河南"积极推进城镇化，促进城乡一体化发展""有序推进农村人口向城镇转移，把符合条件的农业转移人口逐步转成城镇居民，享有平等权益"。《中原经济区建设纲要（试行）》也提出"加快农村人口向城镇有序转移，全省大中小城镇体系日益完善"。这说明，加快城镇化进程，稳步推进城乡统筹，已成必然之势。

1. 在新的起点上出台了关于加快城镇化进程的决定

河南的城镇化率一直比较低，甚至赶不上广西、青海、宁夏、新疆等西部省份。2012年，全省城镇化率为42.4%，与"十一五"末相比，年均提高近1.62个百分点，高于全国平均水平近0.5个百分点。根据河南省城乡建设规划要求，从2013年起，全省城镇化率年均应提高2个百分点以上，2015年达到48%，2017年达52%以上，2020年达56%，从而成为新中国成立以来河南城镇化进程最快的时期（见图1）。③ 为了科学规划、合理布局、加快推进

---

① 国家统计局河南调查总队：《2012年河南城镇居民收入差距连续三年缩小》，《河南日报》2013年3月8日。

② 谭勇：《城乡居民腰包渐鼓》，《河南日报》2013年11月5日。

③ 数据来自河南省住房建设厅有关资料。

河南的新型城镇化，近期河南出台了《关于加快新型城镇化的指导意见》和《三年行动计划》等有关文件。新型城镇化的快速推进，必将激活内需并持续扩大内需，使其形成全省经济社会平稳健康发展的重要支撑。

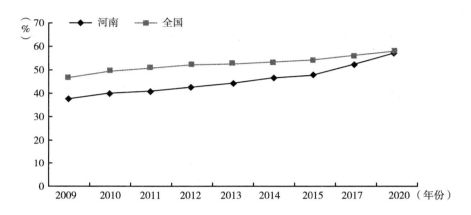

图1　近年来河南城镇化率与全国平均水平差距（根据历年数据整理）

2. 全面提升了新型城镇化在中原崛起中的地位

"城市让生活更美好。"一方面，为了摆脱城镇化水平低这一历史及现实困境，多年来，纯朴、勤劳的中原人民始终怀揣着一个"城市梦"。从中心城市带动到大中小城市和小城镇协调发展，河南推进城镇化的探索从未停歇。确立新型城镇化的引领地位，既符合国家战略要求，又是河南发展史上一次大胆尝试；另一方面，作为中原经济区建设必须遵循的基本准则，"三化"协调和"四化"同步科学发展方略要求河南：工业的主导地位不能改变、农业的基础地位不能动摇、产业的支撑作用更不能削弱。在这种情况下，河南的新型城镇化就承载了城乡统筹、协调发展的时代重任。当前，新型城镇化的巨大历史机遇已经来临，6000多万河南农民的生产生活与城里人渐行渐近。

3. 加快农村人口向城镇有序转移步伐

城镇化的过程，就是农民转化为市民的过程。鼓励农民向城镇有序转移，既是破解城乡二元结构、促进城镇化快速健康发展的重要任务，也是从乡村型社会向城市型社会转型的一次重大社会变革。当前，全省各地人口集中态势日益凸显，人口集中步伐加快，呈现出人口流动活跃、人口流向多元且主要流向县城以上、吸纳人口向产业集聚区集中、城镇人口新增数量呈逐步加快态势的特征。从年龄结构看，劳动适龄人口继续增加，新生代农民工逐渐成为主体；产业集聚区吸纳人口快速增加，成为农民就地转移就业的一条重要渠道；举家外迁成为农村人口转移的一大特点，预期未来农民工家属将成为城市流动人口的主体（见表1）。与此同时，土地流转与农村劳动力转移也成了一对互相促进的积极因素，有利于建立健全城乡一体化体制机制。目前，全省土地流转面积达到2982万亩，约占家庭承包经营土地面积的30%，新型农业现代化发展势头正旺。

表1　河南省商丘市某区农业人口流动情况

年份	2006	2007	2008	2009	2010	2011	2012	2013
劳动适龄人口（万人）	1.83	2.48	3.19	3.39	3.68	3.92	3.82	3.70
新生代农民工（万人）	1.39	1.96	2.61	2.88	3.24	3.57	3.60	3.62
个人外出（万人）	1.80	2.47	3.19	3.29	3.64	3.91	3.82	3.41
举家外出（万人）	0.10	0.14	0.20	0.36	0.36	0.40	0.42	0.53

（五）民生工程惠及城乡，社会事业均衡发展

在经济增速明显放缓的情况下，河南全省各级财政仍然将大量财政投入民生领域。尤其对社会保障的财政转移支付规模增长十分明显，成为提高全民待遇水平的有力支撑。2013年上半年，全省财政民生支出1771亿元，占全部公共财政预算支出的71.2%。

1. 十项重点民生工程扎实推进[1]

2013年，河南省继续将涉及人民群众最关心、最直接、最现实的就业再就业、社会保障、住房保障、教育、医疗卫生、文化、支农惠农、环境治理、社会管理、食品药品安全等列为十项重点民生工程，并全力推进落实。

千方百计扩大就业。全省实施全民技能振兴工程，重点帮扶农村劳动力、

---

[1]　参见《河南省人民政府办公厅关于印发〈2013年河南省十项重点民生工程工作方案〉的通知》（豫政办〔2013〕52号）。

失业人员、高校毕业生、新成长劳动力、企业职工、退役士兵、残疾人、创业人员等群体，并且重点实施农村劳动力转移就业技能培训、失业人员就业技能培训、"雨露计划"、"阳光工程"、残疾人就业培训工程等十项计划，全省全年完成各类职业技能培训 300 万人以上，新增农村劳动力转移就业 80 万人以上。建立和完善了覆盖全省城乡的公共就业服务体系和公共就业信息平台，建成 10 个县级就业和社会保障服务中心、40 个乡级就业和社会保障服务站。

实施保障性安居工程。全省保障房建设进展顺利，居民居住条件继续得到改善。全省全年新开工建设各类保障性住房 40 万套，其中廉租住房 3.71 万套，公共租赁住房 22.04 万套，经济适用住房 1.86 万套，棚户区改造 12.39 万套；基本建成 30 万套。全省完成农村危房改造 20 万户。在洛阳、平顶山、三门峡、南阳、信阳、驻马店等 6 个省辖市的 24 个县的边远艰苦地区，顺利实施农村学校教师周转宿舍建设工程，解决了 14000 多名教师周转住房问题。

加强生态建设和环境保护。2013 年，河南省环境保护厅研究制定大气污染物排放地方标准和灰霾天气应急预案。全省年内建成洛阳等 9 个省辖市 PM2.5（细颗粒物）监测设施，年底前适时发布监测结果；淘汰或改造省辖市建成区天然气和供热管网覆盖范围内所有 10 蒸吨及以下燃煤锅炉。加快城镇生活污水处理厂和产业集聚区污水处理厂建设、升级改造及污水处理管网建设进度，现已在全省建成 43 个污水处理厂新改扩建工程，新增污水处理能力 150 万吨/日。

2. 就业形势总体稳定

针对高校毕业生、就业困难人员、农民工三大重点群体，河南省出台一系列强化就业服务和就业援助的积极就业政策，加强了产业集聚区的人力资源供求信息监测，并积极为重点企业招用人提供人力资源服务。省内转移继续呈现出快速增长的势头，产业集聚区吸纳就业的力量越来越强，在保持全省就业形势总体稳定中发挥了重要作用。截至 2013 年 6 月底，全省农村劳动力转移总量达到 2647 万人，其中省内转移 1515 万人，占转移总量的 57%。[1] 虽然由于

---

① 郭海方：《全省农村劳动力转移总量达 2647 万人，过半省内就业》，《河南日报》2013 年 8 月 20 日。

全球经济放缓，河南与全国一样也处在调结构、转方式时期，客观上会减少一些就业岗位，但多方面信息显示，今年全省就业形势与往年持平，就业形势总体保持稳定。

3. 教育事业更注重均衡发展

2013 年，河南省进一步深化义务教育经费保障机制改革，优化教育资源配置，缩小城乡教育差距，为 6000 所农村义务教育学校配备了图书和教学仪器设备；在全省范围内对 300 所城镇（含县镇）义务教育学校进行扩容改造，支持农村寄宿制学校的附属设施建设，促进义务教育均衡发展。积极稳妥、规范有序地推进全省中小学布局调整，使学前教育、义务教育、普通高中阶段的学校布局与现有人口分布相吻合；通过实施中西部高校综合实力提升工程，着力加快推进郑州大学、河南大学建成全国一流大学的步伐。

4. 社会保障进一步扩面提标①

全省进入社保体系的人数越来越多，社保覆盖面越来越大，受益人数越来越多，人人享有基本生活保障的目标不断得到推进。2013 年，在初步实现全民养老的基础上，河南城镇居民基本医疗保险待遇进一步得到提高，政策范围内住院费用支付比例普遍达到 70% 左右，最高支付限额也提高至不低于 8 万元；全省至少有 2000 万人将用上"一卡通"社会保障卡；全省年内城镇新增就业 100 万人以上，发放小额担保贷款力保 100 亿元；连续第 9 次为全省企业退休人员提高养老金，月人均至少增加 100 元，并采取普遍调整和适当倾斜相结合的办法，具有高级职称的企业退休科技人员和高龄人员等群体还将额外增资。退休前被聘任在企业技术管理岗位上工作的正高级、副高级职称专业技术人员，每人每月再分别增加 200 元、180 元。进一步调整和提高城乡低保对象保障标准和补助水平，全省城乡低保对象每人每月平均补助水平分别提高 15 元和 12 元。提高农村五保对象供养标准，力争集中供养率达到 47%，集中供养标准由 2012 年的 2480 元/年提高到 3200 元/年，分散供养标准由 2012 年的 1500 元/年提高到 2220 元/年。在机构养老层面，全省重点推进供养型、养护

---

① 参见《河南省人民政府办公厅关于印发〈2013 年河南省十项重点民生工程工作方案〉的通知》（豫政办〔2013〕52 号）。

型、医护型养老机构建设。

5. 覆盖城乡居民的基本公共服务体系逐步完善

近年来，河南十分注重城乡一体化发展，力争做到横向到边、纵向到底。在福利保障方面，对已转移到城镇的农业人口，使其与城镇居民一样享受各项社会福利、保障政策。积极推进基本公共卫生服务均等化，确保 2013 年全省城乡居民人均基本公共卫生服务经费标准不低于 30 元。持续开展"舞台艺术送农民"活动，全年为全省每个乡镇免费送一场演出。加强农村公共文化建设，对全省每个行政村实施的农村文化信息共享工程、农家书屋工程、农村电影放映工程和开展农村体育活动等进行补助，丰富了广大农民的文化生活。大力实施农村饮水安全工程，在全省解决了 600 万以上农村居民和在校师生的饮水安全问题。加强农村公路建设，全省新建、改建县乡公路 4000 公里、农村公路连通工程 1000 公里，改造县乡公路大中危桥 3 万延米。全省实施 4500 项农民体育健身工程、300 项乡镇体育健身工程，现已抓好 50 个新型农村社区全民健身工程示范点（老年人健身基地）建设。

（六）"平安河南"建设稳步推进，社会治理能力继续提高

为了给经济建设创造良好社会环境，近年来，全省各地紧紧围绕"平安河南"创建工作，充分利用多种渠道加强平安建设，并结合网格化管理，全方位创新社会治理，为中原经济区建设营造了和谐向上的外部环境。

1. 平安创建工作稳步推进

通过开展平安单位、平安企业、平安市场、平安校园、平安医院、平安家庭等多种形式的平安创建活动，有力地促进平安建设各项措施在全省各行业、各系统全面落实；根据治安状况和工作需要，建立弹性巡逻机制，全天候、全区域开展巡逻；将出租车司机、环卫工人、小区保洁员、邮递员等社会力量纳入社会治安防控体系，根据各自的行业、职业特点，充分发挥其在社会治理、治安防控中的积极作用；在各主要区域、重点部位全部安装技防监控系统，做到人防、物防、技防的有机结合；全省深入开展打黑除恶活动，推动群众安全感和执法满意度的新提升。

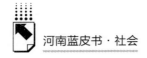
2. 网格化管理成效显著

网格化管理模式将所要管辖的地域划分成若干网格状的单元，分专人在网格范围内实施24小时的动态全方位管理。小到社区环境卫生、居民矛盾化解，大到社区党建、社会治安维护等，凡事都可以在网格内就地办理，一旦有突发情况，网格负责人会第一时间到场处理。随着网格化管理模式的推行，河南所有城乡社区将全部纳入网格中进行管理，实行"多网合一、一网多格、一格多员"。尤其是在当前，全省把创新社会治理的着力点放在农村社区，每一个社区自动生成一个单元网格，社区内的治理模式和服务方式与城区一样全覆盖，有效地避免了"真空"和"盲区"。通过遍布全省城乡基层的网格，广大党员干部的"千里眼""顺风耳"作用也得以充分发挥。

3. 流动人口服务管理切实加强

随着城镇化进程的加快，河南乡城之间人口流动日益频繁，并且流动逐渐成为全省年轻一代的主要生活状态。随之而来的则是给社会治理工作带来了一系列难题。为了解决流动人口等相对弱势群体的就业、居住、就医、子女入学等难题，增强其归属感和幸福感，河南采取的主要措施是：以城市社区为载体，以居住地为依据，将流动人口纳入社区治理，融入社区生活，参与社区建设，享受社区服务；对流动性较强人员的管理重点放在全面登记和分类管理上，建立"谁出租、谁负责，谁用工、谁负责"的工作机制，将外来流动人员全部纳入"实有人口管理"；对常住人员、租住较固定的外来人员、重点人员，实行"以屋核人、人屋共管"。

4. 公共安全形势总体平稳

近年来，国内外、省内外社会公众谋求和平发展、合作共赢的愿望和要求普遍强烈；全省上下将主要精力用于发展社会经济、追求安居幸福方面；各级政府不断加大民生方面的投入力度，社会保障不断扩面提标，人民群众从中得到的实惠日益增多；通过打造覆盖河南全域的治安防控体系，来维护社会治安、提升公共安全感。尤其是近年全省基本上没有发生影响人民生产生活的重大事故。相对平稳的公共安全形势为河南加快发展经济、加强社会建设提供了良好的外部环境条件。

（七）社会体制改革步伐加快，社会发展活力进一步增强

经济社会的快速发展，必然要求破除既有体制的种种弊端，避免人为的或者体制性的发展障碍。特别是在加快推进新型城镇化、城乡统筹发展、经济社会大变迁、大转型的情况下，加强社会体制变革、实现转型升级、激发社会活力，已经成为全面深化改革中的重要方面。

1. 文化体制改革阶段性任务基本完成

在确保稳定的前提下，全省基本完成既定的文化体制机制改革任务：关停并转了一批不符合资质或严重亏损的报刊，提高报刊集中度，做大做强主流媒体；完成了 155 家院团的改制和第一批 39 家非时政类报刊的转企改制；完成了省辖市、县区的文化、广播影视、新闻出版"三局合一"改革；改革文化市场综合执法形式，组建文化市场综合执法机构，成立了广播电视台。

2. 社会治理体制创新成效显著

近年来，有关社会管理创新的河南经验，除了享誉全国的"义马模式"、邓州市"4+2"工作法、长葛市"社会法庭"、洛阳市"三调合一"（人民调解、行政调解、司法调解）之外，还有全省各地正在推广的网格化管理法等。其成效主要是实现了从被动保稳定到主动创稳定的转变，真正做到了纵到底、横到边，实现了社会治理上的"无缝对接"。尤其是"社会法庭"的推广，用道德理念解决了法律不能解决又不好解决的问题，用法律尺度规范了仅靠道德不好规范的不良行为，用介于法律和道德之间的土办法化解了一大批缠访闹访事件，其社会效果极为良好。

针对新型农村社区这一介于乡城之间、非乡非城、亦乡亦城的新社会区域，如何加强和创新社会治理，商丘永城市的做法值得关注。永城市把建立健全新型农村社区建设农民理事会，作为发挥农民主体作用的重要载体。新型农村社区建设理事会成员由村民代表民主选举产生，理事会在村"两委"领导下开展工作。实践证明，该理事会在新型农村社区建设中发挥了十分重要的作用，已成为联结农民与村"两委"之间的桥梁和纽带。例如，鄪城镇中心社区通过理事会做群众工作，开展拆旧建新，虽说旧宅基拆除力度很大，然而在工作中不但没有发生群众信访案件，而且得到全体村民的大力拥护和支持，建

设速度很快。城厢乡沱滨社区在住宅楼建设中，通过新型农村社区建设理事会统一筹款、统一进料、统一监督、统一结算，农民按成本价住房，让群众十分满意。如今，新型农村社区建设理事会机制在河南部分地市新型农村社区建设中，正在进行试点并得到推广。

3. 医药卫生体制改革不断深化

国家基本药物制度在河南实现基层全覆盖，基层医改全面完成，覆盖全省城乡居民的基本医疗保障制度框架初步形成。全省所有政府办基层医疗卫生机构和村卫生室全部启动实施国家基本药物制度，实行药品省级集中招标采购和零差率销售。全省各级政府办基层医疗机构以破除"以药补医"机制为核心，深入推进管理体制、人事制度、分配制度、药品采购机制、补偿机制综合改革，已初步构建体现公益性、调动积极性、保障可持续的新运行机制。在全省范围内，不断优化卫生资源配置，积极推动社会力量办医；加强以全科医生为重点的人才队伍建设，有效改善基层人才不足状况，增强中医药服务能力；不断提升药品安全水平，逐步规范药品生产流通秩序、理顺医药价格体系；提高医药卫生信息化水平；不断完善监管制度，加强对医药卫生的监管。在全省范围内，完善基本医保基金管理监督和风险防范机制，防止基本医保基金透支，保障基金安全。在全省范围内，积极推行总额控制下的按人头付费、按病种付费、按服务单元付费、总额预付等复合支付方式，通过改革，使城乡居民看病负担减轻30%以上。

4. 户籍制度改革实现新的突破

近年来，河南省各地市不断深化户籍制度改革，逐步放宽农业转移人口城市落户的限制。例如，平顶山市起草并实施了推进户籍管理制度改革的意见，拟准许有稳定职业或固定住所的进城农业转移人口落户，同等享受城市教育、医疗、就业、住房、社会保险等政策待遇。其下辖的舞钢市开展了全市城乡一体化户籍管理制度改革试点，积极进行一元化户口管理制度探索。在该市取消二元制分类，即农业与非农业的户口性质的划分、城乡户口的划分，建立城乡统一的户口登记制度，按公民的实际居住地登记户口，统称为居民户口。平顶山市还在户口迁移上实行户口准入制，有效引导农民向城镇集中，为在全市推行一元化户口管理制度积累了实践经验。再如，商丘市放宽企业设立集体户口条件，各类企业只要拥有合法固定的厂址和职工宿舍，并且用工在 20 人以上的，均可申请设立城镇居民集体户。这类政策规定为在非公有企业就业的农业转移人口落户城市提供了必要条件。

二　2013 年河南社会发展面临的主要问题

当前，河南社会发展仍然面临着一系列严峻挑战：社会发展总体滞后，社会体制改革呈现碎片化状态；城镇化进程加快，配套体制改革尚未实现新的突破；城乡居民收入增速趋缓，民生优先任重道远；就业总量过剩和结构性矛盾并存，就业压力增大；社会矛盾与社会风险增多，社会治理难度加大；人口老龄化进程加快，社会老龄化压力日趋沉重；环境资源形势严峻。

（一）经济增速进入"换挡"阶段，转变发展方式迫在眉睫

2013 年，是近 10 年来河南省所面临的发展形势最为严峻复杂、最为困难的一年。从国际看，除美国经济走出泥潭、有所回暖外，欧元区全年预计还是负增长；日本经济在财政赤字货币化的刺激下预计能实现微弱增长；新兴经济体增长较去年逊色，光芒变淡。从全国看，中国经济已经从过去 10 年年均近两位数的增长降到了去年的 7.8%，2013 年上半年进一步降到 7.6%。从省内情况看，占全省生产总值 52% 的全部工业增加值从 2003～2007 年的年均增长 18.2%，降到 2008～2011 年的年均增长 14.1%，再到 2012 年的 11.8%，2013 年上半年进一步降到 9.1%。[①] 这些情况表明河南省经济增长的外部环境和内在动力均发生变化。按照传统的思维模式、工作方式和一般的工作力度，难以解决河南当前和今后一个时期所面临的困难、问题和矛盾。因此，河南经济增速换挡过程中不能失速，在加快转变发展方式过程中保持合理的经济增速仍十分重要。如果没有一定的经济增长速度，扩大就业、提高收入和改善民生就没有物质基础，提高社会建设质量和效益也无从谈起。对政府而言，最重要的是通过改革强化市场对资源配置的决定性作用，增强河南经济的内生动力。

---

① 资料来源：《谢伏瞻同志在全省经济运行电视电话会议上的讲话》（2013 年 7 月 23 日）。

特别是在处理好政府与市场关系问题上，政府要勇于向自身权力"开刀"。同时，反对垄断和不正当竞争、以"人的城镇化"为核心的新型城镇化、科技创新体制等一系列改革都亟待深化，并且要搞活微观，持续释放改革红利。

（二）社会发展水平总体滞后，社会体制改革呈现碎片化状态

目前，全省社会发展领域存在诸多问题，这些问题与体制机制方面的因素是分不开的。一是，体制上的问题和制度性缺陷，成为目前社会发展水平滞后、诸多社会问题和矛盾大量存在的深层原因。近年来，在许多重大公共安全事故背后，几乎都有政府行为和公职人员自身问题与之相联系。究其原因，社会治理体制有着浓厚的"官治"传统，这种治理方式消耗了体制本身的大量资源，不仅不能解决社会问题和社会矛盾，反而激化和加剧了社会问题和矛盾。从组织结构看，社会部门结构存在明显缺陷，政府部门大包大揽，在社会问题上几乎承揽了所有责任，而企业组织、民间组织则功能欠缺。二是，社会发展领域存在明显制度"欠缺"。例如，目前较为突出的农民工权益保障制度缺失问题。[1] 事实上，造成农民工权益缺失的不是单项制度，而是一整套的制度设计和安排，包括户籍制度、社会保障和福利制度、劳动就业制度、人事制度、组织制度、人口迁移制度、教育制度、财政制度、住房制度等。它们从总体上将农民工与城市居民分离开来，使其成为一个社会边缘群体。再如，失地农民问题。由于经济建设、社会发展等需要，农民失去了自己赖以生存的土地，但我们却一直缺乏包括对其就业、社会保障等在内的制度安排。

在河南，不仅社会治理和发展水平落后于经济发展，而且社会体制也是在碎片化的改革和发展中变化迟缓，其最突出的表现为制度设计的城乡二元体制、身份和区域的分割。这种碎片化的社会政策，再次扩大了社会不平等的问题，固化和代际传承了城乡二元和阶级分层结构。同时，区域碎片化管理也存在这样或那样的问题，比如，外来人口子女在流入地接受义务教育问题。这些碎片化的政策与管理都与当地政府密切相关。因为地方政府仅向有本地户籍的居民提供社会保障和社会福利，却拒绝向外来人口提供社会保障和社会福利。

---

① 常兴华：《现阶段社会发展滞后的四大原因》，《宏观经济信息研究》，2008。

（三）城镇化进程加快，配套体制改革尚未实现新突破

随着新型城镇化步伐加快，河南省一些配套体制改革尚未实现新突破。一是户籍制度改革面临日益复杂的局面。最突出的状况是，农村人口进城落户意愿分化加剧。可分为两种情况：第一种是具备条件、愿意进城落户的农村人口。第二种是常住城镇但又不愿意转户的农村人口。其主要原因是，目前城市户口含金量已大幅度下降，而且农村人口一旦转为城镇人口，势必影响宅基地、承包地和林地等权益，还会失去计划生育、粮农补贴、两免一补等政策待遇。二是基本公共服务现有水平与全国平均水平尚有较大差距。河南省人均财政支出居全国倒数第2位，教育、卫生、文化、就业、社会保障等公共服务资源人均占有量居全国后位。在教育领域，农村"空心校"、城镇"大班额"问题仍很严重；在社会保障方面，城乡之间、地区之间不衔接。例如，城乡居民养老保险基础养老金每人每月仅60元，与城镇企业职工月均1593元的退休金相比，差距很大且标准太低。三是多层次住房保障体系亟待完善。截至2012年年底，河南省累计竣工保障性住房66.8万套，其中廉租房16.4万套，公共租赁房7.7万套，经济适用房34.6万套，棚户区改造8.2万套。部分城镇低收入家庭及外来务工人员住房条件虽有所改善，但不少保障性住房的交通、基本公共服务等外部配套设施的建设却相对滞后，以致建成后迟迟不能入住。建设资金筹资和征地拆迁压力比较大；有些地方的保障性住房用地未及时完成征地拆迁，拉长了建设周期。分配和运营管理方面还存在不少问题：家庭和个人住房、收入以及金融资产等情况基础信息不足，核定有一定的难点，存在分配不公现象；有的地方保障对象尚不明确，分配退出机制也不健全。

（四）城乡居民收入增速趋缓，民生优先任重道远

目前，中原经济区建设已进入整体推进、全面实施的关键阶段，河南省经济社会发展正处于爬坡过坎、攻坚转型的关键时期。作为发展中的人口大省，河南的基本省情尚未根本改变，城镇化水平低、产业结构不合理、城乡收入差距大、公共服务不均、政府职能仍有待转变。特别是全省城乡居民收入水平不

高，农村富余劳动力转移压力大，就业形势不容乐观，公共服务体系和社会保障措施远远跟不上社会发展需求，民生优先任重道远。

受经济形势影响，河南城乡居民收入实际增速均低于上年同期，农村居民人均纯收入受经济影响程度大于城镇居民。2013 年上半年全省城镇居民人均可支配收入 11050 元，较上年同期增加了 936.8 元，同比增长 9.3%。扣除价格因素后，实际增长 6.5%，增幅较上年同期回落 1.9 个百分点；其中工资性收入 7435.43 元，比上年同期增长 9.54%，增幅较上年同期回落 5.2 个百分点。上半年全省农村居民人均现金收入 4142 元，比上年同期增加 420.3 元，同比增长 11.3%，扣除价格因素，实际增长 8.5%；其中工资性收入 1819.37 元，同比增长 14.30%，较上年同期回落 8.2 个百分点，经营性收入 1917.36 元，同比增长 4.45%，较上年同期回落 8.9 个百分点，工资性收入和经营性收入增速均为 2010 年以来最低值。

受当前经济形势不乐观、新的刺激消费政策边际效应减弱等因素影响，全省城乡居民收入预期不乐观，进而影响居民消费能力的充分释放。河南省城镇居民收入增长难度加大，农村居民收入增长难度更大。部分行业特别是从事生活性服务业的灵活从业人员收入增长压力较大。由于工资性收入和经营性收入占农村居民人均纯收入的 90% 以上，农村受经济形势影响尤其明显，其增收难度大于城镇。因此，逐步提高全省城乡居民的收入水平，尤其是提高农村居民的收入水平，仍然是今后的一项重要任务。

（五）就业总量过剩和结构性矛盾并存，大学生就业问题突出

一是经济下行加大了就业工作压力。受国内国外经济趋缓影响，2013 年 1~9 月，全省城镇新增就业人数同比增长缓慢，仅为 1%，失业人员再就业和就业困难人员实现就业人数同比分别下降 0.5% 和 3.3%，经济增长的放缓影响了就业增长。二是结构性失业现象叠加。全省钢铁、煤炭和电解铝等传统支柱产业企业改革重组、转型升级、淘汰落后产能、部分行业持续低迷及产能过剩，这类因素造成的结构性失业和转型性失业与选择性机会增多造成的摩擦性失业等失业现象交织并存，增加了做好就业工作的难度。三是大学毕业生人数创新高，就业压力较大。截至 2013 年 9 月 1 日，全省应届高校毕业生就业率

为 80.16%，尚有 10 万多人未就业，足见当前各类企业所提供的适合大学生就业的岗位依然不足。加上高校专业设置与市场需求不完全匹配、部分高校毕业生消极被动的就业观念、经济下行对就业不利等因素的叠加影响，全省高校毕业生供需结构性失衡日益突出，大学毕业生就业压力日趋增大。①

（六）社会矛盾与社会风险增多，社会治理难度加大

虽然近年来河南经济快速发展，但一些不科学、不和谐、不可持续的负面效应和问题，却集中释放于全省社会层面，致使社会矛盾与社会风险增多，社会治理难度加大。比如，就业问题、收入分配问题、教育、医疗、住房、征地、生态环境、社会治安等热点难点问题不断集聚负能量，加上群体性事件时有发生，造成社会治理压力重重。一是人口流动加剧，网络行为活跃，需要大幅度增加社会治理和服务资源投入，但社会治理体制中多头治理与治理真空并存，拙于应对。二是征地拆迁、劳资矛盾、就业压力等社会矛盾大量产生，社会阶层固化、对立趋势逐渐形成，部分社会成员道德失范、年轻一代价值取向多元化。然而，社会治理老方法不管用、新方法不会用，执法无力与执法暴力、行政傲慢与行政无能并行。三是网络给社会治理带来难题。中国正处在工业化、城镇化、信息化、现代化的加速发展时期，社会阶层深刻变动、社会结构深刻调整、社会心理深度撞击。在传统的社会条件下，社会群体之间很难实现大范围的沟通，社会情绪的传染度较低。但是，在网络时代局部冲突极易被放大，社会矛盾交织难辨，社会情绪加速感染，出现"网下冒烟网上燃烧"的新势头。② 一些小事情经网络迅速传播后，变成了网络群体性事件。网络在成为社会治理新工具的同时，也正成为社会治理的难点。

（七）人口老龄化进程加快，社会老龄化压力日趋沉重

河南是全国第一人口大省，老年人口第二大省，早在 1998 年就进入老龄省份。根据 2010 年全国第六次人口普查结果，河南省 60 岁及以上老年人口达

① 资料来源：河南省教育厅。
② 《社会管理考验"中国智慧"》，《瞭望》，2011。

到 1195 万人，占总人口的 12.72%；据预测，到 2015 年即"十二五"末，河南 60 岁及以上老人将达到 1595 万人，占常住人口的 15.71%。总体上看，河南省人口老龄化呈现出未富先老、规模大、增长速度快、高龄化趋势明显等特征。与此同时，全省家庭规模日趋小型化，"4－2－1"结构日益普遍，中青年一代面临着工作和生活的双重压力，造成家庭养老服务功能不断弱化，导致传统养老模式难以为继，人们对专业化养老机构和社区服务的需求与日俱增。近年来，河南省加大推进养老服务体系建设，已建成各类养老服务机构 3600 多个（含敬老院、光荣院、老年公寓），总床位 28 万张，每千名老人拥有养老床位 23.4 张。但总体而言，河南省养老服务体系建设仍处于起步阶段，还远远不能满足人民群众对养老服务的迫切需求。

"老有所养"是每一个老年人最现实的愿望，也是最直接的需求。但在现阶段，河南省养老服务体系建设力度依然不足，在全省进一步保障、改善老年人群体的基本生活，依然面临矛盾多、困难多、制约因素多等棘手问题。养老难题主要表现在以下几个方面：一是城镇养老床位严重短缺。与"十二五""每千名老人拥有养老床位 30 张"的规划目标相比，目前全省还有 17 万多张的差距，养老服务设施建设任务十分艰巨。二是现有设施简陋。全省绝大部分养老服务机构和社区养老服务设施规模小、功能少，只能提供简单生活服务，护理、康复、精神慰藉、文化娱乐等服务功能亟待加强。三是建设资金严重短缺。按照目前的建筑标准和造价估算，每张养老床位需资金 10 万元，全省 17 万张床位需资金 170 亿元，平均每年需投入资金 37 亿元左右，但目前每年投资额还不到 5 亿元。① 四是民间资本投资养老服务设施渠道不畅。由于受土地、融资等条件制约，再加上优惠政策落实不到位，严重影响了社会资本投资养老服务设施的积极性。

（八）环境资源形势十分严峻

河南省 2012 年城镇化率为 42.2%，比 2011 年提高 1.8 个百分点，2008～2012 年，全省城镇化率年均增长 1.8 个百分点。城镇化的快速发展，将成为

---

① 资料来源：河南省发展改革委员会。

河南省调整产业结构、转变发展方式、推动经济社会发展的强劲动力，但与此同时，也将带来大量的生态问题，比如城镇污染物集中排放，资源环境超载严重；城市水资源短缺，水生态系统脆弱，机动车保有量持续快速增长，油烟污染严重，雾霾天气成为公众热议话题，大气污染凸显；生活污水、垃圾等废弃物产生量大幅上升，固体废弃物排放增加；噪声污染严重；等等。当前，河南面临的环境资源形势十分严峻，具体表现在以下四个方面。

一是污染减排面临新任务。河南省四项主要污染物排放量均居于全国前五位，污染物排放的存量很大；随着工业化、城镇化加速发展，经济总量、能源消耗、城镇人口快速增长，污染物排放的新增量很快、很多。既要加快还旧账、又不能再欠新账，这就造成全省污染减排工作任务重、压力大。二是持续发展迎来新挑战。环境是发展的基本要素，是一种稀缺的战略资源。据分析测算，河南省水环境方面基本上已没有容量，部分城市大气环境容量严重不足，环境要素巨大需求与现有环境容量不足的矛盾，已成为全省经济社会可持续发展的"瓶颈"。三是环境安全呈现新情况。近年来，环境违法行为、环境污染事故在全省时有发生，不仅造成了巨大的经济损失，而且影响了人民群众的生产生活和身体健康，致使在全省保障环境安全、维护社会和谐稳定的任务非常繁重。四是人民群众提出新期盼。环境状况与人民群众的要求还有不少差距，水、空气、土壤等传统污染问题尚未根本解决，PM2.5、重金属、地下水等新污染问题日益显现，环境问题已成为社会的热点焦点话题，成为事关民生的大事要事。

三 2014 年河南社会发展的基本态势与对策建议

中共十八届三中全会通过的《关于全面深化改革若干重大问题的决定》提出："紧紧围绕更好保障和改善民生、促进社会公平正义深化社会体制改革，改革收入分配制度，促进共同富裕，推进社会领域制度创新，推进基本公共服务均等化，加快形成科学有效的社会治理体制，确保社会既充满活力又和谐有序。"在中央关于深化社会体制改革这一科学部署的推动下，2014年河南社会建设、社会事业发展和社会治理创新将呈现出新局面，同时，全

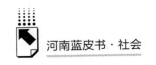

省在深入推进社会领域改革发展中也将面临诸多棘手问题的严峻挑战，需要从容应对。

（一）2014 年河南社会发展的基本态势

1. 贯彻落实党的十八届三中全会《决定》精神，将大大加快河南社会事业改革创新和社会治理体制创新发展的前进步伐

党的十八届三中全会《决定》在第十二、第十三部分，针对社会事业改革创新和社会治理体制创新提出了许多新思想、新论断、新观点、新部署和新要求。在顶层设计方面的这 5 种新创造，对于推动全省各级党委、政府以更大的政治勇气和智慧、更有力的措施和办法，找准工作切入点和着力点，紧密联系河南实际，加快河南社会体制改革步伐，推动"四个河南"建设，实现中原崛起、河南振兴的富民强省总目标，其意义和作用甚大。《决定》强调从 9 个方面推进社会事业改革创新和创新社会治理体制：深化教育领域综合改革，健全促进就业创业体制机制，形成合理有序的收入分配格局，建立更加公平可持续的社会保障制度，深化医药卫生体制改革，改进社会治理方式，激发社会组织活力，创新有效预防和化解社会矛盾体制，健全公共安全体系。从这 9 个方面解决好广大人民群众最关心最直接最现实的利益问题，全省上下需要深刻认识深化社会体制改革、推进社会事业改革创新和创新社会治理体制的重要性、必要性和紧迫性，需要牢固树立机遇意识、进取意识和责任意识，需要增强社会领域改革的针对性、科学性和实效性。可以预期，在新的一年里，全省人民通过认真学习、贯彻和落实党的十八届三中全会《决定》精神，将大大加快河南社会事业改革创新和社会治理体制创新发展的前进步伐。

2. 实施郑州航空港经济实验区战略，将全面促进"四化"协调同步发展

近年来，河南省委、省政府积极实施开放带动战略，全省外贸进出口实现了跨越式发展。2013 年前 7 个月，进出口总值达 287.8 亿美元，居全国第 13 位；同比增长 14%，增速居全国第 10 位，继续保持中部六省第一。2013 年 3 月 7 日，河南人民期盼已久的《郑州航空港经济综合实验区发展规划》获国务院正式批复，郑州从 51 个申报城市中脱颖而出，成为全国首个上升为国家战略的航空港经济发展先行区。这是继 2012 年《中原经济区规划》之后，国家支持河南经济社会发展的又一重大战略部署。

2014 年，堪称河南经济社会发展的加快推进之年。尤其是郑州航空港区建设横空出世，成为快速而又扎实推进河南发展的最佳结合点。通过航空经济的发展，信息化和工业化可以深度融合，整个制造业和配套产业以及服务体系都能按照新理念去发展。就城镇化而言，正在规划的航空都市，被定位成智能型、绿色低碳型的都市，这样的发展理念符合新型城镇化的要求。而对于农业现代化来说，一个城镇化率比较高的区域，就意味着特别能带动周边的农业现代化。建设郑州航空港经济综合实验区，能打破河南不沿边、不沿海的区位劣势，充分发挥航空港作为中原经济区乃至中西部地区对外开放的窗口和联系世界最便捷的通道作用，如高水平承接国内外产业转移，加速融入全球产业链和产业分工体系，吸引人流、物流、资金流、信息流在实验区集聚。尤其值得一提的是，航空港区建设不仅具有巨大经济价值，而且具有重要社会意义，因为它的成功为加快以保障和改善民生为重点的社会建设，提供了有力支撑且拓展了发展空间。

3. 经济增速回落过大，就业形势更加严峻

2013 年上半年，河南经济运行指数总体处于缓慢走低状态，5～6 月景气下降幅度略有缩小，景气下行走势稍有缓和。目前，曲线已接近绿灯区底部区域，景气得分已降到 2009 年 6 月以来的又一低点（见图 2）。上半年河南 GDP 增速（初步核算数）为 8.4%，为 2009 年下半年来累计增速最低值。走向指数低于现状指数的幅度在快速扩大，"克强指数"考察提示，河南经济发展将面临较大压力。在当前国家提高经济波动容忍度、改革调整为主的调控政策下，河南经济景气有可能继续下行。

目前，虽然多项经济指标有回升迹象，但对就业的积极影响仍不明显。尤其是全球经济复苏乏力，部分制造业回归发达国家，对河南就业规模扩大将产生不利影响。同时，全省传统优势产业支撑能力下降，产能过剩与订单下滑矛盾突出，企业盈利空间受原材料成本、工资上涨等多重挤压，后续发展动力不足。鉴于河南今后一个时期仍将处于经济转型、结构调整的攻坚期，各种不稳定因素和经济下行压力在一段时期内，将继续对就业规模扩大产生消极影响。

经济问题与社会问题具有内在关联，经济发展的快慢或优劣必然会对就业

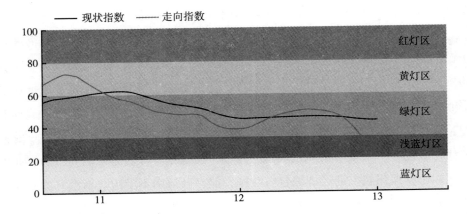

图2　2013年上半年河南经济运行指数示意

为本的社会建设产生巨大影响。尤其是在未来一段时期，河南就业形势将面临着需求持续增长劳动力供大于求的压力，以及日益突出的结构性矛盾。错综复杂的劳动关系、体面就业和稳定就业难度的加大，将对人们的工作和生活产生重大影响；转变经济增长方式和调整经济结构，将给就业带来新挑战；大学生就业、农村劳动力转移和下岗失业人员再就业"几碰头"，将使就业形势更加复杂严峻，进而给社会和谐稳定增加不确定因素。

4. 城镇化进程加快，将促进多项社会体制改革

城镇化是扩大内需的最大潜力。挖掘新型城镇化的内需潜力，务必以人的城镇化为核心，把有序推进农业转移人口市民化作为重要任务抓实抓好。目前，河南正处于完成城镇化历史任务的加速阶段。城镇化不但能够创造供给、创造需求，还能够改善民生，提高公共服务均等化水平，逐步消除城乡二元结构。因此，伴随河南城镇化率快速提高（预计2014年将提高4%左右），社会体制改革应积极跟进。加快社会体制改革也是促进新型城镇化建设的必然选择，它涉及就业、收入、分配、教育、医疗、住房等多方面改革，需要慎重对待和积极推进。

5. 社会治理难度加大，政府职能转变面临新挑战

预计到2014年，河南城镇人口将超过全省总人口的40%。随着就业困难、人们收入差距不断扩大、城市生活成本提高、公共服务滞后、公共安全风险增多等民生问题的凸显，社会治理体制改革和创新显得尤为重要。从政府提供的公共服务和社会治理角度来看，政府职能面临新挑战。一是因为要推进农业转移人口市民化，让农业转移人口享有与城镇居民相同的社会保障和公共服务，必然需要大幅度增加地方政府的财政支出。但是，城镇公共服务经费依户籍人数而定，因此，面对农业人口的巨大转移成本，一些地方政府既缺乏筹资动力，也不愿下大气力挖掘自身提供公共服务的潜力。其结果是尽管一些农业转移人口已在城镇就业，但他们只能分享城镇基础设施、公共交通、社会治安等非排他性公共服务，而不能享有与城镇户籍捆绑在一起的政府补助性住房、子女在公立学校就学等排他性的公共服务。二是户籍制度限制了城乡人口的流动，形成了城乡分治分割的局面，以至在当前面对上千万进城农民工及其家属，各地在基本公共服务供给上束手无策。其结果是让新生代农民工对于与城里人一样工作和生活之平等地位与公民权利的追求，成为当前社会发展的难点问题。三是由于代际关系的变化，流动人口与居住地居民的冲突日益加剧。一是利益冲突，如在平等就业、分享基本公共服务等方面的矛盾和竞争。二是认同冲突，主要是指由思想分歧和心理隔阂导致的社会融合问题。在利益冲突基础上的不同社会群体之间缺乏认同，是当前流动人口交际中地区社会冲突的基本原因。

最近几年，为适应社会治理的新形势，河南省出台了不少新举措。但在实际治理活动中，很多配套措施跟不上，在治理理念、措施、内容等方面都面临着新的挑战。尤其是自党的十八届三中全会提出"推进国家治理体系和治理能力现代化"的艰巨任务之后，全省各级政府在改进社会治理方式、提高社会治理能力和水平等方面，还需要付出更大努力。

6. 城镇化再现热潮，警惕土地扩张和损害农民利益

近年来，河南省坚持把推进新型农村社区建设和促进城镇化发展有机结合起来，积极探索符合河南实际的新农村建设模式。据河南省农委办提供数据显示，目前全省规划建设新型农村社区 2302 个，其中初步建成 900 个，涉及 7000 多个村庄，已入住农村居民 111.2 万人，腾出建设用地 22.78 万亩。① 但是，河南在推进新型农村社区建设中却出现了一些偏差。比如，个别地方不顾

---

① 资料来源：河南省农委。

实际，盲目贪大求快，操之过急，失于简单，或埋下"推倒重来"的后患，或走入"赶农民上楼"的误区。也有一些地方借城镇化发展，大拆大建，圈占土地，出现了一些侵害和违背农民利益的不良现象。

一是有的地方仅仅是为了解决城市用地不足，而不是从提高农民生活水平和其他社会保障出发。这种以土地为突破口的城镇化，容易导致对农民利益的侵占。二是土地流转和拆迁补偿偏低，公共服务设施建设不到位，并且在教育、就业、医疗、卫生、养老等基本保障方面缺乏配套措施。三是当前城镇化过程中农民的产权、参与权和收益分配权严重缺失。由于农村土地产权不明晰，导致农民资产得不到有效保护，以致一些地方政府的强行征地拆迁显得"堂而皇之"。宅基地是农民集体的，但其如何使用往往是由少数乡村干部说了算。在一些新建小城镇中，乡镇干部采取强征强拆，甚至用在职亲戚"连带"的方式，强迫农民交出耕地、同意拆房，并收回农民的承包经营权。凡此种种，无不说明建立城乡统一的用地市场、完善城镇化健康发展体制机制、赋予农民更多财产权利、保障农民公平分享土地增值收益等，势在必行。

7. 网络对社会舆情影响扩大，政府应对能力亟待提升

随着互联网的迅速发展，网络已经成为社会生活中表达民情、畅通民意、集中民智的重要渠道。但是，由于互联网具有高度开放、互联互动、共享共用等特征，致使个人信息量和发布能力大大提高。

一些网络舆情来得快、变化也快，其舆论源头难以追溯。同时，由于网络的匿名性和便捷性，网民发表言论的非理性问题也很突出。据有关部门对网上舆情分析，现在中国网民每天在网上发表的言论多达数百万条。仅百度一家平均每天就新建贴吧8000多个，发帖200多万条。[①] 而且，许多网民往往不分青红皂白，"逢官必贬""遇富即骂"。很多突发事件只要涉及政府官员或弱势群体等敏感问题，即可迅速引爆全国舆论，把地区性、局部性和带有某种偶然性的问题，变成全民"围观"的公共话题。因此，如何有效提高政府应对网络舆论危机的能力，已经成为政府亟待解决的难题之一。

---

① 毛维军：《提高政府应对网络舆情的能力：现状与路径》，《理论学习》2012 年第 7 期。

8. 社会公共服务水平进一步提高，改善民生任务繁重

2013年，随着中原经济区和郑州航空港区的建设，河南社会公共服务水平进一步得到提高。在社会保障体系建设方面，医药卫生体制改革取得重大突破，全覆盖的公共卫生和基本医疗体系逐步建立，农村新型社会养老保险制度试点稳步推进并有望提前完成预期目标。在社会事业发展方面，基本公共服务均等化的理念正成为河南各级政府转变职能和建设服务型政府的重要理念，基本公共服务均等化战略在全省各地普遍实施。在收入分配方面，进一步完善收入分配体制的政策呼之欲出。在社会治理方面，社会治理理念不断创新，社会治理体制改革和机制创新不断深化，社会秩序不断得到加强。凡此种种，都为"十三五"社会发展奠定了坚实的基础。2014年，随着实施粮食生产核心区、中原经济区、郑州航空港经济综合实验区三大战略的深入开展，河南在社会建设和社会治理方面势必持续求进。可以预期：全省社会基本公共服务将进一步增量提质，人民群众的幸福感和满意度也将进一步得到提升。与此同时，我们也要看到：全省经济社会预定发展目标的实现是一个需要不断克服困难和排除风险的辩证发展过程，需要综合考虑各种情况和因素的作用，其中就包括改善民生任务的多样性、复杂性和艰巨性。比如，城乡居民收入水平不高，农村富余劳动力转移压力大，就业形势不容乐观，公共服务体系和社会保障措施远远跟不上社会的发展需求，这些因素决定河南在现阶段仍将面临改善民生的巨大压力。新的一年，河南仍需要发动和积聚各方面力量，群策群力，尽力破解这些严重影响民生改善的社会问题。

9. 城乡结合部社会治理盲点、难点增多

随着城镇化进程的加快，农村流动人口不断流向城镇，导致社会治理难度进一步增大。虽然流动人口的增加，为城市发展建设增添了活力，但同时也给社会治理、治安秩序、生活环境等方面带来了巨大的压力和问题。一是流动人口众多，导致一些环境脏、乱、差。二是人口结构复杂，给公共服务和社会治安带来巨大压力。如原来的流动人口由分散居住，逐渐形成了以地缘或业缘为纽带的相对集中居住的趋势，在城市形成了若干个相对固定的网格式群体。由流动人口引发的社会治安问题时有发生，给城市社区稳定带来了很大压力。三是一些群体从业面广，诸多安全隐患防不胜防。例如，在一些低端行业，如小

卖部、小餐馆、小网吧、小诊所以及废品收购站等处，往往是事故多发之地。四是违法经营屡禁不止。由于部分流动人口没有正当的职业和固定收入，为了获取生活来源，他们或收购废品，或摆摊设点，有的人甚至从事制假、贩假、抢劫、偷窃等违法违规活动，从而严重影响了城市社会的安定和谐。

目前，在河南存在大量的发展型城乡接合部。在这些城乡接合部发生的种种问题既影响了城市面貌，又制约了城市发展，也给城市安全、卫生等方面带来不安定的因素。究其成因，从政府治理层面上来讲，主要是过去对城乡接合部地区的社区建设缺乏科学、统筹的考虑，缺乏长远的规划，加之小区建设体制不健全、监管不到位、建成后又缺少综合验收体系等，以致弊端重重。

（二）对策建议

1. 把转变社会发展方式摆在更加突出的位置

国家"十二五"规划第一次把加快转变经济发展方式作为发展"主线"，党的十八届三中全会通过的《决定》提出推进社会事业改革创新，这些无疑为转变社会发展方式和推动社会发展注入了新的动力。根据《决定》设立新的社会发展目标和原则，从市场机制和社会政策两个方面积极推动社会发展方式转型，进而推动社会可持续发展。

第一，转变社会发展方式应该更加坚持公平原则，将过去"稳定优先"原则转变为"公平优先"原则。由于在社会发展过程中需要通过大量的公共行动去处理公共问题，需要调动大量的公共资源，会涉及更加复杂的公共资源分配问题，因此，公平原则显得更加重要。此外，经济和社会发展水平越高，社会福利开支越大，人们对公平的要求也就越高。

第二，推进社会事业改革创新，大力发展社会事业，让基本公共服务惠及广大人民群众。改革开放以来，河南经济获得了突飞猛进的发展，但社会事业发展却相对滞后，其突出表现在教育、卫生、文化、群众性体育以及就业、医疗、养老等公共服务方面的社会事业建设没有得到相应的发展，基本公共服务体系比较薄弱。因此，当前和今后一个时期，河南要下决心推进社会事业改革创新，深化教育领域综合改革，形成合理有序的收入分配格局，健全促进就业创业体制机制，形成合理有序的收入分配格局，深化医疗卫生体制改革，并且增加对社会事业的投入，建立较完善的基本公共服务体系。

第三，加快推进社会基本民生建设，着力构建基于公民权利而不是基于城乡户籍和职业身份的社会政策体系。社会政策体系要体现出普遍性、统一性和发展性。不论城乡、地区、身份和职业，人人都能享有平等的社会权利和福利待遇。社会福利标准在一段时期内可以不一，但制度必须统一，并且能推动人们之间的待遇差距不断缩小。在新的社会发展中，促进人的发展、满足人的需要和发挥人的潜能是社会发展的基本目标。因此，河南要大力投资基础教育和医疗卫生事业，全面提升人的发展能力。

2. 以城镇化为契机，全面推进和深化社会体制改革

在加快城镇化进程中，河南应紧紧围绕更好保障和改善民生、促进社会公平正义全面推进和深化社会体制改革。全面推进和深化社会体制改革是一项极具挑战的复杂系统工程。全面推进和深化社会体制改革，有利于形成公平竞争的发展环境，增强经济发展活力，有利于提高宏观调控水平和政府效率效能，增强社会发展活力，促进社会和谐稳定，有利于实现社会公平正义，提高党的领导水平和执政能力。全面推进和深化社会体制改革，涉及改革开放的重点、社会关注的难点、群众关心的焦点，决定着改革的前途，关系着河南的未来发展。

第一是民生保障体制方面的改革。主要包括就业、住房等社会体制方面的保障措施。在就业方面，政府应在建立完善的劳动力市场体系的前提下，实行积极的就业政策，尽力满足就业者的各种需求，同时，也要积极解决弱势群体在就业中的困难问题。第二是公共产品和公共服务供给方面的改革。主要包括教育、医疗等方面的体制改革。政府不仅要加大社会事业方面的财政投入，还要调动和整合社会上各种力量、资源，去扩大公共产品和公共服务的供给，建立起让广大群众满意的公共服务供给体制。第三是社会分配体制的改革。当前，收入和收入分配的差距不断扩大，引起社会矛盾和冲突不断发生。政府要通过税收、社会保障和福利等分配手段来调节初次分配，建立健全初次分配公平机制，形成合理有序的收入分配格局。要通过制度建设，积极发挥社会救助等第二、第三次分配机制的作用，保证社会分配的基本和谐、公正。第四是要大力推进基本公共服务均等化，通过合理配置公共资源，扩大优质服务资源的覆盖面，建立健全城乡一体的公共服务体系，统筹解决好不同地区群众的就业、看病、上学、住房、社会保障、生活环境安全等突出的民生问题。要不断提高公共服务水平，通过健全政府购买公共服务制度，调动社会各方面力量，满足群众多样化需求。要加大对困难群众的帮扶和救助力度，完善城乡最低生活保障和医疗救助等制度，稳步提高保障标准和救助水平。其主要原则是既要坚决反对和纠正对群众需求的漠不关心和麻木不仁，又要防止在关系到广大群众切身利益的重大民生问题上，不顾实际承受能力的不当做法。要做到精心谋划，统筹兼顾，着力完善保障和改善民生的各项制度安排。将社会和谐作为社会治理体制改革的创新目标。社会融合意味着每个公民都享有平等的社会福利的权利，都能够充分参与社会公共生活和享受社会公共服务资格。在这方面，政府要着力消除附加在城市户籍上的城市市民所享有的各种权利和福利待遇方面的歧视与不公。

3. 进一步创新社会治理体制，提高社会治理科学化水平

社会治理主要体现在对人的服务和管理。就加强和创新新时期社会治理来说，一方面，寓提高社会治理能力于普惠民生的具体活动之中，要高度重视民生问题，积极为群众办实事、办好事、解难事，特别是要兜底补短，切实把最广大基层群众迫切需要解决的基本民生问题解决好，让广大群众共享改革成果。另一方面，要改进社会治理方式，激发社会组织活力，创新有效预防和化解社会矛盾体制，健全公共安全体系：要认真研究新形势下群众工作的新变化新特点，积极探索新形势下组织发动群众参与社会治理的新思路新方法，进一步动员群众、依靠群众参与社会治理，形成社会治理广泛参与、共建共享的良好局面；要加快形成和着力建立各级党委正确领导、政府积极主导、社会广泛参与、法治有效保障的社会治理体制，实现政府治理和社会自我调节、居民自治良性互动；要正确处理政府和社会关系，加快实施政社分开，推进社会组织明确权责、依法自治、发挥作用；要建立健全群众诉求表达和反馈机制、群众权益维护机制，对群众的诉求既要抓好办理，又要及时反馈，善于运用法治思维和法治方式化解社会矛盾；要建立健全食品药品安全监管机构和监管制度，深化安全生产管理体制改革，创新立体化社会治安防控体系，加大依法管理网络力度和加快完善互联网管理领导体制。

4. 进一步加大民生优先工程建设力度

近年来，河南省积极落实民生资金，每年都集中财力推进十项重点民生工程。这一宏大社会工程包括就业、社会保障、住房保障、教育、医疗卫生等10个大项40多个小项。2012年，河南省在民生建设工程上投入1000亿元，2013年上半年，已投入1770亿元。民生优先工程解决的事情，件件都是老百姓关心的实事儿。

"十二五"末期，河南省将进一步加大民生工程保障力度，进一步完善民生工程资金管理，积极筹措资金，切实保障民生工程配套资金落实，扎实推进民生工程建设；进一步扩大民生覆盖范围，优先考虑民生，优先保障民生，不断扩大覆盖范围，解决人民群众最关心、最直接、最现实的问题，并确保配套资金的足额安排；将支持建立企业职工工资正常增长和支付保障机制，提高城乡居民特别是中低收入者的收入，稳步推进事业单位实施绩效工资，推动形成合理有序的收入分配格局；支持教育优先发展，严格落实教育经费法定增长要求，确保实现财政性教育经费占GDP4%的目标；深化医疗卫生体制改革，加大城乡医疗救助投入力度，实现新型农村社会养老保险和城镇居民社会养老保险制度全覆盖；继续提高企业退休人员基本养老金水平，适当提高城乡居民最低生活保障标准，健全失业保险制度。全省财政将确保新增财力继续向民生倾斜，使人人都能享受到发展与改革的成果，建立更加公平、可持续的社会保障制度，努力形成保障民生、服务民生、改善民生的中原良好社会发展局面。

5. 完善人口老龄化的应对机制

老有所养是每个人的梦想。加强社会养老服务体系建设，是积极应对人口老龄化、保障和改善民生的必然要求。因此，全省各级政府必须高度重视养老服务事业的发展，大幅度提高对养老服务事业的投入。

一是鼓励和引导民间资本投资养老服务设施。全省各级人民政府和有关部门要按照老年人口比例及分布情况，统筹安排养老服务设施建设用地和社区用房，通过用地保障、信贷支持、补助贴息和政府采购等多种形式，积极引导和鼓励企业、公益慈善组织及其他社会力量加大投入，参与养老服务设施的建设、运行和管理。支持金融机构创新信贷品种，改进金融服务，增加对养老服务企业及其建设项目的信贷投入。

二是加大政府对养老服务设施的投入力度。建立省级民办养老服务机构建设补贴制度，对新建养老服务机构根据床位数，建议给予一次性建设补贴；建立社区日间照料中心（托老站）运营补贴制度，建议由各级财政根据其服务老年人口数每年给予一定的运营补贴；对纳入国家社会养老服务体系的建设项目，根据投资规模给予省级配套。目前，中央财政补贴标准不低于总投资的50%，建议省级财政补贴10%～20%。

三是建立养老服务进入、退出、监管制度，规范养老服务市场。制定和完善居家养老、社区养老服务和机构养老服务的相关标准，大力推动养老服务标准化，促进养老服务示范活动深入开展。建立和完善老年人入院评估、养老服务需求评估等评估制度。加大执法力度，坚决维护老年人合法权益。

四是加强养老服务人才队伍建设。加强养老护理员职业技能培训，推行养老护理员职业资格考试认证制度，到"十二五"末，全省养老护理人员持证上岗率力争达到90%。加快培养老年医学、护理、营养和心理等方面的专业人才，提高养老服务从业人员的职业道德、业务技能和服务水平。

6. 客观对待新型农村社区建设的成效与问题

新型城镇化道路是贯彻科学发展观的必然要求，从世界范围看，不全面的城镇化模式具有同样的弊端，就是忽视农村地区发展，漠视农民的感受，以致在一定程度上让农民成了城镇化的受害者而不是受益者。因此，要客观看待当前新型农村社区建设的成绩和不足，加强引导，因地制宜，积极稳妥地推进，切不可不问青红皂白盲目效仿，在各地单纯以行政化手段全面拆迁推进。对待新型农村社区建设，有条件的地方等不得，不具备条件的地方急不得，必须结合当地实际，既因势利导，努力去做，又要把推进的力度、节奏和群众的接受能力统一起来。尤其是应当注意以下几个重要问题：一要控制社区数量，扩大人口规模。土地节约利用程度，人均基础设施建设投资，都要与社区人口规模成正比。二要尊重农民的财产权利，提高对农民的补偿标准。加快农民腾退土地，关键是要解决"钱从哪里来"的问题，可行的办法是将通过复垦增加的建设用地大部分"漂移"到中心城市或县城，利用级差地租原理，使土地收益最大化，并将这部分收益全部补偿给农民。三要合理规划第二、第三产业，有效解决"人往哪里去"的问题，同时坚决避免乡镇企业"村村点火，户户冒烟"的大呼隆现象再发生。四要创造条件，逐步过渡。新型农村社区究竟是农村还是城镇？还要继续深入观察，分类指导。部分社区基础好，发展态势好，当然将来有望成为小城镇。然而，也不排除个别新型农村社区由于多方面原因，经过若干年的发展后还是农村，只不过是规模大一点的农村而已。在促进城镇化和新农村建设协调推进中，我们应立足现实，充分发挥新型农村社区这一结合点和着力点的作用，同时，也应着眼于发展，大力拓展其增长点和创新点功能，适时将其转变为具有集约、智能、绿色、低碳、人文等时代特质的新型城镇。因此，在户籍管理问题上，有关方面还是要实事求是，宜城则城，宜乡则乡，并且要高度尊重农民的意愿，切忌搞一刀切。

7. 全面提升政府应对网络事件能力

现代社会是一个信息高度发达的社会，面对网上各种信息，社会公众往往无所适从，难以鉴别真伪。客观地看，各级党组织和政府掌握着大量的社会、经济、文化信息以及全部的政策和法律信息。这就要求各级政府要相应地树立信息源权威，针对网络中刚刚出现的网络事件、谣言苗头，要准确、及时、详细地在网上公布政府所掌握的信息，以便抑制网络事件的恶性循环及网络谣言的影响和泛滥，确保公众掌握信息的客观性和真实性。一是政府要建立信息发布公开机制，增强信息透明度，利用包括网络在内的各种媒体，全面、及时、客观、公正地发布权威信息、公布真相、引导舆论。二是政府要增强对社会舆情的敏感度、关注度，建立防范网络事件的预防机制，建立专门机构，配备专门人员，建立网络舆情预警机制，信息、舆情的检测、分析机制，做到面对网络事件能够及时发现，迅速处理。三是主动出击，消除网上事件谣言生存的空间。在第一时间发布事件真相后，政府还要努力保持主要传播渠道的畅通，及时向社会民众公布最新的发展动向，以及政府所采取的对策，并且与民众进行良好的互动交流，以保障信息畅通无误地传达民众，促使民众需求得到充分表达，民众心理信任危机得到及时化解。四是加大依法管理网络力度，确保网络和信息安全。

8. 加强对流动人口、城乡接合部的社会综合治理

一是要进一步规范流动人口信息建设。建立完善包括暂住人口、出租房屋、房屋租赁登记备案、税收征管、劳动就业、用工单位、旅馆业、育龄妇女等在内的流动人口综合管理服务信息系统，为及时、准确掌握流动人口底数及相关情况提供服务，不断提高流动人口服务管理水平。二是要进一步强化"源头"管理。继续坚持"谁用工谁负责、谁出租谁负责、谁经营谁负责"的原则，加强宣传指导，督促落实房屋出租人、用工单位的主体责任，完善治安管理制度和措施。三是进一步强化治安管理，创新立体化社会治安防控体系，依法严密防范和惩治各类违法犯罪活动。强化对流动人口中可能危及社会治安的高危人员的管理控制，加大对中小旅馆、美容美发、建筑工地、废品收购站点、房屋中介、娱乐场所等流动人口容易聚集的场所的日常检查力度，坚决取缔非法经营场所，严肃查处违法经营行为，严格规范中介市场的经营秩序。四是要加快城乡接合部旧村改造进程，提高流动人口生活及创业环境。要以综合配套改革为契机，加快推进旧村改造进程，建立专门的流动人口居住地，建立务工人员合法经商场所，实行统一管理和服务，以减少流动人口从事各种活动的盲目性，以及减少矛盾纠纷和杜绝安全隐患。

9. 适时制定和实施"夫妻一方为独生子女可以生育第二个子女"的政策

十八届三中全会通过的《决定》明确提出："坚持计划生育的基本国策，启动实施一方是独生子女的夫妇可生育两个孩子的政策，逐步调整完善生育政策，促进人口长期均衡发展。"在河南适时制定和实施"夫妻一方为独生子女可以生育第二个子女"的政策，与全国性基本生育政策调整的战略谋划适时接轨，能够顺应群众生育心理需求，缓解群众生育意愿与现行生育政策之间的矛盾，有利于实现稳定低生育水平与兼顾群众生育意愿的双重社会效应，有利于有效遏制出生性别比偏高和积极应对人口老龄化。在河南适时制定和实施"单独"生二胎政策具有可行性，不会引起人口大幅度增长，不会对全省"两高一低"发展目标的顺利实现产生不良影响。相反，如果在河南不适时制定和实施"单独"生二胎政策，则不利于化解独生子女成长的家庭风险，不利于"单独"家庭提高发展能力和解决养老问题，不利于积极适应劳动力供给由"无限供给"变为"有限剩余"的人口发展的新变化，不利于留住本省人才和引进外来人才，不利于走向生育政策的城乡一体化，不利于体现全国范围内计划生育政策的统一性和公平性。地方政府在人口问题上的职能，主要是把国家统一的人口政策执行好。像基本人口政策这样的重大问题，必须全国政令统一，地方政府的职责就是要把国家政策真正贯彻好，落实好。近年来，河南周边的人口大省如山东、河北、安徽、湖北等均比河南提前实行"双独"生二胎政策且正在积极谋划实行"单独"生二胎政策，同时更为严格地控制三胎和多胎生育。有鉴于此，河南应当积极跟进兄弟省份的适宜做法。

城乡统筹篇

Report on Balancing Urban-rural development

B.2

河南推进城镇化配套体制改革的
挑战与展望

祁海军*

摘　要：

新型城镇化建设是一个涉及制度改革与机制完善的复杂系统工程，巩固和完善以人为核心的新型城镇化，需要推进城镇化各项配套体制改革。河南在推进新型城镇化以来，资源的城市化速度超过人的城市化速度，配套体制改革较为滞后。按照十八届三中全会关于建立城乡统一开放市场、有序推进以人为核心的城镇化、推进社会事业和行政管理体制改革的决定，河南需要进一步推进和完善城市发展合理布局，推动户籍、土地、行政管理、社会保障、社会事业、公共服务以及环境保护等配套体制改革。

* 祁海军，中共河南省委党校社会学博士。

关键词：

河南　新型城镇化　配套体制　改革

按照十八届三中全会提出的健全城乡发展一体化体制机制、推进社会事业改革创新、健全社会治理体系、加快生态文明制度建设的要求，在保证一定城镇化速度的同时，大力推进新型城镇化配套体制改革，有利于巩固和提升城镇化的质量，提高河南省广大农民的生活水平和质量、实现富民强省的目标。

一　河南推进城镇化配套体制改革的现状

城镇化是一个复杂的系统工程，更是一个制度改革与机制完善的探索过程。稳步提升城镇化质量，巩固现有城镇化成果，亟须推进各项配套改革。2012 年，河南省常住人口城镇化率为 42.4%，户籍人口城镇化率在 25% 左右。[①] 以过去 5 年常住人口城镇化率年平均 1.6% 的增速计算，到 2013 年年底，河南常住人口城镇化率将达到 44% 左右，而户籍人口的城镇化率则为 26.6% 左右。以河南常住总人口 9400 万为基数推算，约有 17.4% 即 1635 万人口为农民身份的市民，处于半城市化状态。解决现有 1635 万以及越来越多农民的市民待遇问题，变市长的城市化为市民的城市化、变资源的城市化为人的城市化，尽快消化快速城镇化带来的"半城镇化"问题，需要推进城镇化配套体制改革，统筹协调城乡一体化发展以及公共资源和公共服务的配给，使城镇化的发展成果更多更公平地普惠民众。

户籍制度、土地制度、行政管理体制和财税金融体制改革，涉及社会保障、社会事业、公共服务、环境保护等关联体制改革。早在 2002 年，河南省

---

① 河南户籍人口城市化率尚无官方统计数据。文中的户籍人口城市化率根据全国户籍人口城市化率推算。2012 年，全国常住人口城市化率为 52.57%，户籍人口城市化率则为 35%，两者相差约 17.5%。实际上，河南作为农业大省和民工输出大省，户籍人口与常住人口的城市化率差距要远大于 17.5% 的全国平均数。

就明确了关于户籍改革的意见，提出要完全放开中小城市户籍，有条件地放开中等城市和大城市户籍。2004 年，郑州大胆推动户籍制度改革。河南2010 年又出台了《河南省人民政府关于推进城乡建设加快城镇化进程的指导意见》（以下简称《指导意见》）。由于中央对城镇化的方向、着力点、基本规划，特别是对配套体制改革没有明确的顶层设计，《指导意见》对城镇化配套体制改革方面的问题着墨较少，仅仅在政策体系部分强调要加强配套体制改革研究，尽快制定出台相关配套政策措施。《指导意见》提出要加快户籍制度改革，原则上县城以下中小城市要全部放开户籍限制，中等以上城市根据本地实际情况有条件放开。对农村居民整户转为城市居民的，允许其在一定时期内继续保留承包地、宅基地及农房的收益权或使用权，允许一定期限内保留农村社保。鼓励进城农民将土地承包经营权、宅基地采取转包、租赁、互换、转让等方式进行流转。同时提出要加大资金投入和用地保障，加大财政对城市公益性设施建设的投入力度，各级财政城镇维护建设税、公用事业附加费、市政公用设施配套费等收入全部用于城镇基础设施和公共服务设施建设，土地出让金扣除政策规定必须安排的支出后主要用于城镇基础设施建设。

2013 年 9 月初，河南省人民政府转发了省发改委《关于深化经济体制改革重点工作的意见》（以下简称《意见》）。《意见》在涉及城镇化配套改革的部分指出，推进大部制和省直管县改革、郑州市入户条件适当变宽、建立城市商业银行联盟、全面启动县级农村商业银行组建、城镇居民医保与新农合并轨、政府对医保人均补助标准提高到 280 元、完善农村土地管理制度、建立健全生态补偿机制、全面推行居民生活用水阶梯价格制度。户籍、农村土地制度改革、财税融资体制改革、创新政府公共服务提供方式以及民生保障制度、社会事业改革提上日程，必将有力地推进城镇化进程，有效提升城镇化发展质量。

党的十八届三中全会提出，加快构建新型农业经营体系、赋予农民更多财产权利、推进城乡要素平等交换和公共资源均衡配置、完善城镇化健康发展体制机制。其中，要求着力解决推进以人为核心的城镇化、推进城市建设管理创新、有序推进农业转移人口市民化等问题。

二 河南推进城镇化配套体制改革面临的问题与挑战

城镇化配套体制改革需要逐步完善土地、户籍、融资体制改革，进一步深化城市管理、民生保障、社会事业发展、公共服务创新等一系列关联体制的改革。目前，河南省现有的户籍、土地、社保、财税、行政管理、公共服务等体制受到极大考验。

（一）户籍制度改革与城市承受力、经济发展水平难以匹配

推动户籍制度改革是统筹城乡一体化发展的关键。为了打破城乡二元体制，统筹城乡一体化发展，推动农民市民化，河南各地一直在进行户籍制度改革试点工作。比如，中小城市放开落户条件，大中城市有条件放开落户标准等。粗略估计，实现一个农民工完全市民化，解决好包括住房、医疗、社保等方面的公共服务问题，需要投入 10 万～20 万元。以 1600 万流动人口计算，至少需要投入 1.6 万亿元。各地出台的相关政策之所以没有达到既有目的，主要原因是户籍制度改革与城市的承受力、经济发展水平不相适应、难以匹配。

首先，大城市承受力有限，城市现有的吸纳与排斥系统没有发挥正常作用。与大城市相比，中小城市在资源、市场、就业、教育医疗以及民生保障等方面，对于农业人口的吸引力不强。2000～2011 年，郑州市区建成面积扩大了 2 倍，市区人口数量增长 1 倍左右。中小城市实际放开户口，而农民移民入户意愿不强，大城市有条件放开户口，而大量农业人口都向大城市聚集。河南除郑州外，中小城市户籍人口都高于常住人口数量，且全省乡镇区域城镇人口占乡镇总人口比重仅为 17% 左右，低于河南省户籍人口城镇化率 8% 左右。截至 2013 年 9 月，郑州市区流动人口达 340 万，且每年以 25% 的速度递增，城区人口密度仅次于广州，居全国第二位。由于大城市财政、环境、资源、公共服务承受力有限，导致农民工只是名义上的市民，并没有享受到制度安排的实惠，反而成为利益输送的来源。

虽然城市现有的政策安排对农民工具有一定的吸纳作用，但这种吸纳受制于种种实际具体条件。入户政策的有条件放开、城市教育资源以及公共服务的

有限或部分享用等政策建立在农民工作为廉价劳动力和"二等公民"的身份之上。上半年河南 GDP 增速（初步核算数）为 8.4%，为 2009 年下半年来累计增速最低值。在经济发展水平难以长期持续提高以及就业不稳定性增加的情况下，政府的吸纳措施一方面暂时转移了农业人口，另一方面又给城市财政、环境以及公共服务带来巨大负担。现有城市财力并不足以提供均等化的社会服务与保障。以城市人均每月 200 元的最低社会生活保障和医疗保障 280 元补助的标准，以 1600 万流动人口计算，仅此两项户籍改革成本每年就需要财政支出 428.8 亿元。因此，城市吸纳农业人口的制度和政策安排虽理论上具有良好意愿，而实际上受制于各种限制条件，一定程度上表现为对外来人口的排斥。

城市对外来人口的排斥还表现为农民工成为利益的输送方和纯粹的消费者。各地方政府指望农村和农民拉动疲软的市场消费，用工企业把农民工作为廉价劳动力、基层政府把流动人口作为利益之源、房地产商以及服务业把农民工作为纯粹的消费者来看待。绝大多数用工企业与农民工没有劳动合同，企业没有农民工的劳动保障措施，没有实现同工同酬。因此，农民工作为流动人口和重点人群，也成为城市政府社会管理和控制的重中之重。这一方面增加了农民的落户、生活的成本，另一方面社会保障的缺失和不平衡降低了农民的城市生活承受力，使城乡二元体制与机制在城市内部被复制出来。这种排斥最为明显的例子是高昂的房价把相当多的农民工排斥在市民待遇之外。据估计，河南转移人口家庭购房成本约为 25 万元。2013 年，全省乡镇农民人均纯收入估计将达到 8728.8 元左右。以郑州目前的房价计算，乡镇农民人均纯收入仅能购买 1 平方米左右的商品房，以中等城市每平方米 3000 元房价计算，也仅能购买 3 平方米左右。

其次，现有工业发展水平无法保障农业人口的进一步聚集和落户。2013 年上半年，全省城镇新增就业人口 76.02 万，登记失业率为 3.12%。按照全年 100 万人的就业目标、现有城镇化速度和失业率，每年转移 160 万人计算，还需要创造就业岗位约 60 万个，在调结构稳增长、经济下行的大背景下，欲达此目标非常困难。农业人口转移到城市落户需要面临两方面的准入，一方面是政府的政策安排吸纳，另一方面是市场的导向和就业机会。户籍改革说起来简单，就是放开户口即可，然而如果没有稳定良好的就业机会，政府的政策安排就成为一纸空文。在城市化过程中，政府往往重视以行政手段来推动户籍改革，而忽视市场的导向、配置、选择与优化作用。户籍制度改革不仅要政府推动，还要靠工业企业、服务业的持续发展提供大量就业机会、共同承担相应的责任，完善企业吸纳与政府政策吸纳的配套改革工作。

（二）农村土地改革没有调动农民积极性

2010 年年底，全省土地流转面积已达 1173 万亩，占家庭承包经营土地面积的 12.04%。2011 年年底，全省农村土地流转面积增加到 1982 万亩，占家庭承包地面积的 20.6%，按照年平均增长 8%，截至 2013 年上半年，土地流转估计为 32% 左右，约 2900 万亩。按人均 1.5 亩计算，参与土地流转的人口约为 1950 万人，占农村户籍人口不足 1/3。受惠农政策、农村生活成本较低、农村生活便利性增加以及城市的排斥等因素的影响，农民离开土地的主观意愿不强，利益驱动不力，制度安排不妥。

其一，农民参与土地改革的主观愿望不强。这表现在农村土地流转中农民收益难以得到保障，却成为独自承担风险的主体。当前的农村土地改革中，多采用"伪市场化"的方式来操作。一方面表面上以投资法人或自然人作为市场主体来进行操作，另一方面这种操作难以遵守，甚至违反市场规则。由于县以下政府在招商引资方面不具有优势，往往牺牲农民利益来为企业提供便利与优惠。同时，县以下基层政府的招商项目很难引起大企业的重视，土地大多流转到当地能人手中，项目低端、单一、不成熟、不长远，甚至有些土地成为荒地或房地产开发建设用地，其本身的经济和社会效益不高，当然农民收益也不高，农民主观意愿不强。

其二，农民参与土地流转的利益驱动不力。土地改革的利益驱动包括三个方面：基层政府、企业和农民。在利益驱动方面，基层政府获得财税收入、企业得到合理的投资回报、农民得到土地使用权收益。从实际情况来看，基层政府招商难度大、风险大、责任大而条件有限、资金缺乏、上级支持有限。从企业层面来说，企业投资的目的是获利而不是社会公益，要吸引企业投资必须提供相对可观的利益回报。县以下基层政府财政支付能力较弱、交通相对不便、人才相对缺乏，其唯一优势就是土地较为便宜。在这种情况下，如何平衡政

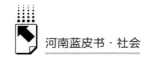

府、企业、农民的利益分配，优化利益驱动，就是关键之举。

其三，农民参与土地改革的制度安排不妥。这包括以下几个方面：一是农民是否获得其他的就业机会；二是农民能否得到完善的社会保障支撑；三是农民能否得到相对公平的政策对待。失地农民缺乏相对稳定的就业机会与完善的社会保障。从制度安排来说，只有农村集体土地与城市国有土地享有同等市场待遇，农民与市民享有同等就业机会和社会保障，农产品的市场价值得到合理体现，防止城市对农村的二次剥夺，才能够实现城乡一体化。应该在参与市场竞争之前就做出适度的制度安排，转变农民"二等公民"的身份，而不仅是事后的政策确认。如果"城乡二元结构"存在于体制本身，那么，不改革现有体制则只能在城市内部复制而不是调整和改变"城乡二元结构"。

（三）融资规模不断扩大不利于城镇化全面持续协调发展

融资规模加大，债务风险随之上升。河南省受民间资本投资活跃影响，城市发展投融资中政府投资占比略低于民间资本，社会民间资本投资多流向制造业与房地产市场。2013 年 1～8 月，完成固定资产投资 15290.81 亿元，超出全年既定 1.4 万亿元投资目标 1290.81 亿元。其中民间投资占比达 81.7%，占民间投资 76% 的资金流向制造业与房地产，短期效应明显。

地方债务存量巨大，中小城市提供基本公共服务的财政保障能力不足。中小城市缺少城市发展资金。根据有关机构估计，全国 36 个省市区地方债务大概在 15 万亿元。以平均数测算，河南县以上政府大概有 4200 亿元地方债务，以 1841 个乡级政府平均欠债 1000 万元计算，共负债大约 4384 亿元。特别是对于中小城镇来说，由于土地拍卖难以获得足够的城市经营资金，缺少城市发展资金，缺乏投融资平台，导致河南省中小城镇城市规模较小、发展滞后、对城市化率贡献较低，其发展质量也难以保证。同时，还导致建设用地指标、人才、资金资源进一步向大城市流动，挤压中小城镇发展空间，形成大城市与中小城镇发展不平衡不协调，城市布局不合理。

（四）公共服务缺乏专业化的社会组织支撑

城镇化过程中，资源的城市化速度远大于人的城市化速度。这是因为资源的城市化能够有"经济产出"，而人的城市化则需要大量"经济投入"来满足转移人口均等化公共服务的要求。这要求转变政府、下放城市政府职能，凡是市场、公民或社会组织能够自己解决的，政府不要插手。专业性的社会组织在公共服务方面不仅具有灵活性和缓冲作用，还能够弥补政府工作的不足。目前，河南省在政府公共服务职能的评估、转移、提升上面临较大挑战。

一方面，河南省在城市政府公共职能转变和下放方面做得还不够。对于政府现有公共职能尚未进行科学合理的分类评估，政府还是全能型、家长型和保姆型政府，除了下达宏观的指令、计划、规划，还从事各项非常具体的管理、协调工作，从而导致政府工作效率下降、职能混乱、形象受损。

另一方面，城市政府对专业社会组织的引导、扶持、培育、壮大、规范方面还少有作为。据粗略统计，河南目前约有各类社会组织 2 万多个，年增长率约 5%。多数都是没有登记的民间组织，专业化程度不高、管理不规范、资金资源保障匮乏、发展前景堪忧。专业化的社会组织在城市社会管理、公共文化和社会服务等方面具有很大优势，河南省专业化社会组织之所以发展不成熟、数量少，不仅与政府职能的转变与下放有关，而且与政府扶植培育、规范引导有关。这样就造成如下一种情况：由于政府人力有限，几乎各个机关、事业单位都存在大量的编外临时工。这些临时工所做的工作完全可以由社会组织来做。由于现实利益纠葛，这些工作职能却没有下放出来。

（五）城市规划与管理运行不协调

对城镇化政策的过度热衷导致河南省城镇化发展不断提速，也导致城市规划的大幅度修改与变动。这种规划修改或提前布局为城市未来的发展留下了很大余地，也造成了很多问题。这些问题主要有：城市规划不能以人为本、城市运行管理能耗过高、城市生活工作的不平衡导致交通拥挤。

首先，城市规划多是以汽车为本、以 GDP 为主，而没有以人为本。我国石油用量的 50% 以上依靠国外进口，目前高能耗的工业发展模式和城镇化模式难以持续。虽然在规划设计时都考虑生态、宜居等指标，而实际上并没有做到。新城区规划的特点主要是功能分区，面积大、马路宽，两区之间的交通过度依赖汽车。以郑州为例，2013 年汽车总量达到 240 万辆左右。据统计，一辆越野汽车在城市行驶时所占的空间是城市行人的 20 倍以上。城市已经成为车轮上的城市，无形之中会增加城市道路占用面积、加大城市运行的能耗，进一步恶化城市生态。

其次，城市规划与管理没有为微小服务业留下余地。城市的微小服务业能够提供灵活就业岗位、增加城市活力和人气，方便居民生活。新城区规划没有为这类服务业预留空间，缺乏多样性与包容性。城市管理部门出于市容市貌的考虑则对此类服务业（地摊、流动商贩、小型便利店等）不太宽容，造成新区人气不旺、活力欠缺、生活不便，难以提供更多灵活就业岗位、公共设施利用率偏低。

最后，城市规划的不协调导致城市生活与工作的不平衡，导致交通拥挤。交通拥挤的原因除了城市人口与机动车辆的急剧增加及城市道路规划不合理之外，新城区与老城区规划不协调也是重要原因。以人均道路面积为例，郑州市为 6.19 平方米，低于北京的 7.91 平方米、上海的 7.24 平方米。由于新城区配套不成熟，大部分人口集中于中心城区，造成郑州中心城区极度拥挤。2000～2011 年，郑州市区道路里程增长 1 倍，路口数量增加了 75%。这种不协调充分表现在新城区人烟稀少，而老城区人口过分稠密；生活区、服务区与产业区过度分离；大城市新城区的盲目扩张；等等。

三　河南推进城镇化配套体制改革的展望

在城市化发展进入强调质量甚于速度的今天，告别"圈地式"、粗放式的城市扩张，搞好城镇化配套体制改革是推进城镇化发展质量的根本保证。没有城镇化配套体制改革，城镇化就会缺少补偿机制和可持续发展机制，变成农村资源的单向剥夺过程，农民只可能变成"流民"而不是市民，同时产生大量社会问题，难以保证社会和谐和城市的可持续发展。按照十八届三中全会关于全面深化改革的决策部署，今后，河南省需要从以下几个方面做好城镇化配套体制改革。

（一）积极稳妥推进户籍制度改革

积极稳妥地推进户籍制度改革，不仅需要政府的顶层设计，更需要普通群众的自愿自觉。党的十八届三中全会提出，要创新人口管理，加快户籍制度改革，全面放开建制镇和小城市落户限制，有序放开中等城市落户限制，合理确定大城市落户条件，严格控制特大城市人口规模。中小城市、大城市实行差别化的户籍政策，只是为农民的转移入户城市提供了可能，最终还是以普通民众的主观愿望和实际能力为基础。目前户籍改革仍然需要从以下几个方面进行努力。

其一，依靠经济协调持续发展打破城乡户籍二元体制。在各地区以及城乡经济发展不平衡的条件下，一下子放开户籍，打破城乡二元体制肯定是不现实的。户籍制度改革要实现农业人口转移，实现基本公共服务的全覆盖和均等化，需要巨大的财力支撑。只有经济的发展使城乡户籍和身份差别逐步缩小，同时为户籍改革提供财政支持，才能剥离户籍制度的福利分配功能，保留户籍的管理和服务功能。

其二，推进户籍制度改革需要全省范围内人口迁出地与迁入地实现联动才有效果。户口迁出地的承包地、自留地、宅基地一定年限内保留其收益权和使用权，但是纳入土地流转范围；城市土地发展指标转移给迁入地所在城市；按照落户人口对户口迁入地适当增加教育、医疗、廉租房、社会保障事业财政拨款。

其三，推进户籍制度改革需要对不同的人实行差别化政策。具体说来，对于户籍迁入申请，就业技能较强者优先于较弱者、年轻人优先于老人、较高学历者优先于较低学历者、紧缺人才优先于一般人才等。对于私营企业灵活就业或自主创业的农村转移人口加大"五金一险"的监察力度。

（二）分阶段、有步骤地推进农村土地制度改革

党的十八届三中全会提出，维护农民生产要素权益，保障农民工同工同酬，保障农民公平分享土地增值收益，保障金融机构农村存款主要用于农业农村。农村土地制度改革的方向是完善农村土地的征用、流转、综合整治等制度，实现农村土地的市场流通，完善城乡统一的集体建设土地交易市场、耕地

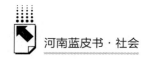

最低保护制度以及城乡土地增减挂钩机制。推进土地制度改革以及农村综合改革需要实现如下转变。

其一，农村土地征收改产值补偿为市场价值补偿。以往农村土地的征收都是以数年的产值进行补偿，只体现了土地作为劳动生产资料价值的一面，而对于土地本身增值、预期收益、养老保障、社会稳定等价值功能以及被征地灭失后所产生的连带损失的补偿未能有所体现。农村土地被征收以后往往改变用途和区位关系，其市场价值增加巨大，但是增值的部分农民收益很少。必须有步骤地展开试点，改变以前的农村土地征收补偿办法。

其二，对农村存量建设用地与增量建设用地实行差别化管理。所谓存量建设用地就是农村既有的宅基地，而增量建设用地多是通过土地整理而增加的建设用地面积。前者必须严格控制，后者则给予鼓励。通过农业人口转移，提高农村存量建设土地在建设用地总供应量中的比重，尽量盘活存量建设用地，严格控制耕地转变为建设用地。

其三，扭转城镇建设对新增土地出让金的依赖。分税制以来，地方政府对新增土地出让金的依赖不断增强。这就需要扩大农村和中小城镇转移支付的规模和比例，稳步推进交通运输业和部分现代服务业营业税改征增值税试点工作，推进存量房的房产税、遗产税改革试点。

（三）充分发挥市场在城市经营、公共服务方面的调节作用

党的十八届三中全会指出，建立透明规范的城市建设投融资机制，允许地方政府通过发债等多种方式拓宽城市建设融资渠道，允许社会资本通过特许经营等方式参与城市基础设施投资和运营，研究建立城市基础设施、住宅政策性金融机构。城市经营和公共服务关乎城市运行管理、城市形象和发展政绩，多是以政府为主导，没有发挥市场的作用。这就导致城市经营和公共服务方面有时不计成本和成效，负债经营，赔本赚吆喝。城市化发展必须在提升公共服务的效率和质量的同时，提高城市经营的经济效益。从这两个方面来说，仅仅依靠城市政府的力量难以做到，必须通过市场，吸收社会资本参与城市经营，培育壮大、引导规范社会组织来参与公共服务。

社会资本参与城市公共基础设施建设和经营比例较小，融资渠道偏窄，融

资吸引力不够。城市经营的资金大部分来自银行贷款，银行贷款占地方债务的79%左右，少部分来自税收和土地出让金。省政府《关于2013年深化经济体制改革重点工作意见的通知》指出，要创新建设资金多元筹措机制。鼓励各地统筹使用各类相关财政专项资金，通过以奖代补、先建后补、贷款贴息、财政补贴等方式，引导社会资本参与交通、能源、城建、教育、卫生等基础设施建设。支持市、县级投融资平台通过财政注资、市场募资、整合存量资产等多种方式，提高融资能力。研究制定河南省城镇基础设施领域特许经营管理办法，探索建立公益性基础设施和商业性基础设施开发相结合的"公商协同、以商补公"长效机制。加强与金融机构的战略合作，积极探索开发性金融支持新型城镇化建设的贷款模式。支持城投类企业发行债券或信托产品，加快企业上市步伐，支持上市公司再融资，扩大直接融资规模。

培育和壮大社会组织，首先实行机关事业单位剥离编外临时工。加紧制定政府向社会组织购买服务目录、购买服务办法等相关政策文件，把机关事业单位剥离的临时工纳入社会组织范围，由社会组织管理、培训，逐渐脱离与原单位的隶属关系。减少"拿临时工一样的钱，干政府不该管的事"的现象，由市场调节、评估服务需求的满足状况，推动公共服务主体的多元化。《关于2013年深化经济体制改革重点工作意见的通知》还提出要创新政府公共服务的提供方式。出台政府向社会组织购买服务的实施意见，推动基本公共服务提供主体和提供方式多元化。出台行业协会商会与行政机关脱钩方案，探索"一业多会"模式，引入竞争机制。河南省需要按照十八届三中全会提出的"正确处理政府和社会关系，加快实施政社分开，推进社会组织明确权责、依法自治、发挥作用。适合由社会组织提供的公共服务和解决的事项，交由社会组织承担。支持和发展志愿服务组织"，推动公共服务改革创新。

（四）降低城市发展和管理运行能耗，保护生态环境

党的十八届三中全会提出，必须建立系统完整的生态文明制度体系，实行最严格的源头保护制度、损害赔偿制度、责任追究制度，完善环境治理和生态修复制度，用制度保护生态环境。城市发展和管理的能耗压力主要集中在石油、土地、水资源、电力等方面，因此必须从石油、土地、水资源、电力价格

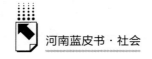

几个方面着手进行有效调节。

首先，适度控制大城市规模，优化城市布局。中国的能源消耗状况难以支撑所有的省会城市都变成北京、上海那样的特大都市。大城市无节制地扩张，虽利于拉动消费，但改变了民众的出行方式、增加了城市的日常交通成本。大城市新城区成为无人区或"鬼城"，有"城"无"市"，不能发挥出城市本身的经济功能，是对土地的巨大浪费。特别是城市马路规划越来越宽，路口也随之增加，不利于行人步行穿越、不利于城市交通的便捷流畅。需要进一步优化中小城市在内的城市群建设，逐步缩小中小城市与大城市之间的发展差距，优化布局，使人口合理地集中，一定程度地分散。

其次，对资源型产品实行阶梯价格。目前正在逐步推行居民用水、天然气阶梯价格。除了生活用水、用气以外，还需要对工业用水、用气进行调节，实行能耗与价格挂钩机制，鼓励企业节能减排，同时减少环境治理成本。

最后，建立城市环境保护机制。深化水、大气、土壤的重金属污染防治工作，"启动实施能源消费总量和主要污染物排放总量预算管理，建立碳排放控制制度，开展节能量交易，推进发电机组绿色节能调度和发电指标权交易工作，开展排污权有偿使用和交易试点工作"。"建立项目环评审批与当地环境容量挂钩机制，对不同流域、区域和行业实行差别化的环境准入政策。"

（五）千方百计提高转移农业人口的收入，赋予农民更多财产权利

城镇化无论是要拉动内需、鼓励消费，还是要提高公共服务覆盖率和质量，推进农民市民化，都需要提高转移人口的经济承受能力，提高政府的经济、财政保障能力。

首先，给予转移人口一定的缓冲空间和时间。在目前的经济发展水平下，农民转移到城市以后住房、生活、教育、卫生成本都大大增加了，绝大多数农民尚无力承担，这就需要加大城市保障性住房建设力度、加大教育和医药资金投入降低转移成本。通过一定期限内保留农村宅基地、自留地、承包地的使用权和收益权，来保障农民收入的稳步提高。

其次，提高转移农民财产性收入和劳动性收入。具体说来就是提高农村土地的征收价格、维护农民合理的土地收益，同时提高农业企业在农产品收益中

的份额。对农村劳动力进行就业技能培训，提高就业能力和水平，对劳动密集型企业加大劳动监察力度，切实维护转移农民的合法权益。

最后，对于转移到较小城镇的农民，社会保障可以用灵活的方式加以解决。既可以强化小城镇居民的家庭观念，发挥传统家庭的互帮互助、生产自救、自我保障等自然功能，也可以通过提供公共服务的形式予以保障。尽最大努力，使小城镇居民享受小城镇带来的好处和福利，同时减少小城镇居民的生活成本，提供"家庭＋社会＋个人"以及"实物＋服务＋互助"相结合的、多种形式的社会保障，消除他们的后顾之忧。党的十八届三中全会提出要"坚持家庭经营在农业中的基础性地位"，就是考虑到小城镇和广大农村相当长时期内，家庭经营还将占主要地位。这需要政府政策的确认，并形成相对完善和配套的政策体系框架。建议在此方面，党委要高度重视、政府要有所作为。

（六）稳步推进社会事业改革

推进社会事业改革是推进和保障社会事业稳步发展的关键。按照十八届三中全会的决策部署以及《河南省基本公共服务十二五规划》的目标，在现有的改革基础上，对教育、文化、医疗事业等领域加大改革和保障力度，搞好社会效益和经济效益的协调平衡、经济反哺社会的机制建设。

党的十八届三中全会提出了一系列社会事业和文化体制机制改革措施。在教育层面，大力促进教育公平，健全家庭经济困难学生资助体系，构建利用信息化手段扩大优质教育资源覆盖面的有效机制，逐步缩小区域、城乡、校际差距。统筹城乡义务教育资源均衡配置，实行公办学校标准化建设和校长教师交流轮岗，不设重点学校重点班，破解择校难题，标本兼治减轻学生课业负担。在就业体制改革层面，健全政府促进就业责任制度。规范招人用人制度，消除城乡、行业、身份、性别等一切影响平等就业的制度障碍和就业歧视。在形成合理有序的收入分配格局层面，着重保护劳动所得，努力实现劳动报酬增长和劳动生产率提高同步，提高劳动报酬在初次分配中的比重。健全工资决定和正常增长机制，完善最低工资和工资支付保障制度，完善企业工资集体协商制度。在建立更加公平可持续的社会保障制度层面，坚持社会统筹和个人账户相结合的基本养老保险制度，完善个人账户制度，健全多缴多得激励机制，确保参保人权益，实现基础养老金全国统筹，坚持精算平衡原则。健全社会保障财政投入制度，完善社会保障预算制度。加强社会保险基金投资管理和监督，推进基金市场化、多元化投资运营。深化医药卫生体制改革。统筹推进医疗保障、医疗服务、公共卫生、药品供应、监管体制综合改革。在深化基层医疗卫生机构综合改革层面，健全网络化城乡基层医疗卫生服务运行机制。加快公立医院改革，落实政府责任，建立科学的医疗绩效评价机制和适应行业特点的人才培养、人事薪酬制度。完善合理分级诊疗模式，建立社区医生和居民契约服务关系。在文化体制机制创新层面，完善文化管理体制、建立健全现代文化市场体系、构建现代公共文化服务体系、提高文化开放水平。

今后，河南省城镇化发展必须按照十八届三中全会全面深化改革的决策部署，在保证一定的城镇化速度的前提下，积极稳妥推进城镇化配套体制改革，着力提升城镇化发展质量，告别"摊大饼式"低成本扩张和政府投资大力拉动的模式，更加注重协调和平衡、更加注重能耗的降低和结构的调整、更加注重城乡统筹和以人为本、更加注重公共服务均等化和生态环境改善。

新型城镇化进程中缩小河南城乡居民收入差距问题研究

任晓莉 *

摘 要:

在推进新型城镇化的过程中,河南城乡居民收入实现快速增长,在一定程度上享受到改革所带来的成果。然而从实际分析来看,城乡居民收入差距扩大的态势仍没有根本改观,分配差距悬殊和分配不公仍然是一系列社会矛盾的焦点。尤其是在新型城镇化快速推进中,河南城乡居民收入差距缩小面临着新的现实困境和隐忧,造成收入差距持续扩大的根本原因是缺乏顶层设计和整体改革的制度共识,加上城乡二元结构、体制性行业垄断与不公平市场竞争环境等不合理的制度安排等。要想破解这一难题,必须加快各项制度改革特别是加快政府体制改革,通过制度创新为城乡居民收入差距的缩小提供制度公平、权利公平、机会均等的保障。

关键词:

新型城镇化 城乡居民收入差距 现实困境 制度根源 制度创新

当前,以人为核心的新型城镇化的推进,已经成为推动我国经济社会发展的科学选择。党的十八届三中全会提出要加快收入分配改革,缩小贫富差距,促进新型城镇化。在推进新型城镇化的过程中,不仅要关注城镇人口比例的增

---

* 任晓莉,河南省社会科学院研究员。

加、城市面积的扩张，更重要的是要注重改善民生，提高人们的生活质量；关注居民收入分配的状况，解决过大的分配差距问题。收入分配是民生之本，关系到经济社会的稳定和谐，也关系到新型城镇化及全面小康社会目标能否顺利推进和实现。近年来，河南经济高速发展，城乡居民生活水平和收入水平均实现了快速提高。但是，随着经济社会的快速发展，收入分配领域长期形成的差距悬殊格局和突出矛盾没有得到根本的改善，而且已经成为影响全面改革的进一步深化和社会稳定和谐的最重要的问题，今后改革的重点是要加快遏制并解决城乡居民收入差距过大问题，切好新型城镇化利益分配的蛋糕，努力实现社会公平分配，使河南城乡居民共享改革发展的成果。

一 城镇化进程中河南城乡居民收入分配的总体状况

进入 21 世纪以来，河南社会经济生活发生了深刻的变革，城乡居民收入分配随着分配制度改革的不断推进，也发生了剧烈变化，尤其随着全省国民经济的快速增长、城镇化步伐的不断加速，全省城乡居民收入也得到了较快提高。

（一）全省城乡居民收入实现快速增长

2000 年，河南城镇居民家庭人均可支配收入仅为 4766.26 元，农村居民家庭人均纯收入仅为 1985.82 元；12 年后，即 2012 年，城镇居民的可支配收入增加到 20442.62 元，农村居民人均纯收入达到 7524.94 元，分别增长了 4.29 倍、3.79 倍（见图 1）。收入的快速增长不断改善着河南城乡居民的生活水平，人民在一定程度上享受到了改革所带来的成果。2012 年，全省城乡居民收入构成中出现了一个新的变化，无论是城镇居民还是农村居民，工资性收入都成为居民收入的主渠道。2012 年城镇居民人均工资性收入为 13666 元，比上年增长 13.51%，占可支配收入的 66.84%；经营净收入为 2545 元，比上年增长 12.41%；财产性收入为 334 元，转移性收入为 5352 元，分别比上年增长 16.78%、8.4%。农村居民人均工资性收入为 2989.36 元，比上年增加 465.59 元，工资性收入占农民纯收入的比重为 39.73%，近四成，比上年提高 1.5 个百分点，对农民增收的贡献率超过一半；人均家庭经营收入为 3973.43

元，比上年增加 9.06%，人均财产性收入和转移性收入分别为 135.49 元和 426.66 元，分别比上年增长 25.3% 和 15.0%。

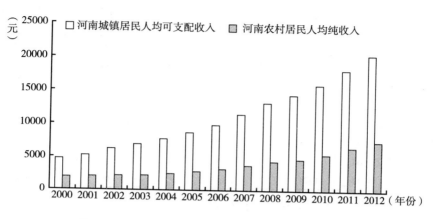

图 1　进入 21 世纪以来河南城乡居民收入增长趋势

资料来源：据各年度《河南统计年鉴》绘制。

（二）居民收入增长略高于国民经济收入增长

当前河南正处于加速完成工业化、城镇化历史任务的发展阶段。加快推进城镇化的目的是造福人民群众，不断改善群众生活。河南的城镇化率已由 2000 年的 23.2% 提高到 2012 年的 47.4%。随着城镇化率的提高，全省城乡居民收入的增长和结构变化情况如何？居民收入是否实现同步或者高于经济增长？这是城镇化推进中需要关注的问题。由于现有的统计资料没有提供河南省全部居民的收入总量数据，为分析居民收入总量在国民经济收入中所占份额的变化情况，我们利用 2005~2012 年全省城镇居民人均可支配收入、农村居民人均纯收入、全省城镇居民人口数和农村居民人口数进行粗略估算，计算出全省全部居民收入总量，进而计算出居民收入占 GDP 的总量，分析其占 GDP 比重的变化趋势，并为下面计算城乡居民收入总量在全体居民收入中的比例，分析居民收入在城镇居民与农村居民之间分配的变化情况作数据准备。全部居民收入计算公式为：全省全部居民收入 =（城镇居民人均可支配收入 × 城镇人口数）+（农村居民人均纯收入 × 农村人口数）。计算结果如表 1 所示。

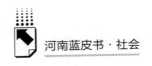

表1 2005～2012年河南省居民收入占GDP的比重变化

单位：元，%

年份	GDP总量（亿元）	全省全部居民收入（亿元）			全部居民收入占GDP的比重（%）
		合计	城镇居民总收入	农村居民总收入	
2005	10587.42	4539.72	2595.19	1944.53	42.88
2006	12362.46	5290.87	3128.49	2162.38	42.80
2007	15012.46	6385.63	3889.79	2495.84	42.54
2008	18018.53	7553.56	4727.47	2826.09	41.92
2009	19480.46	8385.45	5400.81	2984.64	43.05
2010	23931.03	9987.35	6454.92	3532.43	41.73
2011	26931.03	11896.25	7741.89	4154.36	44.17
2012	29599.31	13711.62	9143.98	4567.64	46.29

资料来源：据各年度《河南统计年鉴》相关数据计算整理而来。

从表1中可以看到，2005～2012年，河南居民收入由4539.72亿元增长到2012年的13711.62亿元，增长了3.02倍；同期国民收入由10587.42亿元增长到2012年的29599.31亿元，增长了2.80倍，居民收入增长略快于GDP增长。居民收入占GDP的比重在近8年来，出现微幅上涨趋势，2005～2010年，基本保持在42%左右，2011年、2012年出现较显著的增长，占比分别达到44.17%、46.29%。说明河南省高度重视民生的改善和居民收入的增长，采取的一系列增加居民收入的措施正在显现成效。

（三）城镇居民收入与农村居民的收入占比情况分析

根据表1计算的2005～2012年全省全部居民收入数据以及城镇居民和农村居民收入，计算出8年来全省城镇居民、农村居民的收入在全部居民收入中所占的比重，以此可以分析居民收入在城镇与农村居民之间的分配情况。从表2测算的数据可以看出，2005～2012年，城镇居民收入占全部居民收入的比重逐年上升（见图2），自2005年的57.17%上升到2012年的66.74%，提高了9.57个百分点。同期城镇化率从30.7%上升到47.4%，提高了16.7%。这说明，在城镇居民收入占全部居民收入比重逐年上升的因素中，城镇化进程的快速推进是其重要的提升因素，城镇人口数量的增加，加大了城镇居民人均收入增长的比重，同时也说明居民收入分配存在向城镇居民倾斜、城镇居民人均收入增长大大快于农村居民人均收入增长，城镇居民生活质量提升快于农村居民生活质量的提升。

表2　2005~2012年河南城镇居民与农村居民的收入占比情况

单位：%

年份	城镇居民收入占比	农村居民收入占比	同期城镇化率
2005	57.17	42.83	30.7
2006	59.13	40.87	32.5
2007	60.91	39.09	34.3
2008	62.59	37.41	36.0
2009	64.41	35.59	37.7
2010	64.63	35.37	38.8
2011	65.08	34.92	40.6
2012	66.74	33.26	47.4

资料来源：据表1数据及相关年度《河南统计年鉴》计算整理而来。

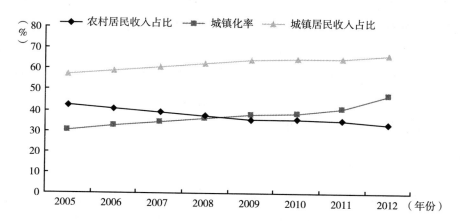

图2　2005~2012年河南城镇化率与居民收入占比情况比较

资料来源：据表1数据及相关年度《河南统计年鉴》计算绘制。

二　城镇化进程中河南省居民收入分配困境分析

近年来，虽然河南省城乡居民在相当大的程度上享受到了改革开放所带来的成果，但由于受经济转型和城乡分割的二元格局根深蒂固等因素的影响，居民收入分配差距拉大趋势还未根本扭转，城乡区域发展差距和居民收入分配差距较大仍是河南面临的主要困难和突出问题之一，城乡居民收入差距仍然成为社会分配不公的集中体现，也是化解一系列社会矛盾和实现可持续发展的焦点。

（一）国民收入分配中，居民收入分配占比过低

改革开放以来，在我国的收入分配结构中，国民收入向企业和政府倾斜的势头较为明显，居民收入尤其是农村居民收入增长长期低于经济增长，居民收入占国民总收入的比重呈下降趋势，自20世纪90年代的近70%下降到近年来的60%左右。与全国平均水平相比，河南的情况更不乐观，虽然自2005年以来，居民收入占国民总收入的比重呈上升趋势，但据我们测算，也只是从2005年的42.88%上升至2012年的46.29%，8年间只提高了3.41个百分点，不足全国平均水平的80%，同时，与全国人均收入水平相比，河南的经济总量虽然名列全国第5位，但无论是城镇居民人均可支配收入还是农村居民人均纯收入一直在全国第17~20位徘徊，总体收入水平也过低。这种状况，对扩大内需，特别是扩大城乡居民的最终消费需求是不利的。地方政府如何调整收入分配关系，充分发挥政策对全省居民收入的调节作用，增加居民收入，使居民收入增长与宏观经济增长相匹配，是一个非常值得研究的问题。

（二）城乡居民收入差距持续扩大难以抑制

伴随着全省城乡居民收入的不断提高，全省城乡居民收入差距在持续扩大（见表3）。近年来，河南省政府重视提高最低生活保障标准等政策的落实，对缩小居民收入差距起到了一定作用，但差距仍然较大。虽然据国家统计局河南调查总队发布的调查报告显示，2012年，全省城镇居民中10%最低收入户和10%最高收入户的可支配收入之比是1:6.11；2010年为1:6.74；2011年为1:6.54，但这只是表明收入差距扩大的态势3年来有所趋缓，并不说明实际收入差距在缩小。2001年，河南城乡居民收入差距为3169.56元，城乡居民收入差距比为2.51倍，之后持续扩大，2008年差距比扩大为历史最高值，达

到 3.42 倍；2012 年城镇居民人均可支配收入达 20442.62 元，农村居民人均纯收入为 7524.94 元，城乡居民收入差距高达 12917.68 元，差距比依然维持在 2.72 倍的高水平上。如果将相当部分的城市居民所享受的社会保障等福利计算进去，城市居民的收入可达农村居民收入的 5~7 倍。

表3 2001~2012 年河南城乡居民人均收入比较

年份	城镇居民人均可支配收入（元）	农村居民人均纯收入（元）	城乡居民人均收入之比	城乡居民人均收入之差（元）
2001	5267.42	2097.86	2.51	3169.56
2002	6245.40	2215.74	2.82	4029.66
2003	6926.12	2235.68	3.09	4690.44
2004	7704.90	2553.15	3.02	5151.75
2005	8667.97	2870.58	3.02	5797.39
2006	9810.26	3261.03	3.01	6549.23
2007	11477.05	3851.60	2.98	7630.04
2008	15231.11	4454.24	3.42	10776.87
2009	14371.56	4806.95	2.99	9564.61
2010	15930.26	5523.73	2.89	10406.53
2011	18194.80	6604.03	2.76	11590.77
2012	20442.62	7524.94	2.72	12917.68

资料来源：据相关年度《河南统计年鉴》计算绘制。

（三）各地市间城乡居民收入仍不均衡

进入 21 世纪以来，随着城镇化进程的加速，全省地市之间的生产总值、人均生产总值增长迅速，居民人均收入也随之提高，各地市居民生活水平都有不同程度的提高，但是由于全省发展不平衡性由来已久，加上社会经济历史发展的累积，各地市之间收入水平存在着不小的差距。表现如下：一是从 18 个省辖市平均工资水平来看，2012 年在全省平均线（37338 元）以上的省辖市只有 3 个，依次为郑州（41086 元）、平顶山（40179 元）和三门峡（38690元），其他 15 个省辖市都在平均线以下。其中，驻马店（28968 元）、新乡（30111 元）、南阳（30112 元）、信阳（30482 元）和商丘（30672 元）5 市位居后 5 位，分别居第 18、第 17、第 16、第 15、第 14 位。比较意外的是，城镇居民人均可支配收入和农民人均纯收入均位居全省最后一位的周口市，工资水平居全省第 13 位；而城镇居民人均可支配收入居全省第 6 位的新乡市，工资水平居全省第 17 位。从 18 个省辖市的农民人均纯收入来看，在全省平均线（7525 元）以上的省辖市有 11 个，依次为郑州、济源、焦作、许昌、鹤壁、漯河、安阳、新乡、三门峡、洛阳和南阳。驻马店、商丘和周口三市分别位居第 16、第 17、第 18 位，与 2011 年的排序一样。

另外，各地市城乡居民收入差比排序仍承继 2011 年的态势，没有出现位序的变化。洛阳、商丘、濮阳和平顶山四市的城乡居民收入差比仍分别位居前 4 名，超过全省平均线，城镇居民与农村居民的收入存在较大差距，需要引起这些地市政府决策部门的注意。

表 4　2011 年、2012 年河南各地市城乡居民收入差比及排序

项目 省辖市	2011 年各地市收入差比及排序			2012 年各地市收入差比及排序		
	城乡居民 人均收入 之差(元)	城乡居民 人均收入 之比	全省排序 （比差从大 至小排列）	城乡居民 人均收入 之差(元)	城乡居民 人均收入 之比	全省排序 （比差从大 至小排列）
郑州市	10562.1	1.96	18	11715	1.93	18
开封市	9065.8	2.40	11	10131	2.37	11
洛阳市	13341.8	2.96	1	13092	2.91	1
平顶山	11770.1	2.79	4	12833	2.74	4
安阳市	11099.5	2.46	9	12424	2.44	9
鹤壁市	8983.2	2.09	14	9896	2.05	14
新乡市	10455.9	2.39	12	11512	2.33	12
焦作市	9103.0	2.02	16	10023	1.99	16
濮阳市	11145.9	2.83	3	12566	2.81	3
许昌市	8852.3	2.02	15	9866	2.00	15
漯河市	9297.2	2.21	13	10381	2.19	13
三门峡	10132.7	2.46	10	11278	2.43	10
南阳市	10513.0	2.55	7	11792	2.52	7
商丘市	10514.1	2.86	2	11886	2.85	2
信阳市	9117.8	2.48	8	10248	2.46	8
周口市	9135.8	2.68	6	10304	2.66	6
驻马店	9991.4	2.72	5	11072	2.68	5
济源市	9480.5	2.02	17	10592	1.99	17
全　省	11590.8	2.76	~	12918	2.72	

资料来源：据 2012 年、2013 年《河南统计年鉴》计算绘制。

三 新型城镇化进程中全省居民收入差距的
变化趋势分析

2012 年，河南省城镇化率为 47.4%，已接近 50% 的拐点，进入快速发展阶段。但河南的城镇化率还明显低于全国 67% 的水平，全面推进城镇化势在必行。然而，居民收入水平过低、收入分配差距过大，已经成为影响全省城镇化进程的重大障碍因素。一方面，众多的低收入群体、大量的农村人口不可能承担起城镇化较高的生活成本；另一方面，过低的收入水平又无法形成对产业、技术、人才的有效吸引，难以形成对经济社会发展的推动力。因此，河南省在致力于走出一条大中小城市与小城镇协调发展、城镇化与新农村建设双轮驱动的新型城镇化道路的同时，还要着力加快分配制度改革，缩小城乡居民收入分配差距。分析未来几年的发展趋势，缩小城乡居民收入差距仍然面临着一系列现实困境和隐忧。

（一）收入分配差距扩大之势虽然在短期内难以得到有效遏制，但过度悬殊的贫富差距有望缩小

收入分配差距巨大，已是全国各地面临的共性问题，达到"世所少见"的程度。伴随着我国城乡居民收入的不断提高，各地城乡居民收入差距近 20 余年来都在持续扩大，全国城乡居民收入差距比基本都在 3.103 倍的高水平上，而且越是经济发展水平低的地区，居民收入差距比越是居高不下，毫无疑问，我国已经成为世界上贫富差距最大的国家之一。收入分配问题既是一个重要的经济问题，又是一个复杂的社会问题，同时还是一个敏感的政治问题。虽然多年来，我国不断发出改革收入分配制度的呼声，国家和各级政府也相应采取了多项政策措施，但至今尚缺乏有效的关于收入分配制度改革的"顶层设计"。虽然 2013 年 2 月 5 日国务院公布了有关部委制定的《关于深化收入分配制度改革的若干意见》，但不论是总体目标还是主要任务，其内容都嫌原则空泛，缺乏针对性和可操作性。同时由于收入分配改革牵涉到很多部门权力和利益关系的调整，相关制度改革的进展缓慢，难以在短期内取得明显成效。河南

作为中国中部地区人口众多的省份，在宏观政策环境的影响下，不可能在短期内就取得收入分配制度改革的突破性进展，收入分配差距还会在量上有所扩大，但随着各项改革的深入和到位，过度悬殊的分配差距和分配不公现象有望缩小和减少。

（二）各项改革的深入将淡化或者减弱收入分配中的不公正因素，形成收入分配差距的不合理制度性因素有望减弱

河南城乡居民收入差距的持续扩大，与全国一样，已成为社会分配不公的集中体现，更成为一系列社会矛盾的焦点。在巨大的收入分配差距中，因资源和资产的分配不公导致的隐性收入、灰色收入和非法收入等是不断恶化城乡收入分配、强化收入机会不平等、收入分配不公平的重要原因。同时由于对资源和资产的分配缺乏制度监督，操作不规范、不透明，甚至普遍存在违法违规现象，致使部分特权阶层形成不平等、不合理、不合法占有各种资源所得，如垄断信息、国有资产、土地、矿产资源等带来的收入，或者不正当经营如偷税漏税、违法违规违纪所得，更有权力寻租，以权谋私，钱权交易的极端违法收入，构成扩大收入差距的重要力量，不断扩大着收入分配差距。收入分配不公平问题已经引起党和政府的高度重视，就收入分配制度改革而言，党的十八大报告已明确提出："确保到2020年实现全面建成小康社会宏伟目标，实现国内生产总值和城乡居民人均收入比2010年翻一番。"三中全会对这一目标进行了进一步的丰富、细化和深化，明确要求，要通过规范收入分配秩序，完善收入分配体制，调节过高收入，增加低收入者收入，扩大中等收入者比重，逐步形成橄榄形分配格局。围绕这一目标，下一步改革的举措有望将围绕坚持富民优先、突破利益固化樊篱、形成合理的利益结构来展开。随着各项改革的深化特别是收入分配制度改革的深化，形成收入分配差距的不合理制度性因素有望减弱。

（三）近期河南城乡居民收入还将通过人力资源素质差距在代际间累进扩大，但从长期来看，城乡居民收入差距趋于缩小

河南城乡居民收入差距除改革开放初期至20世纪80年代中期的10年

间，城乡居民收入差距有所缩小外，一直以来，城乡居民收入差距基本上是在持续扩大。同期全国城乡居民的收入差距也在不断扩大，说明河南城乡居民收入差距的发展趋势与全国是一致的。近一两年来随着全国城乡居民收入差距扩大速度的放缓，河南城乡居民收入差距扩大速度也趋于减慢，但从差距的绝对量上分析，城乡居民收入差距仍在不断扩大。随着各项改革举措的到位，形成收入分配差距的不合理制度性因素减弱，城乡居民收入差距仍会因为人力资源素质差异而在代际间累积扩大。这是由于以教育、医疗保健为主的人力资本投资严重不足导致了教育不公，固化了农村居民的代际贫困传承而形成的。这种差距的存在甚至是长期的。从长期来看，随着"二元经济结构"和"一元经济结构"的转型，国家政策对城乡居民收入差距扩大的抑制以及国家区域经济协调发展战略的转变和经济社会的发展，河南城乡居民收入差距将逐步缩小。

四 缩小城镇化进程中城乡居民收入差距的对策措施

收入分配差距的扩大和久拖不决，对经济和社会发展正在产生越来越不利的影响，不仅制约城乡市场的开拓和消费需求的扩大，影响国民经济的良性循环，而且影响社会的稳定和和谐社会的建设。我们党和国家已经深刻认识到解决收入分配差距问题的重要性、紧迫性和艰巨性，自党的十八大以来直到近期召开的党的十八届三中全会，不断强调要深化收入分配制度改革，要千方百计增加居民收入，实现发展成果由人民共享。河南要解决城乡居民收入分配差距问题，重点还是依靠经济发展，做大蛋糕，在给人民群众更多实惠的同时，深化各项改革，通过制度创新，构建制度公平、权利公平、机会均等的收入分配政策。

（一）以人为本，坚持科学发展，提升经济发展的总量和质量

河南作为一个1亿多人口的大省，由于经济发展的人均水平偏低，解决居民收入差距的难度很大。要根据省情创造性地解决收入分配中存在的矛盾和问题，特别是解决城乡居民收入差距偏大的问题。从根本上说，要在以人为本和

全面协调可持续发展的前提下，抓住党的十八届三中全会带来的历史契机，围绕全面建设小康社会和三大国家战略的实施，搞好各项改革，廓清经济发展思路，树立科学的发展理念，把平衡城乡关系、改善城乡居民收入分配状况纳入经济发展的总体目标，做大做强经济发展的蛋糕，让更多的城乡居民参与经济发展的过程中，让广大城乡居民特别是低收入者更多地享受到经济发展的成果。

（二）推进政府职能转变，建设服务型政府，构建有利于居民收入分配的政府工作机制

改革收入分配制度，缩小城乡居民收入差距，关键是整体改革能否顺利推进，而整体改革顺利推进的决定条件则在于政府自身的改革。要推进政府自身的改革，坚决调整和打破权力及利益格局，划清政府和市场的边界，处理好政府与市场、政府与企业、政府与社会的关系，社会能管好的，就要把这个权交给社会去管，企业能管好的交给企业，市场经济能够有效调节的要还权于市场，要激发社会、企业、市场各种要素的活力，要把直接控制经济的全能型政府改造为提供公共服务的服务型政府，把各级党政机关和官员置于民众的监督之下，这既是让市场起决定性作用的客观要求，又是有利于构建城乡居民收入分配新体制的重要保障。

（三）制定符合省情的收入分配改革方案，明确改革的阶段性目标和方向

要在贯彻中央十八届三中全会精神的前提下，抓紧制订符合省情、切实可行的收入分配改革方案，包括提高城乡居民收入和缩小差距的中长期目标和阶段性目标等，同时制订实现目标的保证体制和机制。注意围绕收入分配制度改革，以缩小贫富差距，保障和改善民生，推进基本公共服务均等化，促进社会公平正义为改革方向，提出具体的政策和举措，如在赋予农民更多财产权利方面，如何"加快构建新型农业经营体系，赋予农民更多财产权利，推进城乡要素平等交换和公共资源均衡配置，完善城镇化健康发展体制机制"。在深化财税体制改革方面，如何"完善立法、明确事权、改革税制、稳定税负、透明预算、提高效率，建立现代财政制度"等，使收入分配改革具有可行性。

（四）以平等原则进行制度创新，赋予农民平等参与市场竞争的机会和分配主体地位

要进行彻底的制度创新，改变二元经济体制下形成的城乡分离的各种制度，给予农民就业、教育、医疗等平等的机会，为城乡居民创造平等的发展机会。要把千方百计增加农民收入放在更加重要的地位，政策取向实现从重视结果平等到更加重视机会平等的实质性转变。在继续完善和实施推动结果平等的各项政策的同时，更多地转向消除既得利益集团对收入分配政策的影响，使资源分配、占有和使用摆脱权力的干扰，实现城乡各阶层居民机会的平等。深化财税体制改革，建立强农、惠农、富农的财税长效机制，努力减轻中低收入群体的税收负担，加大对低收入群体的收入补贴和救助力度，加大对高收入群体的收入调节力度，促进收入分配趋向更加公平合理。

参考文献

李实、张平等：《中国居民收入分配实证分析》，社会科学文献出版社，2000。

宋晓梧：《我国收入分配体制研究》，中国劳动社会保障出版社，2005。

赵人伟、李实：《中国居民收入差距的扩大及其原因》，《经济研究》1997 年第 9 期。

李建平：《中国个人收入的公平分配》，社会科学文献出版社，2007。

《河南统计年鉴》，中国统计出版社，2012、2013。

B.4

河南省新型城镇化过程中农民生产
生活状况调查与政策展望

郑州大学新型城镇化建设课题组*

摘　要：

新型城镇化建设是党和国家"四化"同步发展战略中的重要内容，也是河南省"三化"协调发展的重要举措。新型城镇化建设主要是人的城镇化尤其是农民的城镇化，所以对农民的生产生活状况以及农民意愿的调查研究是检验城镇化发展成果的最佳方式。本次调查运用问卷式调查和半结构访谈的方式，选取了河南省具有代表性的 11 个县市中已经入住或即将入住城镇社区的家庭作为对象，目的是了解农民生产生活状况及其对新型城镇化建设的政策满意度，找出制约城镇化发展的因素，为政府宏观决策提出建议，以稳步推进河南省新型城镇化建设。

关键词：

新型城镇化　农民生活　政策展望

一　引言

（一）调查背景

2011 年国务院办公厅发布《国务院关于支持河南省加快建设中原经济区

---

* 课题组组长：张明锁，郑州大学公共管理学院教授、博士生导师；课题组成员：米粟、李慧娟、董倩倩、张容瑜、孙端、杨天、杜洁、代鹏飞、李娇、吕忆吟、任宁、姜柄宇、常扬帆，均为郑州大学公共管理学院研究生。

的指导意见》，指出河南省应充分发挥中原城市群辐射带动作用，形成大中小城市和小城镇协调发展的城镇化格局，走城乡统筹、社会和谐、生态宜居的新型城镇化道路，支撑和推动工业化、城镇化、农业现代化协调发展。由此，建设中原经济区正式上升为国家战略，河南省则成为"三化"协调发展的先试先行的焦点。

2012 年中共十八大闭幕后，国家发改委即发布了《中原经济区规划（2012~2020）》，再次对新型城镇化建设的发展方向做出了更加具体而全面的指导，并特别加入了新型农村社区建设和城乡一体化发展等新的内容，指出河南省应因地制宜探索新型农村社区建设模式，发挥农民主体作用，尊重农民意愿，稳步开展试点，把新型农村社区建设作为推进城乡一体化的切入点。

目前，河南省的新型城镇化建设已取得了初步进展，各地的发展展现了良好的态势，通过土地流转，农业生产实现了规模化经营，企业化管理，节约的土地用来开发建设，把农民从传统的农业生产中解放出来，去从事各种非农产业，使他们不仅过上了城市生活，而且收入水平也得到了较大的提高。

（二）调查意义和价值

河南省作为一个人口众多的农业大省，人口压力大，人地矛盾突出，农村劳动力大量过剩，劳动力文化素质偏低，推进河南省新型城镇化建设的首要制约因素就是人口的城镇化，2012 年年底，河南省有 57.6% 的人口都生活在农村。[①] 在中国，农业作为支撑国民经济发展的重要基础产业地位不可动摇。新型城镇化建设不是消灭农村、取消农业，不是简单地去农村化。推进新型城镇化建设的根本还在于人，新型城镇化应该是人口的城镇化，尤其是农村人口的城镇化。所以城镇化建设更多地应该去了解农民的意愿、聆听农民的心声、保护农民的利益。

为此，本课题组于 2013 年 10 月在河南省 11 个不同区、县进行了问卷调查。调查以河南省一些具有代表性的新型城镇、新型社区中的居民为对象，目的是深入了解土地流转、移居城镇对农民生产生活的影响，以及他们对新型城

---

① 国家统计局：《河南统计年鉴 2013》，中国统计出版社，2013。

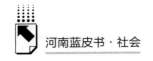

镇化建设的期盼。希望本研究能为各地稳步推进新型城镇化建设提供一点参考。

调查的基本情况与结果分析如下。

二　调查方法及样本资料

（一）调查方法与研究对象

本次调查主要采用问卷调查、参与观察及半结构访谈的方式。因考虑到本调查主要采用自填问卷的方式，需要较高的文字理解能力和逻辑思维能力，所以在具体操作时，我们将这些家庭中文化水平较高的青壮年个体，例如学生、青年农民工等作为主要调查对象，而对于那些文化水平较低的人群，我们则采用了结构式访谈的方式进行调查。

（二）样本的选取

1. 样本选取的方法

我们选择了几个城镇化已经有了部分成果的地区进行样本选取，这些地区包括新密市、巩义市、滑县、辉县、商丘市梁园区、虞城、永城、兰考、杞县、淅川、濮阳、郸城及太康等 13 个区、县、市（县级市）。在这些地区首先随机选取了一些已经建成的新型社区或者将要整体搬入新型社区的村，然后又在社区或者村中随机选取了部分住户作为样本。

2. 样本的基本构成

本次调查共收集了 321 份有效问卷，形成 321 份样本。样本的地区分布参见表 1，基本构成参见表 2。

（三）资料收集的方式与过程

本调查主要采用了自填问卷的方法。调查时间为 2013 年 10 月 3 ~ 7 日。

调查组在前期准备工作中参考了各种资料并通过试调查制定了《新型城镇化调查问卷》。调查时，调查员在当地某一社区采取集中发放、集中填答、当场回收的方式，填答时间约为 15~20 分钟。不能集中填答的，由调查员派发给住户分散填答，并在当天回收。

表 1 样本地区分布

单位：人

地区	频率	地区	频率
巩义市	33	濮阳	28
滑县	11	商丘市梁园区	32
辉县	32	新密市	13
虞城	28	永城	30
兰考	10	郸城	32
杞县	13	太康	30
淅川	29	合计	321

表 2 样本基本构成

单位：%

性别	男	58.6
	女	41.4
学历	小学及以下	15.6
	初中毕业	25.5
	高中毕业	19.0
	大专及以上	39.9
户口类型	农业户口	66.0
	非农业户口	34.0
是否已经搬入城镇社区（或新农村社区）	是	43.9
	否	56.1

三 调查结果及分析

（一）新型城镇化对农民收入和收入来源的影响

1. 新型城镇化对农民收入的影响

调查结果显示，家庭年收入在 2 万~4 万元的家庭数量最多，占调查对象总数的41.1%，在这321个家庭中，已经搬入城镇社区（或新农村社区）的为57个家庭，尚未搬入城镇社区（或新农村社区）的为75个家庭，未搬入城镇社区的家庭占这一收入层次的56.8%。家庭年收入在2万元以下的62个家庭中，已经搬入城镇社区的家庭有16个，未搬入城镇社区的家庭为46个，未搬入城镇社区的家庭占这一收入层次的74.1%。与此相比，家庭年收入在4万~8万元的95个家庭中，已经搬入城镇社区的家庭有49个，未搬入城镇社区的家庭为46个，比例相对平均；而在年收入8万元以上的32个家庭中，已经搬入城镇社区的家庭有19个，未搬入城镇社区的家庭有13个，已经搬入城镇社区的家庭所占比例高于未搬入城镇社区的家庭所占的比例。由表3可以看出，在年收入层次较低（2万元以下）的家庭中，未搬入城镇社区（或新农村社区）的家庭所占比例高于已经搬入城镇社区的家庭的比例；年收入层次较高（4万元以上）的家庭中，已经搬入城镇社区（或新农村社区）的家庭所占比例高于未搬入城镇社区的家庭的比例（见表3）。

表3 "是否搬入新社区"与"家庭年收入"交叉关系

单位：户，%

		家庭年收入				合计
		2万元以下	2万~4万元	4万~8万元	8万元以上	
已经搬入新社区	户数	16	57	49	19	141
	百分比	11.3	40.4	34.8	13.5	100.0
未搬入新社区	户数	46	75	46	13	180
	百分比	25.6	41.7	25.6	7.2	100.0

由此可见，新型城镇化能够在一定程度上促使农民增收。在较高的年收入层次中，已经搬入城镇社区（或新农村社区）的家庭所占比例较大，而尚未搬入城镇社区（或新农村社区）的家庭所占比例较小。

与此同时，表4显示，农民对于城镇化后的收入评价（或预期）是较为乐观的。有55.1%的人表示城镇化后收入会有提升。但是，认为收入将大幅提高的只占所有受访者人数的8.7%，这表明农民并没有过于乐观地估计这种影响。

表4　农民对城镇化后收入的评价（或预期）

选　项	频率（人）	有效百分比（%）	累积百分比（%）
大幅提高	28	8.7	8.7
有所提高	149	46.4	55.1
不　变	66	20.6	75.7
有所下降	31	9.7	85.4
大幅下降	5	1.6	86.9
说不清	42	13.1	100.0
合　计	321	100.0	

2. 新型城镇化对农民收入来源的影响

由表5可以看出，新型城镇化对农民的收入来源的影响主要是由农业收入向工资性收入转变。从调查数据的分析可以看出，在所有的调查对象中，收入来源最主要的是工资性收入，其次是个体经营收入，再次才是农业收入。此外，通过数据可以看出，在已经搬入城镇社区（或新农村社区）的家庭中，收入来源为农业收入的仅有14户，而尚未搬入城镇社区（或新农村社区）的家庭中，收入来源为农业收入的有51户，大大超过了已经搬入城镇社区的家庭数，可见，新型城镇化对转变农民收入方式起到了一定的作用，已经实现城镇化的农民较少依靠农业带来收入，转变为依靠打工或工作带来的工资性收入，或者是个体经营带来的收入。

表5　"是否已经搬入新社区"与"主要的收入来源"交叉关系

单位：户，%

	主要的收入来源						合计
	农业收入	工资性收入	个体经营收入	财产性收入	转移支付性收入	其他	
已经搬入新社区	14	73	45	4	3	2	141
	9.9%	51.8%	31.9%	2.8%	2.1%	1.4%	100.0%
未搬入新社区	51	75	41	4	5	4	180
	28.3%	41.7%	22.8%	2.2%	2.8%	2.2%	100.0%
合　计	65	148	86	8	8	6	321
	20.2%	46.1%	26.8%	2.5%	2.5%	1.9%	100.0%

（二）农民土地流转情况和意愿

土地是新型城镇化建设的核心，土地的使用问题是新型农村社区建设的焦点，土地使用制度的改革是新型农村社区建设的关键。① 目前河南省所推进的城镇化政策也包含部分土地流转的内容。

1. 土地流转的规模和方式

调查显示，在已经搬入新型社区的 141 例个案中，有 78 个家庭没有耕地，占 55.3%；有耕地但包给别人种的有 46 例，占 32.6%，也就是说，在所有已经搬入城镇社区（或新型农村社区）的家庭中，87.9%的家庭已经失去了土地或暂时脱离了土地。而与此同时，在即将搬入新型社区但没有入住的家庭中，脱离土地的只占 50%，有 46.7%的家庭还拥有自己的土地并且自己在种。这表明了城镇化意味着更多的耕地流转的可能性。同时也表明，城镇化后的农民大部分已经永久或暂时脱离了原来赖以生存的土地。

关于土地流转的具体形式，调查表明，在全部流转过土地的家庭中，有 67%的家庭是通过出租的方式流转，20%家庭的土地则是被政府征收。这表明土地出租是土地使用权流转的最主要方式，政府征地是其次的方式，其他方式则很少采用（见表6）。

表6 "是否已经搬入城镇社区（或新农村社区）"与"耕地情况"交叉关系

单位：户，%

			您的耕地情况				合计
			没有耕地	有耕地，包给别人种	有耕地，并且自己在种	承包他人耕地	
您家是否已经搬入城镇社区（或新农村社区）	是	计 数	78	46	15	2	141
		百分比(%)	55.3	32.6	10.6	1.4	100.0
	否	计 数	34	56	84	6	180
		百分比(%)	18.9	31.1	46.7	3.3	100.0
合 计		计 数	112	102	99	8	321
		百分比(%)	34.9	31.8	30.8	2.5	100.0

2. 农民对土地流转的态度和意愿

在被问及"在城镇化过程中，您是否愿意放弃土地资源，包括耕地和宅

---

① 王武朝：《河南新型农村社区建设问题探析——新型城镇化建设的务实之路》，《中共郑州市委党校学报》2012 年第 6 期。

基地"时，只有9.7%的人选择了"完全愿意放弃"，而选择"不太愿意，根据政府补贴标准确定"的占到了50.2%（见表7）。这表明大部分农民放弃土地资源的条件是较高的政府补贴，也表明其实大部分农民并不彻底排斥土地流转，而是希望能有较为合理的回报。

关于农民对土地流失造成影响的评价（见表8），有51.1%的人认为土地的流失会对其收入造成影响，但影响不大，有24.6%的人认为几乎没有影响。这从侧面反映出，农业收入在农民的总收入中并不占主要地位，也就是说，农民认为种地并不挣钱。也反映出农业产业的弱质性。

表7　农民放弃土地的意愿

单位：人，%

选　项	频率	有效百分比
完全愿意放弃	31	9.7
愿意部分放弃	53	16.5
不太愿意,根据政府补贴标准确定	161	50.2
完全不愿意	50	15.6
说不清	26	8.1

表8　农民对土地流失造成的影响的评价

单位：人，%

选　项	频率	有效百分比
影响很大,丧失收入来源	52	16.2
有影响,但还过得去	164	51.1
对收入几乎没有影响	79	24.6
说不清	26	8.1

（三）农村社会保障的情况

新型城镇化建设中，社会保障也是农民群众十分关心的，同时也必须是政府高度重视的问题。

调查显示，在参保范围内并且已经参加新农保的有161人，占被调查人数的50.1%，其中已经开始领取养老保险的有20人，占6.2%；有12.5%的人并不清楚自己是否参加了养老保险；在参保范围内但是没有参加新农保的有48人，占15.0%。其余22.4%的人则属于不在新农保参保范围内的人群（例如已经参加了企业职工养老保险的打工者或外出上学的学生）。从数据中可以看出，不少人在参保范围内但没有参加养老保险，这表明新型农村养老保险在农村并没有做到完全覆盖。而且相当一部人群根本不清楚自己是否参加了养老保险，这有可能是因为被调查者因文化水平低，无法理解新农保政策，也在一定程度上表明了新农保政策没有宣传到位。

农民对于最低生活保障、新型农村合作医疗以及新型农村养老保险的满意度适中。对于这三个方面的态度，对新型农村合作医疗满意度最高，有205人满意，达到63.9%；对最低生活保障满意度最低，有138人满意，占43.0%；而对于新型农村养老保险满意的有161人，占被调查人数的50.2%。同时，调查显示，对于这三个方面的满意度呈橄榄形分布，非常满意和不满意人数较少，而基本满意和态度一般的人数占大部分，其中最低生活保障在这一区间占58.3%，新型农村合作医疗在这一区间占到64.8%，新型农村养老保险在这一区间占59.8%。因此，下一步应当努力提高这三个方面的服务。此外，对于这三个方面表示不清楚的人数比例较低，分别是7.8%、3.4%、9.7%，可见在农村中人们对于这三项社会保险较为了解。

（四）农民对新型社区生活的评价和态度

城镇化的一个重要维度就是农民向"市民"的转变，而"市民"身份转换的一个重要外在表现就是搬入新型社区，开始新的生活。为此，本调查设计了许多关于农民对新的社区生活态度的问题，以便了解农民对"市民"的身份是否适应，以及对社区生活有哪些评价和建议。

首先，从表9中可以看出，在被询问"您觉得移居到目前社区（或将要进入的社区）之后，担心的问题是什么"时，被选次数最多的前三个问题依次是：就业和收入来源问题、生活成本增加问题、社会保障问题，分别有66.1%、60.8%、55.5%的人选择了上述答案。而这些选项全部与收入和生活成本相关，与农民生存的最基本的问题相关。由此可见，农民在搬入社区，过上社区生活后，最关心的还是自己的收入问题和生活保障问题。

表9   农民在移居到目前社区（或将要进入的社区）之后最担心的问题

单位：人，%

选　项	响应	个案百分比(%)
就业和收入来源问题	199	66.1
社会保障问题	167	55.5
生活方式不适应	121	40.2
子女教育问题	85	28.2
种地不方便	54	17.9
生活成本增加	183	60.8
人情关系冷漠	87	28.9
其他(请说明)	7	2.3

其次，表10显示，对于农民而言，有36.1%的人希望保持原有的生活方式，对于目前的生活状态不满意；29.0%的农民说不清自己是不是真正想要保持目前的生活方式，也许有难言之隐，也许是无奈迷茫。新的社区生活给刚入住的农民带来了很多问题和挑战。

表10   农民对与原有生活方式的态度

单位：人，%

选　项	频率	百分比
希望保持原有生活方式	116	36.1
不希望保持原有生活方式	112	34.9
说不清	93	29.0
合　计	321	100.0

此外，我们也对目前在新型城镇化政策引导下所建设的新型社区的生活情况进行了了解。表11显示，有66.9%的人都认为新社区造成子女上学距离太远；55.4%的人认为新社区缺乏购物场所，采购生活用品不便；56.1%的人认为缺乏医疗卫生设施。这表明，在这些新型社区，许多与百姓生活息息相关的配套设施还不完善，特别是学校、商店、公共卫生服务等设施的不完善给农民生活带来了极大不便。

表11　已搬入新型社区的农民眼中的生活不便之处

单位：人，%

选　项	响应	百分比(%)
缺乏购物场所,采购生活用品不便	77	55.4
子女上学距离太远	93	66.9
缺乏医疗卫生设施	78	56.1
交通不畅,出行不便	52	37.4
社区治安不好	41	29.5
不能饲养家畜	35	25.2
离耕地太远,不方便种地	15	10.8

（五）农民对新型城镇化政策的态度

由于在城镇化过程中农民是最弱势的参与者，也是直接受益者，所以他们的意见和建议是最真实的、最值得思考的。

调查显示，有40.2%的人对于当地新型城镇化政策感觉一般，而满意率只有42.0%（比较满意和非常满意相加）。而且，在选择了“一般”的人群中，不能排除实际态度不满但出于谨慎考虑或屈从某种压力而不选择“不满”选项的人。根据我们的观察，实际不满的概率应该比调查结果显示的比例更高。这就表明对于城镇化政策，并不是所有的农民都持满意态度，而是有相当一部分人认为政策不合理而对政策持反对意见（见表12）。

表12　对新型城镇化政策的满意度

单位：人，%

	频率	有效百分比	累积百分比
非常满意	28	8.7	8.7
比较满意	107	33.3	42.1
一　般	129	40.2	82.2
比较不满	57	17.8	100.0
非常不满	0	0	100.0
合　计	321	100.0	

从表13中可以看出，在被询问到什么是理想中的新型城镇化建设时，认为教育、医疗、社会保障等公共服务应该完备的人数最多，有69.1%的人选

择了此项；其次，有59.8%的人选择了"就业机会充足"，52.1%的人选择了"有一定的优势产业和经济活力"。由此可见，农民心目中的城镇化建设首先应该包含各种完备的公共服务措施，其次要求就业机会充足，能够较为容易地找到工作从而在社会中取得立足之地。而农民也认识到，就业机会的充足和产业上的优势与活力是充分相关的，他们认为较好的经济发展状况能够带来较多的就业岗位。

表13　理想中的新型城镇化建设要素

单位：人，%

选　项	频率	百分比（%）
就业机会充足	186	59.8
有一定的优势产业和经济活力	162	52.1
教育、医疗、社会保障等公共服务完备	215	69.1
生态环境优美	123	39.5
社会安定和谐	107	34.4
机会平等	49	15.8
不侵害农民权益	91	29.3

四　结论及政策展望

（一）河南省新型城镇化政策现状及存在的问题

1. 城镇化过程中传统农业生产方式面临危机

调查发现，很多农民在城镇化的过程中都丧失或暂时脱离了土地。而土地问题不仅涉及农民的基本权益，更涉及农民的生活收入来源。在丧失了土地之后，农民就失去了通过土地、通过农业获取生活资料的机会。与此同时，调查还发现，农业在农村中已经变成了一种弱质产业，农民并不指望农业能够挣钱，转而选择外出打工挣钱。这从侧面表明，传统的农业生产方式已经面临危机，因为农民不仅不再具有从事农业的积极性，而且很可能失去对土地的占有。

（1）新型城镇化政策对农民增收带来了一定的积极影响，但应警惕收入来源不稳定性的风险。调查发现，河南省新型城镇化政策对于农民增收的确带来了一定的积极影响。许多农民家庭的主要收入来源都从农业转向了工资性收入，而由企业按月发放工资性收入较传统农业收入高得多，这样就在一定程度上促进了农民的增收。

但是，值得注意的是，工资性收入占主体地位后，农民收入会受到宏观、微观经济形势更多的影响。经济不景气、企业经济效益差、企业破产和企业违规等因素都会导致收入大幅降低。这样，农民收入来源就会产生不稳定性，收入减少的风险就会大增。

（2）城镇化需要有产业作为基础，充分就业是新型城镇化的必备条件。农民在变成市民之后，首先面对的问题就是工作。在失去土地之后，如果没有可供就业的岗位，农民的生存就会成为问题。此时他们大多数都只能选择外出务工。而且，如今的城镇化并不是自发渐进形成的，而是受到政府引导后迅速形成的，这就要求当地拥有一定的产业基础来提供足够的就业岗位。

调查发现，就业机会充足是农民心目中城镇化最重要的维度，而充足的就业岗位则会提高农民对新型城镇化政策的评价和预期。

（3）新社区配套设施不完善给农民的生活带来了不便。在农民变身为市民之后，面对的是全新的生活方式。但是调查发现农民并没有完全适应这种生活方式。他们或多或少都存在着对新生活的迷茫，这体现在对原有生活方式的留恋和对新的生活方式的不满。由于农民离开了原居住地，新居住地往往是在距离原居住地较远的地方兴建，所以就造成了学校、医院等公共设施距离较远。配套公共服务设施的缺乏给农民生活带来了不便。

（4）农民对当前城镇化政策的满意度有待提高。调查显示，仅有一半人群对现有城镇化政策表示满意。而且，由于被调查者出于对来自各方面压力的考虑，可能会故意填答较为中性的答案以避免招致他们所顾虑的麻烦，所以实际上对政策抱有意见的人并不在少数。而且，应当注意的是，在城镇化过程中存在着强迫农民搬离原有房屋及强迫进行土地流转的现象。这种现象不仅造成了农民的不满，也造成了农民与政府、企业之间的利益冲突。

（二）政策启示

1. 新型城镇化应该以经济和产业的发展作为基础

由于农民进城后往往伴随着土地的流失和原有生活方式的改变，所以，大批农民的就业问题就成了最先需要考虑和解决的问题。而解决农民的就业就需要有一定的产业作为基础。这样的产业可以是工业产业，也可以是农业产业抑或是旅游业服务产业。如果农民在城镇化后仍拥有土地，那么其收入来源会保持稳定，但如果农民在城镇化后土地发生了流转，无法继续通过农业来保持收入稳定，那么他们必然要寻求其他的收入来源。这时，如果本地拥有雄厚的产业基础，能够吸纳一定规模的农民就业，让农民变为农业工人、工厂工人或是服务业从业者，就可以保证其收入的延续性，甚至可以促进其收入的增加。

在推进新型城镇化的过程中，应大力促进农村各种产业的发展，例如，引进大型工矿企业、大力发展旅游服务业、推进农业规模化和集约化等。但在实施过程中，应充分注意保持耕地数量、保护生态环境。

2. 新型城镇化政策应切实保证农民的土地权益

土地权益，包括耕地和宅基地的使用权，是农民最根本的利益。改革开放以后，尤其是1992年开放了城市土地市场，使城市经济，特别是房地产经济获得了巨大发展，为国家和城市居民积累了大量看得见、摸得着的物质财富。但是，由于农村土地市场一直没有开放，导致在涉及土地资源利益分配的天平上，农民处于非常不利的地位。[1]

鉴于此，在新型城镇化过程中应该注意保护农民的土地权益。应该采取措施规范土地流转制度，保证农耕用地的质量和效益，通过试行土地托管社区经营政策鼓励政府补贴等方式对农民的土地承包经营权进行有序管理，在保证土地质量和效益的同时，扩大农民对土地承包经营权的选择渠道；要建立宅基地与新型农村社区房屋流转交易制度，保证农民的房屋所有权。[2]

[1] 张占仓、蔡建霞：《河南省新型城镇化战略实施的亮点研究》，《经济地理》2013年第7期。

[2] 王武朝：《河南新型农村社区建设问题探析——新型城镇化建设的务实之路》，《中共郑州市委党校学报》2012年第6期。

在城镇化建设过程中，新型社区的建设必定要占用土地资源，而农村的住房和土地分布一般比较分散，这就需要进行土地流转和规模经营，以优化土地资源配置。土地流转需要政府牵头来进行先征地后重建。那么在征地拆迁的过程中就难免会遇到一些问题，其中不乏一些纠纷甚至流血事件的发生，为减少此类纠纷，政府在征地拆迁之前首先要征集农民的意见，了解农民的意愿。

3. 新型城镇化政策应切实保证农民收入的稳定性

收入问题是农民最关心的问题。在城镇化过程中，由于工资性收入取代农业收入成为了主要收入来源，一部分农民甚至从土地资源占有者变为了彻底的无产者。所以，让农民变为市民不单单是身份的改变，更是传统的生产资料占有者和生产方式的改变。

因此，新型城镇化政策应切实保证农民增收。政府应该切实保障农民的合法权益，保证企业能够按时按量发放工资；应加强对企业行为的监管，确保企业和农民之间劳动合同的订立和执行；同时政府应对相关产业进行支持，尤其是加大对农业等弱质产业的补贴力度，促进产业的发展，提高企业经济效益。

4. 新型城镇化过程中应大力完善社会保障制度

保证农民收入稳定性的最重要方法就是完善社会保障制度。有了完善的社会保障制度，农民即使因企业经济不好或是宏观经济不景气而失业，也能够从社会保障制度中得到临时的收入来源。

目前，我国社会保障制度存在城乡二元分割的现象，而且农村人口的社会保障水平较低。所以，短期来看，应该逐渐打破城乡间的社会保障壁垒，改革户籍制度，真正让进城农民享受到与城市人口相同的社会保障待遇，免除其后顾之忧。而从长期来看，应逐步增加农村社会保障供给，直至消除农村与城市社会保障制度之间的差异，以保证农民无论是进城或是待在农村都能享受到较高的社会保障待遇。

5. 稳步推进新型农村社区的建设，大力完善配套设施

河南省在推进"三化"协调科学发展过程中，逐步探索，找到了推进新型城镇化的切入点和城乡一体化的结合点，就是建设"新型农村社区"。它可以持续扩大内需，低成本地改善农民的生产和生活条件，让农民过上和城里人一样的生活，节约集约利用土地资源，促进耕地流转和规模经营，对新型工业

化和新型农业现代化均具有战略意义。①

在目前的新型农村社区建设过程中，存在配套设施不完善尤其是学校、医疗等公共设施不完善的地方。而且，可以预见，由于人口老龄化和劳动力人口的外流，新型农村社区对养老设施和服务的需求将会更大。所以，在推进新型农村社区建设的过程中，应注意配套公共服务设施的建设与完善。

参考文献

国家统计局：《河南统计年鉴 2013》，中国统计出版社，2013。

张占仓、蔡建霞：《河南省新型城镇化战略实施的亮点研究》，《经济地理》2013 年第 7 期，第 53 ~ 58 页。

王武朝：《河南新型农村社区建设问题探析——新型城镇化建设的务实之路》，《中共郑州市委党校学报》2012 年第 6 期，第 109 ~ 111 页。

宋伟：《传统城镇化路径反思与河南新型城镇化路径选择》，《区域经济评论》2013 年第 3 期，第 125 ~ 129 页。

王正男：《新乡市新型城镇化进程中新型农村社区建设问题研究》，《山西师范大学学报》，2013。

杨光：《河南新型城镇化发展中存在的问题及对策》，《商业经济》2013 年第 3 期，第 6 ~ 7 页。

---

① 张占仓、蔡建霞：《河南省新型城镇化战略实施的亮点研究》，《经济地理》2013 年第 7 期。

B.5

河南新型农村社区建设中的
突出问题与对策分析*

范会芳　彭　飞**

摘　要：

随着河南地区新型农村社区建设试点经验的成熟，新型农村社区建设开始步入全面推广阶段。本文以社会学的视角，对河南新型农村社区建设的现实背景、现状进行了探讨，着重对建设过程中出现的突出问题进行了总结与反思，并在此基础上探讨了相关的对策与解决方案。

关键词：

新农村社区建设　背景　成就　突出问题

一　河南新型农村社区建设的现实背景

河南自古以来便是农业大省、人口大省，面积辽阔的耕地，庞大的农业人口给河南从农业社会向工业社会的转型施加了巨大的压力。在河南省，农村社区普遍呈现出规模小、布局分散、土地使用粗放的现象。此外，较低水平的村庄配套设施、突出的环境问题，也使得建设新型农村社区成为必要。

新型农村社区，是由若干行政村合并在一起，进行统一规划、统一建设而形成的新型社区。新型农村社区建设，就是在农村地方，按照城乡规划进行建

---

　*　本文为2012年度河南省教育厅高校科技创新人才支持计划（人文社科类）的阶段性成果。
　**　范会芳，女，郑州大学公共管理学院社会工作系副教授，主要从事农村社会学研究；彭飞，男，郑州大学公共管理学院2013届社会学研究生。

设的、居住方式与产业发展相协调、具备完善的基础设施和公共服务设施的现代化农民聚居区。其目的是要加快缩小城乡间的差距，在农村营造一种新的积极的社会生活形态，让农民享受到与城市社区一样的公共服务。作为城乡统筹的结合点，城乡一体化的切入点的新型农村社区建设，体现了经济发展的需要和广大农民的迫切愿望，同时也是城乡经济社会发展到一定阶段的必然要求。

河南省大力开展新型农村社区建设，可以说来自于三个需要。

（一）河南省客观社会情况的需要

河南省是一个人口大省和传统的农业大省。全省农村人口占总人口的60%，城镇化率低于全国11个百分点。突出的人地矛盾、较低的城市化水平，一直是制约河南省经济社会发展的主要因素。对于河南省来讲，推进新型农村社区建设具有重大战略意义，它不仅能够满足广大农民群众对改善生产生活条件和落后的农村面貌的迫切要求，而且也是提高土地的利用率，进而可以满足工业化建设用地的需求，并且对实现农业产业化、现代化，实现城镇化，深入推进建设"中原经济区"具有重要的意义。

（二）缓解尖锐的人地矛盾带来的巨大压力的需要

伴随着经济的快速发展、工业化的迅速推进，需要更多的建设用地以满足工业化的需求。但是由于受我国传统农业的生产方式以及传统生活习惯的长期影响，在现实生活中，农村呈现出村庄数量大、规模小、分散居住的状况，以至于土地的利用呈现出破碎凌乱的状态。通过走访观察不难发现，农村中村庄的建设用地总体上是粗放型的，大量存在一户多宅、宅基地超标、闲置的现象。如果对农村社区加以合理的规划，改善布局散乱的现状，节约利用村庄的建设用地，那么，对于缓解人地间的矛盾、耕地与发展间的矛盾则有着十分重大的意义。

（三）全面贯彻科学发展观、统筹城乡发展的需要

科学发展观是党提出的一项极具现实意义的战略方针，为城乡之间的合理规划提供了全新的发展理念。伴随着经济发展带来的巨大成就的同时，一些问

题诸如土地资源短缺以及经济结构不合理也逐渐浮出水面，农村地区发展前景尤其不容乐观。此外，十七届三中全会发布了《中共中央关于推动农村改革发展的若干重大问题的决定》，提出努力深化农村改革发展。这些都决定了研究农村新发展的重要性和时代性。为全面落实科学发展观这一理念，推动城乡一体化建设，必须推进农村社区的建设，引导农村的经济社会进入全面协调可持续发展的轨道。

二 河南新型农村社区建设的发展现状

党的十六届六中全会和十七大提出"开展农村社区建设"之后，河南省各地市高度重视，积极响应号召，站在统筹城乡发展的高度，强力推进农村社区建设，并不断探索、总结、借鉴外省建设经验，新型农村社区建设工作稳步推进，取得了初步成效。

郑州市作为河南省的省会城市，建设新型农村社区建设意义非凡，并也取得了一些经验。郑州市新型农村社区建设的工作范围包括除中心城区、六城十组团、县城、产业集聚区以外的所有行政村。

郑州市在新型农村社区建设过程中主要采取因地制宜的方法，分门别类区分社区，提出按照三种类型进行分类推进，即合村并镇、合村并点、保护性开发特色村。此外按照当地实际的经济社会发展水平、资源等方面的情况，自主灵活选择不同途径诸如政府主导、自主开发、市场运作、村企共建、项目带动等进行新型农村社区建设。

安阳市确定 18 个省级示范村、25 个市级示范村、3 个整体推进县（市、区）、10 个整体推进乡（镇），启动建设了 113 个新型农村社区。各级财政设立专项引导资金，用于新型农村社区建设。三年来全市新型农村社区建设共投入资金 56 亿元，建成农民住宅楼 6246 栋，已有 12028 户农民入住。[①]

濮阳市委、市政府高度重视新型农村社区建设，对这项工作进行了有益实践和积极探索。目前，濮阳市新型农村社区 52 个，村庄现占地 18 万亩，社区

---

① 安阳市统计局：《河南安阳市加快新型农村社区建设的研究报告》。

规划建设用地5.5万亩，社区建成后可节约土地12.5万亩。目前，新型农村社区一期主体楼建设普遍展开，完成总建筑面积约400多万平方米，总投资约34亿元，建设住房23740套，销售8235套，销售比为34.69%。4个社区具备"一书三证"（即选址意见书、建设工程规划许可证、建设用地规划许可证、建设工程施工许可证），7个社区开始入住，已有506户农民入住社区。①

新乡市延津县坚持以科学发展观为指导，积极探索在传统农区建设新型农村社区、统筹城乡发展的新模式，有力推动了各项工作顺利开展。社区累计建房10803户，入住农户6311户。全县共修建道路53.3公里，铺设排水管道71公里，铺设便道砖8.4万平方米，安装路灯465盏，修建公厕13座，完成15个社区供水工程、18个社区供电工程和11个社区建成区绿化工程，建设社区公共服务中心11处，小学9座，幼儿园8座，休闲广场10个，社区基础设施和公共服务设施建设取得了明显成效，社区居民入住条件得到显著改善。②

综上所述，当前河南省在新型农村社区建设领域的探索与实践中，不断取得令人瞩目的可喜成就。大量被事实证明是可靠和高效能的成熟的发展模式与高效多赢的运作案例，被媒体挖掘出来呈现在社会各界面前；一大批带动农村经济发展、农村人民生活水平提升、社会资本增值的典型人物接连涌现，受到来自各方面的好评与称赞，这一切都标志着河南省新型农村社区建设已经打开了局面，从试点运作发展到全面推广的新阶段。

三 新型农村社区建设中的突出问题与失衡发展

然而，正是在这新型农村建设开展得如火如荼的崭新阶段，建设过程中的若干差异性因素与结构性阻力也纷纷凸显出来，各种建设过程中暴露出来的突出问题与发展性失衡也受到了社会各阶层的关注。

（一）新型农村社区建设中政府介入力度问题

新型农村社区建设，作为农村社区向城市社区变迁的过程，农民与政府、

---

① 濮阳市统计局：《濮阳市新型农村社区建设情况调查分析》。
② 《延津县：新型农村社区建设工作卓有成效》，汉网河南。

社区与政府之间的关系也经历着不断的调整。政府作为新型农村社区建设的倡导者与主要推动者，其对于社区建设的介入力度直接影响着新型农村社区建设的进度与成果。然而，若在农村社区建设中政府介入的过强或过弱，都会阻碍新型农村社区建设的顺利实施。

1. 部分地区政府介入力度不足

政府在新型农村社区建设中介入力度不足，首先表现在对于新型农村社区建设的观念普及力度不足。

开展新型农村社区建设，农民群众既是新型社区建设的能动主体，又是建设成果的最大受益者。在政府推动与介入本地农村社区建设过程中，本应极力促使农民对于新型农村社区建设保持清醒的认识。然而，根据笔者的实地走访与调查，很多置身于新农村改造社区的当事农民，乃至一些基层领导，都对于何为"新农村社区"以及如何进行"新农村建设"只知其名不知其实。

上述调查的相关数据显示，当被问及"您是否知道新型农村社区建设的具体内容和要求？"时，有92.3%的农户没能回答上来，占比超过九成。多数村民只知道新农村建设就是搞拆迁，建新房，而对于其中的具体内容知之甚少。另外，当问到"新型农村社区建设这个事情是由谁来出钱干"的时候，回答是"村里"的有241户，仅占调查总数的18.4%，不到总数的两成；而回答是"政府"的有483户，占调查总数的36.8%，仅有126户认为是"农民自己"，仅占总体的9.6%。可见政府主体并未能成功引导多数农民群众对于什么是新农村建设，谁是新农村建设的主体形成清晰明确的认识，广大农民群众对于新农村社区建设的理解与建设实施过程中政府的实际作用之间依然存在着较大的偏差。

依据笔者近来在安阳多个新型农村社区改造试点的走访与调查，多数农民和基层干部对于新型农村社区的理解仍然停留在"拆旧房，搬新家，住高楼"的简单层面，认为新农村建设就是"政府出面，包办一切"，政府的实际供给与农民的期待之间显然存在着巨大的差距。

新型社区建设中政府介入力度不足，还表现在对于社区建设工程中对建设资金的监管与利益调节不力。

在新农村社区建设资金整合方面，各个地区资金来源、结构比例不尽相同，各地政府也尚未能形成健全的资金督管机制，监督不力、审计不明，建设资金截留、挪用等违规操作屡见不鲜。

部分地区对财政拨付的专项建设资金逐层截留，到达村级社区的真正用于建设的资金远不能满足实际的需要，以至于村庄接到新型社区住宅建设的资金，最后只够拿来翻新路面。同时，又碍于政府的利益分配，利益调节机制缺失使得农村土地在流转过程中出现"剪刀差"，从而损害村民的利益。

2. 部分地区政府介入力度过强

部分地方政府在新型农村建设过程中，同样表现出了介入力度过强的突出问题。主要表现在盲目推进社区改造进度，超越了自身承受能力，有的地方片面模仿其他地区经验，实施"一刀切"，迫使村民"被上楼"。

一方面，社区改造过程中，政府介入力度过大，有的地方实行盲目的全面推进的做法，铺开来进行农村社区建设。这种全面推进的做法尽管初衷是好的，但碍于人力、物力和财力有限，良好的意愿未必带来良好的结果。一些地方甚至打出了"以壮士断腕的精神促进新型农村社区建设"的标语与口号，是否能真正让农民在发展中得到实惠，值得我们深思。

另一方面，在建设实施过程中，同样也出现了政府在规划过程中照搬他地成功发展经验，忽略了当地客观的实际情况，造成失衡发展。盲目地效仿其他地区的特有模式，忽视地方之间资源、环境、政策等方面的差异，忽略了社区建设的实质是因地制宜地实现政府、农民、社会三者共赢的平衡发展，单纯地追求发展速度与规模，同样也反映出我们在新型农村社区建设规划时的科学性有待提高。

（二）新型社区建设中的利益链条失衡

在新型农村社区建设中，所涉及的支撑力量大致可以归纳为三类主体：改造社区所涉及的农民主体、承担社区建设改造引导牵头角色的各级政府主体，以及企业为主、包括民间组织在内的社会力量主体，如何梳理三者之间的利益关系，塑造三者和谐平衡发展的良性经济循环链条，关乎新型农村社区建设的成败。

综合各地新型社区建设的成功经验来看，凡是能够成为具有可普及和推广的发展模式，诸如新乡的祥和新村模式、安阳的锦和新城、南田社区模式等，都是较好地梳理了政府、农民、企业三者之间利益关系的典范（见图1）。

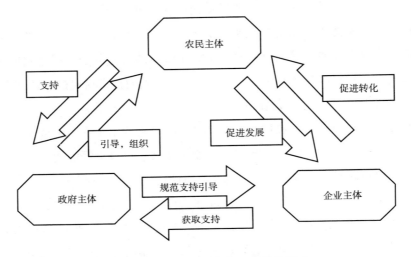

图1 政府、农民、企业三者利益关系

然而，很多新农村建设的试点地区，都未能正确认识到理顺三者利益关系的迫切与重要，单纯地强调三者中的某一环，引发了很多问题。

1. 片面强调与放大政府在新农村建设中的作用

尽管政府在新农村社区建设中承担着引导、调控、组织、管理等多方面不可替代的作用，但很显然政府并非万能，其在建设过程中承担的作用和职能始终是有界限的。

在新农村建设中，很多地方都将目光片面地盯在政府主体的职能与投入这一环节上，片面强调与放大政府主体功能。不仅希望能由政府牵头出面，负担新型农村建设需要的大部分甚至绝大部分资金，希望政府能在社区建设中"包办一切"。

这种现象必然将导致两个方面的问题：

一方面，过分夸大政府在社区建设的投入力度，造成了新型社区建设资金来源渠道单一，社区建设阶段性停滞的问题。例如，林州"和谐如意新村"建设试点，正是过分依赖政府财政的支持，尽管开建前的规划建设都很到位，也只能在完成了一部分前期建设后，陷入停滞和僵局。

结合安阳市的数据来看，安阳市至2013年上半年启动社区建设试点共113个，已投入资金56亿元，即平均到每个社区5000万元左右，若按此标准将全市3000多个行政村整合建设1000个新型农村社区，则需要大约500亿元的庞大启动资金，[①] 而安阳市2012年全年的财政收入仅为86.3亿元。巨大的数字反差无疑告诉我们，如果新型农村社区的建设资金过分依赖政府主体，势必会对地方财政和经济发展造成巨大负担，最终影响到新型农村社区建设。

另一方面，由于过于注重政府主体在社区建设中的主导地位，农民群众陷入了被动式的管理，自身建设积极性与创造力的发挥受到了限制，参与社区建设的积极性不高。一些地方搬迁建设社区的村民出现了"政府说一分，我们干八厘""政府不说，我们不做"，诸多"吃政府，等政府，靠政府"的消极声音。农民自身的建设主体作用没有得到真正的发挥。

2. 新农村建设中忽略与侵害农民利益的事件时有发生

新型农村社区建设中，最普遍采用的是农民拿宅基地换楼房的交易形式，而交易形式背后折射的实质是宅基地被政府征用的过程，郑杭生在《农民市民化：当代中国社会学的重要研究主题》中提到，"就农民之根——土地而言，其社会保障的意义已经远远大于其获得利益的意义"[②]，土地，现今被广大农民群众视作最大和最后的生存与发展保障与凭借。若在新农村建设过程中，农民对于地房置换的合理期待无法满足，新型农村社区建设也必将寸步难行。其中有两个问题相对突出。

首先，在个别地方拆迁补偿方案不合理，低价征地引发与激化矛盾。个别地方在社区建设的具体实施中，土地征收价格不合理，有的村民无力承担或很难承担购房成本，要求提高拆迁补偿的要求得不到满足，拒绝拆迁，成为了"钉子户"，阻碍了社区建设的进度。更有地区，由于农民与政府因为征地补偿问题迟迟无法达成共识，出现暴力拆迁，暴力对抗拆迁事件多有发生。

---

① 王明贵：《加快安阳市新型农村社区建设研究》。
② 郑杭生：《农民市民化：当代中国社会学的重要研究主题》，《甘肃社会科学》2005年第4期。

其次，个别地方试点建设区在实际建设过程中，借由现今集体土地流转市场不健全之际，违规征地，与开发商私相授受，暗箱操作时有发生。一些地方政府在推进新农村社区建设过程中，绞尽脑汁打"以地生财"的主意。政府通过建造楼房使农民集中居住，违规腾出部分土地用于非农建设，廉价转让予开发商，收取回扣。同时，个别地方在社区建设中享受了国家优惠待遇，却将本应以建设成本价向农民出售的成品房，随意加价，加重了农民购房成本与生活负担。

3. 企业主体的推动与支持力量受到限制

在新型农村社区建设中，企业主体的力量并未得到有效发挥，各地社区建设中依然需要大量的产业移入与支撑；与此同时，很多企业却又找不到合适的发展区位与政策支持。

许多地方，通过土地——房屋置换所得到的大量空闲耕地与建设用地苦于找不到投资与有效利用手段，造成了大量耕地、建设用地的浪费与闲置。以安阳市为例，在殷都区花园庄村庄完成新型社区建设改造与搬迁后，大量遗留耕地处于闲置和半闲置的状态，野草遍野，得不到有效利用。

另外，新型农村社区建设势必导致大量的农业人口与土地分离，催生数量庞大的剩余劳动力，而这两方面也正是以企业为代表的社会力量能够发挥作用的有利领域。走出一条"切实不以牺牲粮食和农业为代价"的建设道路以及大量市民化农民劳动力转移都离不开企业力量的支持。

（三）新型农村社区的支持网络缺失与管理失范

新型农村社区建设，实质上是农业社会转型为工业社会，农村人口转化为城市人口的过程，在此过程中，农村社区脱离了原有的社会支持网络，急需符合自身特点的新的社会支持网络的支撑。然而，过快的转型过程，显然在摧毁了原有支持网络的同时，并未能形成新的有效的支持网络。主要表现在，新的社会保障体系建设滞后，基础设施建设缺失以及村民自治与管理的失范。

1. 社会保障体制建设滞后

由于受到长期的城乡二元结构的制约影响，河南农村新型社区建设过程中缺乏相应的经验，还没有建立起与城镇市民社会保障体系相接轨的成熟配套的系统性社会福利和保障制度。

特别是在建成后的新型农村社区，社会保障体制的代表——就业服务保障体系和组织的缺失与不足日益凸显。农民失去了土地这一最根本的经济来源与最后的保障，新型社区内出现了大量脱离了土地亟待安置解决的剩余劳动力。同时，新型社区的入住农民虽然名义上成为了城镇居民，但没有了耕地作为基本的经济来源，以及面临着城市化带来的生活成本的不断增加，如何增加城镇新居民的收入，就业问题成为需要解决的重要问题，就业服务与失业保障也成为新型社区社会保障体系中最急切、压力最大的一环。

2. 基础设施建设缺失

新建成的农村新型社区，与成熟的城市社区相比，普遍存在基础配套设施建设滞后、社区发展空间和整体生活水平不高的情况。其中的部分原因可归结为原有的农村社区本身发展程度不高，底子薄，基础差。这导致了新建成的新型农村社区基础教育、卫生医疗、文化、社会保障以及人民群众日常生活所必需的社会资源和社会服务相对比较薄弱，制约了社区居民由农民向市民身份的有效转换。

大多数社区服务、社区管理、社会保障建设水平仍停留在传统性农村社会保障体系的基础上，道路、饮水、供电、环境整治等各项设施与服务规模小，服务层次低，服务水平不高，使新型农村社区陷入了高于传统农村社区，又远低于现代城市社区水平的尴尬境地。

3. 新型农村社区建设中的管理缺失

新型农村社区建设的过程，也是所在区域农民市民化身份角色发生重大转换的过程。原有的社会模式由德国社会学家滕尼斯所描述的"礼俗社会"向"法理社会"转变，人们的社交互动模式、思维心理都面临着重大的改变。

可以说，农村社区现有的不成熟管理体制一定程度上制约了新型农村社区建设的发展。由于我国的城乡二元结构体制的客观背景，各类社会要素、资源、服务在城乡间的双向流动和优化配置受到阻碍，导致城乡社会成员权力和利益上的失衡。新型农村社区居民尽管进行了统一的户籍统计与管理，但多数农村社区仍旧处在"亦农亦居，非农非居"的尴尬状态，不仅使农村原本资

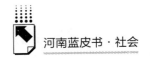
源无法得到充分利用、农民收入下降，社区居民还无法享受与市民同等的社会保障、医疗、就业等方面的政策待遇。

同时，作为组织与主导新型农村建设的核心——政府，其角色在新型社区中的转换不到位。一些地方在合村建设中，被撤销的原有的村民管理组织，如被撤销的村大队、村委会仍在发挥作用，导致了部分农民在行政隶属体制上的模糊，基层管理组织尚未形成协调一致的服务与管理体制，缺乏有经验、有创造力的领导动员组织与机制，没有形成富有效率的新型农村社区管理机制和系统规划体系。

四　新型农村社区建设中突出问题的对策分析

（一）发挥政府引导规划功能，理性有序开展建设

新型农村社区建设成败，很大程度上依赖于当地政府的组织与引导。

对于当地政府来说，结合当地实际情况，对农村社区建设进行准确定位，明确政府在建设中的各方面职责与规范，以理性且稳妥的精神开展新型农村建设。

一方面，政府既要防止建设过程中介入力度不足所引发的相关问题，积极引导农民对新型农村社区建设形成清楚的认识，防范社区建设中"等政府，靠政府"的消极倾向，增强农民自身对新型社区建设的主体作用与能动性。

另一方面，也要警惕政府在具体实施过程中的刚性介入，要对居民点整治过程中"冲动化"、忽视农村居民实际需求、"被集中"、"被社区化"问题有所警惕。促使社区建设改造回归理性，通过对有实际需求的农民社区进行合理搬迁、并撤和改造，使农村社区的空间布局得到最大限度的优化，解决农村土地资源浪费，尊重农民和合理利益诉求，防止出现社区建设中出现"一刀切""壮士断腕""被集中""被上楼"等损害农民合理利益的情况，逐步提升农村居民生活质量，实现城乡公共服务均等化，缩小城乡差距，最终实现城乡一体化。

（二）制定合理的征地补偿方案，尊重农民群众的合理利益诉求

新型农村建设，农民是最大的受益者与能动主体，首先要尊重农民的合理利益诉求。新型农村建设中，农民的核心利益就是土地问题。建立健全拆迁补偿机制是尊重农民群众合理诉求的首先要解决问题。

一方面，由于目前农村拆迁缺少相应的政策法规，拆迁补偿标准的制定难度大，实施困难，补偿标准的合理性与公正性难以得到保证，这直接损害了农民的合理利益。所以，加强制定符合当地实际情况的合理的农村征地补偿办法的相关政策法规势在必行。

另一方面，在征地过程中，要严格按照相关的法律法规进行，规范执法行为，减少因征地引发的各种冲突与矛盾。同时，对于征地标准、征地流程进行透明化管理，减少低价卖地、暗箱操作的发生。

（三）加快建设成熟的产权明晰的土地流转市场

土地问题是新型农村建设的核心问题，土地的使用问题是新型农村社区建设的焦点，土地使用制度的改革是新型农村社区建设的关键。

一方面，规范土地流转制度，保证农耕用地的充分使用与收益，通过试行土地托管、社区经营、政策鼓励、政府补贴等方式对农民的土地承包经营权进行有序管理，让农民从中得到真正的实惠，同时又要做到不牺牲农业与粮食产量，确保农民“失地有保障”。在保证土地质量和效益的同时，拓宽农民对土地承包经营权的选择渠道。

另一方面，建立产权明晰健全的土地流转市场，应确保土地交易流程透明化、公开化，形成有效合理的土地定价机制，防止贱卖土地、私自卖地等损害农民利益的事件发生。

（四）加强政府对新农村社区建设的监管

政府是农民的主心骨，在新型农村建设中，政府不单要进行支持鼓励引导，更要负担起监察与管理的重任。

加强政府在新型农村社区建设中的监管作用，一方面，要确保新农村建设

资金专款专用，不受到其他环节的截留与挪用，保证社区建设健康平稳快速进行。另一方面，政府应对新型社区建设中的各个流程进行监管与督导，对于征地、补偿、房屋购买、房屋分配、房屋出售与售价等多个环节进行梳理，确保各个环节的公正与透明。

（五）建立多元化投资模式和融资渠道，满足新型农村社区建设资金需求

现阶段，新农村建设的最大瓶颈就是资金问题。而社区建设不能仅仅依靠政府与财政的投入，拓宽融资渠道，探索适合自身的投资模式，招商引资势在必行。

在获得国家财政支持的同时，可以考虑引入市场竞争机制，解决部分建设资金，促进社区发展。例如，在基础设施建设、公用服务领域，引入招标、投标、竞标等形式统一采购与建设，吸引企业主体积极参与。

发挥企业主体在新型社区建设中的有效作用，建立起强有力的产业支撑。新型农村社区建设过程中产生的大量富余劳动力，需要借助社会力量与企业主体得以吸收与转化，而新型农村社区建设又为企业的发展提供了土地、劳动力等经营要素以及潜在的消费市场。在农民与企业之间架起连接与沟通的桥梁，有助于实现农民、企业、政府三者之间的共赢。

（六）完善新型社区支持网络建设，实现城乡社区同步发展

新型农村社区在脱离了原有的社会支持网络后，如今缺乏新的成熟的社会网络的支持与支撑。完善新型农村社区的支持网络，是确保新型农村社区向城市社区转变的重要条件之一。

一方面，加快新型农村社区中社会保障体制的建设是完善社会支持网络的主要内容之一。完善就业保障机制就成为了首要问题。政府在增强失地农民的职业素质和水平，对失地农民进行相关的职业培训的同时，也要积极扩展就业领域，给予聘用失地农民的单位一定的政策优惠，协调好失地农民与用人单位的关系。其次在养老保险、医疗保险、工伤保险等方面也要进一步完善，努力促成新型社区农民与城镇居民社会保障体系全面接轨，实现城乡同步，破解

"亦农亦居，非农非居"的僵局，以解决失地农民的后顾之忧。

另一方面，完善新型农村社区基础建设与提升社会服务水平，是新型农村社区社会支持网络建设的第二个重点。地方政府应加大对于新型农村社区基础设施建设的倾斜力度，正视农村社区底子薄，基础差的客观现实，有步骤有计划的推动社区公共设施建设与社会服务水平，现在城乡社区同步发展。此外，政府可以采取购买服务的方法，通过引入市场竞争机制，利用招投标等方法鼓励民间力量与企业主体参与社区基础设施和社会服务的改善，

最后，更新改善原有的管理经验模式，探索适合新型农村社区的管理模式，是社区支持网络建设的内在要求。探索建立社区事务公开、民意表达、议事协商、评价监督等管理机制的可能与实践。一方面，可以通过引进专业物业公司或居民自治委员会来提高社区的管理水平，改善社区面貌，促进社区融合；另一方面，要着重提高农民的文化水平，引导农民的生活观念向现代化转变，实现生活服务社区化、生活方式市民化。

结　　语

新型农村社区建设，是城乡一体化的重要一环，是统筹城乡、城乡均衡发展背景下新城镇村体系建设的重要一环，是从传统的自给自足的乡土社会向市场主导的风险社会转变的重要一环，更是贴近农民民生，关乎亿万农民切身福祉的关键环节。如何积极稳妥地开展新型农村社区建设，合理解决新型农村社区建设中的突出问题与失衡发展，需要社会各界的注目与思考。

1996 年，在伊斯坦布尔召开的"世界人居二次大会"指出，"21 世纪是城市的世纪"。当下河南省 8000 多万农业人口正站在工业化城镇化的入口，如何处理农业人口的城市化问题，正是现实社会对社会学科研究提出的巨大挑战。

B.6
关于新型城镇化进程中农村
青年市民化问题的调查报告

共青团河南省委课题组 *

摘　要：

由于以户籍制约为核心的各种制度因素的阻碍，经济资源的不足，社会资本的缺乏，城乡文化水平与价值观念的差异，外来务工群体自身素质的制约等各种因素影响，阻碍了农村青年融入城市，并最终实现市民化的进程。从共青团组织的视角，既要正视潮流，认识和发掘这一发展趋势、找准工作抓手，又要着眼长远，立足服务，务实作为，真正成为青年遇到困难时想得起、找得到、靠得住的力量，带领广大青年积极投身城镇化建设主战场，为帮助农村青年实现市民化，促进社会和谐、稳定和发展作出积极贡献。

关键词：

新型城镇化　农村青年　市民化

　　近年来，河南省城镇化快速推进，进城农村青年已成为支撑河南经济发展的重要力量。然而，受户籍管理等制度的限制，这些市民化意愿强烈的农村青年难以充分享受到城市社会保障和公共服务，成为真正的城镇居民。如何让这些人口能够在城市进得来、留得住、生活好，全省都在进行积极的探索。本课

---

* 课题组成员：完颜华，河南省青少年研究所所长；李明，郑州大学马克思主义学院博士；王砧林，河南省青少年研究所副所长；陆艳杰，河南省青少年研究所副所长；张伶莉，河南省青少年研究所副主任干事。

题组围绕新型城镇化进程中的农村青年市民化问题展开调研。本次调研在全省18个地市发放问卷3000份，并于2013年8～9月先后专题调研了新乡、鹤壁、濮阳等8市20县（区）。通过调研，课题组初步摸清了全省农村青年市民化的基本情况和存在的问题及原因，并在此基础上提出了对策建议。

一　基本情况

（一）性别结构及年龄结构

当前河南省进城务工青年群体仍以男性居多，通过调查数据分析，可以看出男性为53.8%，女性为46.2%。务工青年年龄主要集中在26～30岁，占调查对象总人数的44.1%（见图1）。

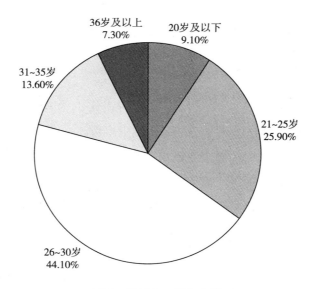

图1　进城务工青年年龄

（二）文化程度与政治面貌

进城务工青年群体文化程度仍以高中为主，占所调查对象的50.1%，专科及以上文化程度占39.1%（见图2）。

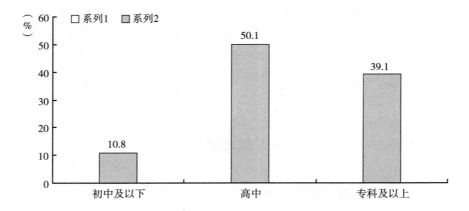

图2　进城务工青年文化程度

被调查对象中共产党员占16.8%，共青团员占32.1%，民主党派成员占1.6%，群众占49.5%。在访谈的过程中有部分进城务工青年关心"推优入党"与"党、团组织关系"的转移办理，积极要求向党、团组织靠拢。

（三）婚姻及其子女教育情况

调查显示，当前务工青年中已婚青年所占比例为63.7%；单身青年占36.3%，而已婚青年中夫妻两地分居者占到近半数。未婚青年找对象难，已婚青年夫妻长期两地分居、沟通交流困难，是务工青年们面临的主要情感困惑。调查也发现，越来越多的务工青年选择将孩子带在身边接受教育，有51%的进城务工人员子女在父母身边读书，21%的留在老家接受教育。

（四）工作、居住与月收入状况

进城务工青年主要集中在私营企业就业，占务工青年总数的41%，在国有企业就业的青年占25%，打零工的青年占15%，正在找工作的占8%，还有12%的青年选择自主创业。务工青年在第二、第三产业从业的人员比例逐年提高，主要从事建筑、运输、矿业、制造、电子、纺织、服装、烹饪等行业，这些行业的突出特点是技术含量低且具有脏、累、重、苦、险等性质，城市从业人员很少问津。据悉，全省进城务工青年在建筑业、纺织业和餐饮商贸业务工的人数占70%以上。

调查数据显示，务工青年中，23%在务工城镇或家庭所在城镇购买了住房，居住在单位提供的集体宿舍的有20%，自己租房的有10%，与他人合租房的有8%。在访谈中，务工青年们都表达出希望通过自己的不懈努力，获得城市居住权的愿望。

从收入情况看，当前的工资水平集中在1001～3000元之间，占总比例的80.4%，1000元及以下为11.7%，3001～4000元占5.6%，4001元及以上占2.2%。

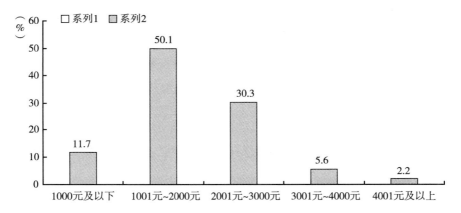

图3 进城务工青年月收入

（五）外出务工原因及途径

外出挣钱养家虽然仍是务工青年走出农村的原因，但更多的是为了个人的发展。有37%的人是因为农村没有发展机会，外出有利于个人发展而来到城市的；32%的人是为了挣钱养家。

务工的主要途径中，依靠自己找的占69.3%，亲戚朋友介绍的占45.5%，通过中介机构介绍的占36.7%。共青团组织通过不断深化服务帮助青年就业创业，在务工途径中，依靠团组织帮助的占18.3%。

（六）思想状况与利益诉求

调查显示，务工青年思想积极向上，具有强烈的社会责任感与正义感，

28％的人表示当身边有人生命财产受到威胁时，会不假思索、挺身而出；37％的人会理性选择报警；观察形势对自己是否有利，再做决定的有27％。人生信仰趋于多样，有26.4％的人信仰马克思主义；7.8％的人信仰宗教；12.9％的人相信命运；39％的人相信自我奋斗；还有16.7％的人选择"什么都不信"。

务工青年的利益诉求更加务实。他们择业观明确，首先考虑工资收入与福利待遇的占65％，会考虑工作地点的占34％，考虑个人锻炼及发展前景的占29％。他们关心个人成长及婚恋家庭，希望通过能力提升改变工作环境、社会地位。关心就业创业问题，但大多数还停留在对创业的设想上，更加关心政府对自主创业的扶持力度与优惠政策。

（七）农村青年市民化愿望

大部分进城青年都愿意成为名副其实的城市市民，年纪越轻、收入水平及文化程度越高的进城农民这种愿望就越强烈。20～30岁年龄段中的市民化愿望为59％，31～40岁年龄段中的市民化愿望为56％，41岁及以上年龄段中的市民化愿望为55％。

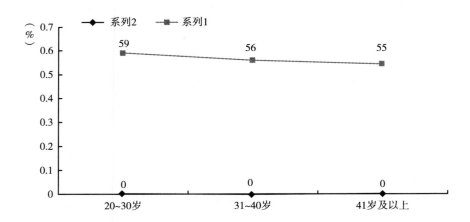

图4　不同年龄段务工人员的市民化意愿

从不同文化程度的务工青年的选择来看，初中文化程度的务工青年中具有市民化愿望的占56％，高中及中专文化程度的占60％，大专及以上文化程度的占72％。

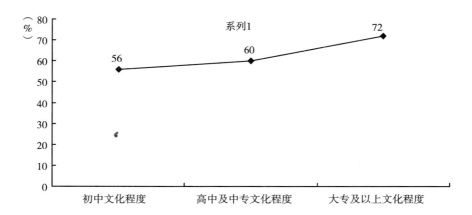

图5　不同文化程度务工人员的市民化意愿

从不同收入水平的调查对象的选择看，月收入1000～1999元的务工青年中具有市民化愿望的占57%，2000～2999元收入者中具有市民化愿望的占62%，3000元及以上收入者中具有市民化愿望的占74%。

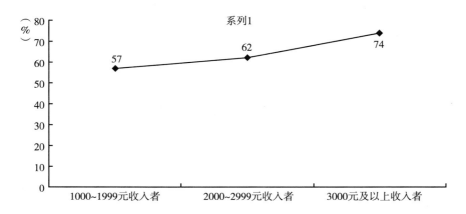

图6　不同收入务工人员的市民化意愿

如何让农村青年在城市安居，河南省在不断探索中梳理出以下几种做法：一是放宽城市户籍准入，逐步取消附着在户籍上的城乡二元待遇差异；二是提高社会保障水平，解除农村青年市民化的后顾之忧；三是搞好子女教育和住房保障工作，切实解决农村青年的现实难题；四是推进农村土地产权制度改革，提高农村青年市民化的能力；五是增强城镇承载力，为农村青年市民化提供充

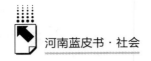

足空间。但是由于河南省农村人口基数大，城镇化水平低，在农村青年市民化进程中还存在诸多亟待解决的问题。

二　农村青年市民化进程中存在的问题

（一）劳动保障低

1. 劳动报酬不高

对于欠缺劳动技能的务工青年而言，受文化、技能、年龄、资本等因素的限制，很难找到自己满意的就业岗位，就业不稳定，常常处于流动与半失业状态，常常被恶意拖欠或克扣工资。有22.4%的务工青年反映每月工资不能按时发放。

2. 劳动条件不好

为了追求效益，企业随意延长务工青年的劳动时间，无视安全生产的法律法规，对有毒、高噪音、危险性大的生产车间不采取防护措施，致使务工青年在恶劣的劳动条件下工作的现象较普遍地存在。为了获取加班费，增加工资收入，多数青年经常从事长时间超时超强度劳动。

3. 劳动权益难得保障

一些城市常常以优先保障城市居民就业为借口，在招工程序、务工领域、行业工种等方面人为地设置歧视性门槛，使得务工青年遭受各种各样的就业歧视。即便是在获准进入的职业领域，在薪酬待遇和权益保障方面也得不到公正待遇。

4. 劳动技能不精

有不少农村青年一出校门便踏上了务工之路，缺乏就业竞争力。一些企业不愿意对流动性大的务工青年开展培训，务工青年由于超长时间劳动也没有精力参加培训。虽然针对农民工的教育培训不少，但质量参差不齐，许多培训机构只收费不问效果。

（二）社会保障弱

1. 工伤保险权难覆盖

用工单位不愿为务工青年缴纳工伤保险，被调查对象中，工伤保险的参保率仅为21.3%。用工单位认为购买意外伤害保险的费用通常比办理工伤保险的费用要低，心存侥幸。

2. 失业保险全覆盖难

由于就业、生活的复杂性、分散性、变动性和农民工失业保险关系转移接续的不灵便，影响了农民工的参保信心，加大了相关部门的工作难度。调查显示，失业保险参保率仅为25.4%。

3. 医疗保险参保率居中

相较于其他社会保险，医疗保险的参保率占据首位，达到65.4%。但是部分务工青年由于年龄偏低，身体健康，往往只顾眼前，不愿参加医疗保险。

4. 养老保险参保率低

2010年1月1日《城镇企业职工基本养老保险关系转移接续暂行办法》开始实施，农民工基本养老保险关系可以转移，但新农保、城居保与城镇基本养老保险之间不能转换，致使务工青年参保率不高（37.9%）。

（三）素质提升慢

1. 教育培训机会匮乏

务工青年中有69.1%的人愿意参加培训，但是受"生存性"生活的压力和闲暇时间较少的现实制约，务工青年很少有资金、时间为自己创造学习充电的机会，企业提供教育培训数量少也在一定程度上影响了他们接受教育培训。

2. 职业发展平台建设滞后

大部分务工青年职业发展意愿强烈，但不懂职业发展规划，也缺乏职业发展方法。他们中大多数人在职业的选择与长远发展上以工资报酬为主要衡量标准，对自己未来的发展欠缺规划，很少得到职业发展规划方面的指导，发展目标难以实现。

（四）政治参与难

1. 政治身份模糊

进城务工的农村青年所从事的工作性质虽然同城镇职工没有本质上的差

别，但其身份仍然是农民，政治上处于弱势。一方面，由于户籍制度和选举制度不完善，他们参与政治权利缺失。另一方面，进城务工的农村青年无法参与城市选举和城市公共事务的管理。据调查，对家乡村干部选举表示"无所谓"或"不想当"的接近半数，参加过务工地所在城市社区居委会选举的仅占5%。

2. 参政意识淡漠

农村青年道德素质、文化水平等相对落后，具体表现：一是社会责任感缺失。对他们而言，政治参与的主要目的在于获取最大限度的经济利益以及维护自己的合法权利，对政治参与所体现的社会责任缺乏深层认识。二是"权力寻租"对新生代农民工政治参与的冲击。例如，在基层人大代表选举中，分配代表名额时硬性规定选区产生代表的条件，限制了进城务工青年的被选举权及自由选择权。

3. 参政组织疲软

当前，我国在城市尚未建立起系统的务工青年自治组织，在农村虽然已普遍建立了基层自治组织，但还没有得到全面的发展与完善。农村青年在城市不被城市社会组织结构所接纳，在农村更没有直接有效反映其利益诉求的专门化组织，仅依靠个人的力量来进行利益表达。

4. 参政渠道缺失

进城务工青年的组织渠道主要有三种：一是利用现有的工会组织体系，把务工青年整合到工会中；二是以乡情为纽带，在务工青年流入地建立起驻外团组织；三是成立各种各样的农民工组织或群体。理论上讲农村青年已具备多种利益表达渠道，但这些渠道缺乏可操作性，间接切断了他们政治参与的路径。

（五）心理融入难

1. 社会交往局限

农村青年进城后，社会交往范围大多为乡友圈、同事圈。与城市居民之间即使有交流，也仅限于单一的业缘关系，这种业缘关系仅是形式上的、生活表面的，进城务工青年并没有融入城市社会生活中，更奢谈在整体上与市民共建起人格平等的、朋友式的亲情关系。

2. 情感表达欠缺

由于上班时间长、接触面较窄、青年男女比例失调等，使务工青年普遍面临想交友没时间、想恋爱没人选、想倾诉没对象的困境。再加上企业管理和文化建设的不足，"感情孤独"已成为新生代农民工遭遇的主要困惑。

3. 自卑心理严重

与城乡居民经济收入和生活水平上的巨大反差，只身一人外出务工，缺少家庭温暖，业余文化生活贫乏，情感表达缺失，对城市缺少归属感等共同造成了务工青年的自卑心理。他们中有56.8%的人表示工作随意性大、生活无保障。

4. 市民偏见明显

城市市民对务工青年的偏见主要体现在两种心态。一是接纳心态，接纳务工青年从事市民不愿做的工作；二是拒绝的心态，拒绝务工青年抢了他们的饭碗。诸多针对务工青年的负面报道也在一定程度上扩大了市民对务工青年的偏见。

三 农村青年市民化的影响因素

（一）个体因素

务工青年由于文化知识和能力素质等自身因素限制，他们转移能力弱，就业竞争力低，促成或加剧了他们的边缘化。少数务工青年为了生计而触犯法律，加剧了社会歧视和排斥。大多数务工青年在城市从事服务业，与市民之间是一种业缘关系。有53.2%的务工青年认为自己与市民之间较少交往或无交往。

（二）群体因素

务工青年在求职中遇到的主要困难是技术能力低（46.7%）、就业竞争压力大（45.3%）。他们自身与城市居民的客观差异，不仅包括职业、收入和社会地位等指标，还包括教育程度、生活习惯等指标。

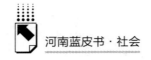
（三）社会因素

当前，务工青年在城市处于一种非工非农的尴尬境地，因为一整套制度，包括户籍、社会保障、劳动就业、子女教育等，从总体上将农村青年与城市市民分离开来；因为经济、住房等问题，在很多方面还没有真正融入城市体制和城市生活；因为就业保障问题，制约了务工青年收入增长潜力，严重阻碍其城镇化的步伐。

（四）历史因素

目前，广大农民已经穿越了"隐性障碍"来到了城市，但由于历史原因形成的对农民看法的不客观性，以及城乡二元户籍制度所确定的农民与市民的身份区别，导致了市民对农民的偏见和歧视。此外，农民工子女也将继承父辈的边缘性特征，势必会造就更大规模的新增边缘性群体。

四　对农村青年市民化的对策与建议

近年来，河南省各地高度重视农业人口市民化工作，做出了一系列政策方面的调整。各地农业人口市民化均稳步推进，也取得了明显的成效。同时，应看到"返乡创业""造福一方"已在当代青年农民工中成为时尚与追求，应高度关注农民工返乡创业就业，这将有利于他们实现从流动向定居的转变，直接带来生活方式的转变，同时也有利于扩大消费和投资。建立健全覆盖全民的基本公共服务体系，加快推进基本公共服务均等化。改革和完善农村土地制度，畅通农民转移就业的退出和保障机制。深化户籍制度改革，消除农村青年进城的身份障碍，促进务工青年融入城镇。作为共青团组织，可以围绕以下方面做工作。

（一）加强组织建设，提供农村青年市民化的组织保障

农民工作为一个庞大的社会群体，却没有自己的组织。共青团组织要适应青年流动分布的变化趋势，继续大胆探索各种吸引和覆盖青年的组织形式。大

力推进非公有制企业和新社会组织、流动青年群体、行业协会等领域的团建工作；积极探索园区建团、楼宇建团等多种联建共建方式，推进城市基层共青团区域化发展。要不断创新务工青年的政治参与形式，拓宽政治参与渠道，把单个的务工青年组织成群体化的力量，增强获取其社会保障的能力。

（二）注重思想引领，提供农村青年市民化的智力支持

农村青年由于自身的种种局限性，必然受到现代都市文明与外来文化的冲击，他们的生活方式和价值观念明显具有从传统型向现代化过渡的趋势，这导致了务工青年思想的复杂性、矛盾性和不平衡性。因此，共青团组织要充分发挥思想引领的作用，结合特点，加强对进城务工青年的人生观和道德观教育，要注重理想信念和人生价值的教育、职业道德教育和社会公德的教育，注重人文关怀和心理疏导，提高他们的就业竞争能力和适应能力，消除心理上与城市社会的隔离，实现价值观念和思想行为的市民化转变。

（三）整合培训资源，提供农村青年市民化的技能支持

当前培训机构与培训渠道虽然很多，但是由于受培训信息、时间、地点、费用和内容等多方面条件的制约，务工培训工作的效率和效果远未达到预期目标，很多有培训意愿的青年并未真正参与到政府组织的培训中去。团组织要充分协调整合各方资源，积极争取社会支持，寻求最佳培训方式，使培训工作实现从"立足团内"到"立足高校"，从共青团"主办"到"主牵"的转变，妥善解决培训工作中的政策、经费等问题。

（四）搭建就业平台，提供农村青年市民化的岗位支持

目前河南省城镇化水平较低，制约了农村劳动力向城镇转移。因此，共青团组织要发挥网络优势，加大不同层级、不同区域、不同行业团组织的协作力度，为务工青年提供就业信息。采取市场化运作的模式，加强与农业、科技、教育、劳动等部门的合作，充分挖掘社会资源，为青年农民就业创业提供政策、融资、营销、法律等全方位的服务。通过青年服务大厅、共青团网站、手机报等多种形式，为农村青年提供准确、丰富、可靠的岗位信息。建立农村青

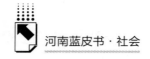

年基本情况档案，准确掌握农村青年就业技能、就业需求等信息，发挥青联优势，为农村青年提供用工岗位。

（五）维护合法权益，提供农村青年市民化的法律支持

务工青年在城市处于一种非工非农的尴尬境地，不能建立自己的行业组织和工会组织，自我维权意识和自我保护能力差。共青团组织要充分发挥维护青少年合法权益的重要职能，深入务工青年，帮助他们了解法律法规，增强公民意识、法制观念。借助"共青团与人大代表、政协委员面对面活动"等有影响力的活动，凝聚各界力量，通过共同努力，为务工青年切实解决他们的现实问题。加强对务工青年精神生活、利益诉求等重大问题的调查研究，探索维护务工青年合法权益的基本路径。

（六）强化社会服务，提供农村青年市民化的社会支持

社会关系网络是影响务工青年就业、经济收入和自身发展的重要因素，是推进农村青年市民化进程的重要力量。共青团组织要创造条件，方便务工青年参与流入地社区的各类社会活动，如文化娱乐活动、体育健身活动等，增加务工青年与当地居民接触交流、相互了解的机会，让务工青年产生对城市的归属感，感觉到真正地"生活"在城市，而非"过客"。

新生代农民工市民化问题研究

李怀玉 *

摘　要：

随着流动人口的代际更替，新生代农民工成为流动人口的主力军。他们在成为支撑城市经济发展重要力量的同时，也成为新时期推进城市化发展的重点、难点和突破点。事实上，多数流动人口希望市民化，尤其是新生代流动人口，市民化的意愿非常强烈。但是，由于受当前的制度政策、体制机制的约束，新生代流动人口市民化步伐缓慢。为此，应重视完善新生代流动人口融入城镇的各种政策，从住、教、医、保等方面给流动人口完全的市民化待遇，同时，要改革其他配套政策。

关键词：

新生代流动人口　市民化　代际更替

当前，我国提出了以推进人的城镇化为核心、提升城镇化发展质量的新型城镇化战略，推进农业转移人口市民化、推进流动人口社会融合。我国大规模的人口流动迁移已经持续了20多年，随着时间的推移，流动人口的代际更替悄然发生。新生代流动人口在流量、流向、结构等方面的特征代表着人口流动迁移新的变动趋势。

一　新生代农民工的生存与发展现状

（一）新生代农民工由生存型向发展型转变

随着经济社会的变迁，新生代农民工既具有老一代农民工的一般性特征，

＊ 李怀玉，河南省社会科学院社会发展研究所副研究员。

又有其自身的特点。与老一代农民工相比，新生代农民工的思想观念、行为方式与城市居民更加接近，利益诉求更加明确，维权意识更强。他们在城镇工作不仅是为了打工挣钱，而且也是为了追求体面的就业和发展机会。一项对河南的郑州、洛阳、平顶山、开封、安阳、驻马店等8个地市的894名新生代农民工进行的问卷调查数据显示，[①] 34.8%的人认为自己已经融入务工所在的城市并在事业上取得了成就；有43.9%的人表示正在发展、融入阶段；有16%的人选择没有融入务工所在的城市，事业没有任何发展；也有5.3%的人认为自己无法适应和融入务工所在的城市，根本不知道什么是事业，认为到城市打工只是混口饭吃，发展事业这个问题离自己太遥远了。

（二）新生代农民工流动原因多元化，发展动因增多

随着流入地政府对流动人口生存状况和社会保障的不断改善，新生代农民工对未来发展有了更多更新的期待。老一代农民工外出务工的主要目的是帮助家里改善生活条件，其经济收入主要用于盖房、子女上学等。而新生代农民工因经济原因外出的虽然占有较大的比例，但发展型的流动明显增多。寻求到城市发展的占44.6%，随父母迁移到城市的占20.3%，因学习接受培训的占22.5%。由此可见，新生代农民工比老一代农民工更加追求家庭团聚，更加注重学习，掌握一技之长，更加追求当下和未来的发展。

（三）新生代农民工在流入地稳定性明显增强

新生代农民工比老一代农民工更倾向于外出长见识、受锻炼，以得到更好的发展。与老一代农民工一样，他们主要从事制造业、服务业、建筑业等一些收入较低、劳动强度较大、工作时间过长的工作，也同样是城市发展中最辛苦的一个群体。但与上一代农民工有活就干，"脏、累、苦"的工作都能做不同，新生代农民工对工作的要求更高，更注重喜好、环境、发展空间、福利待遇。他们大都在城市生活，基本不懂农业生产，即使经济形势波动，就业形势恶化，他们也不愿意返乡务农。在工作的选择上，他们不满足于只是糊口，而是体面、有尊

---

① 本文所用数据均来自2012年对河南流动人口的抽样调查。

严、能实现人生价值的工作。他们大都在务工地生活稳定、工作稳定。调查数据显示，新生代农民工最近3年没有更换过工作的占一半以上。而且他们的消费和行为方式已和城镇青年一样，不再像他们的父辈那样城市挣钱、农村消费。

（四）家庭化迁移成为新生代农民工流动的主体模式

在我们的调查中，"80后"的新生代农民工有643人，占57.3%，"90后"有251人，占22.4%。已婚者占52.7%（已婚夫妻双方在同城务工者占38.3%，两地分居者占4.4%）。已婚者中已经生育子女的占85.2%。从数据分析看，"80后"显然是外出务工的主体，其次是"90后"。我们可以得到这样的信息，新生代农民工绝大多数处在婚恋和养育子女的重要人生阶段。因此，新生代农民工的婚恋亦是城市化进程中必须关注的问题。随着新生代农民工家庭化流动的增多，他们对计划生育、生殖健康、优生优育等基本公共服务的需求更加迫切。

（五）新生代农民工融入城市意愿强烈，关注城市变化者明显增多

根据原国家人口计生委的监测，新生代农民工在居住地长期化、家庭化趋势明显增强。2012年，流动家庭在现居住地户均规模达到2.5人。超过三成的流动人口在流入地居住生活时间超过5年。[1] 长期在外务工，使新生代农民工生活习惯和生活方式接近城市，对城市的依赖日益增强。本调查数据显示，78.7%的农民工认为自己已经融入务工所在的城市；有16%的人选择没有融入务工所在的城市；也有5.3%的农民工认为自己无法适应和融入务工所在的城市；有86.3%表示很关注居住城市的变化，并愿意融入居住城市。

二 新生代农民工市民化面临的突出问题

（一）就业质量较低，不利于提高其就业积极性

虽然各级政府对流动人口的工作环境、工作报酬、工作时间、社会保障等

---

[1] 《中国流动人口发展报告（2013）》，中国人口出版社。

提出了很多硬性的规定和要求，流动人口在务工城市的整体工作状况得到很大改善。但是总体上来看，依然存在就业收入偏低、工作时间较长、签订劳动合同和社会参保率低等问题。调查数据表明：从每天的工作时间看，35.2%的人工作不超过8小时，41%的人工作8~10小时，19.9%的人工作10小时甚至14小时以上，他们平均每天工作9个多小时，明显高于当地城市职工；在收入方面，个人月收入1000~2000元者居多，占50%；在签订合同方面，54.8%的农民工签订了书面合同，28.1%的人有口头协议，17.1%的人既没有口头协议，也没有书面合同；在社会保险方面，41.67%的农民工未参加任何保险；在培训方面，44.9%的农民工进城后没有接受过培训。由此可以看出，新生代农民工就业质量堪忧，与十八大报告提出的"体面就业"具有很大的差距。

与老一代农民工相比，新生代农民工的文化程度有了明显提高，大多数人拥有高中或职高学历，对工作的期望值相对较高。但是，由于他们直接从学校到社会，大多数人缺乏那种务农的吃苦耐劳精神，而知识、技能又不如城市人，这决定着他们的工作状态往往比期望的状态差很多，对高层次的就业岗位选择余地非常小，绝大多数人只能从事脏、累、重、苦、险这些城市人很少问津的工作。而在面对与城镇同龄就业者相比较差的就业环境和待遇时，新生代更容易成为失业者或无业者。

（二）享受社会保障和公共服务的整体水平较低

新生代农民工虽然在城市工作和生活，但却没有完全纳入务工所在地的城市公共服务和社会保障体系。据农民工子女接受教育情况的调查数据显示，在农民工子弟学校就读的占13%；在父母打工所在地的公办学校就读的占24%；其他选项则代表的是在农村学校就读或失学的选项，占62.9%。可见，农民工子女就学的学校基本上是家乡的学校和父母外出务工地方的学校，也就是说，一半以上的农民工子女在老家就读，或处于失学状态。从农民工参加社会保障的数据来看，有16%的人在现居住地参加城镇职工医疗保险。由此可见，各输入地覆盖流动人口的城镇社会保障体系尚未建立，他们享受城市公共服务的整体水平较低，社会参与渠道狭窄。因没有城市户籍，他们没有城市居民的身份，也基本不能行使城市居民拥有的政治权利，与居住地的城市居民及其他社会群体交流不多，更不愿或很少参与当地活动。

（三）新生代农民工住房压力更大

新生代农民工在城市务工地主要通过租房子来解决居住问题。有 56.9% 的人自己租房，25.6% 的人住在工作的地方，10.5% 的人在雇主安排的地方居住，7% 的人自己买房。由于新生代农民工在农村居住时间较短，有的根本没有回过农村，所以他们更加渴望在城市过上体面的生活。在务工城市租赁住房时，新生代农民工往往对住房设施要求比较高。比如，要有独立卧室、卫生间、厨房以及洗浴设备。新生代农民工的租房条件要比老一代好得多，因想拥有一个独立的空间，所以他们很少与家人、朋友居住，需要独立支付房租，这些原因导致新生代流动人口住房支付压力较大。为了减少租房的压力，他们大多选择那些居住成本很低的地区居住，尤其是居住环境和条件都比较差的城乡接合部的出租房。

（四）新生代子女在平等接受教育上存在困难，面临着贫困代际传承和社会阶层固化的双重风险

在教育方面，由于国家在城市和乡村有着不同的投入，直接造成农民工子女输在起跑线上，农民工子女若要成功往往要付出数倍于城市居民子女的努力。对于已经进城务工的农民工子女教育问题，国家已经明文规定：一切费用和各项待遇与城镇子女相同，更不得以各种借口和理由收借读费。但由于户籍问题的存在和优质教育资源的稀缺，一些地方仍然存在歧视农民工的现象。以各种名义收取借读费，或者以种种理由拒收、少收、不收农民工子女的现象时有发生。比如，将农民工子女单独分班、发展民办教育承担农民工子女教育，公立小学将不再招收外来民工子弟。一般而言，农民工子女受教育程度差，又缺少专门的职业技术教育培训，造成"农民的孩子外出当农民工，他的孙子也只好当农民工"，代际传承和阶层固化渐渐形成。由于户籍在农村，新生代农民工包括他们的子女，也只能和他们的父辈一样，享受不到与城市居民平等的医疗、失业、教育、养老等一系列社会保障福利待遇，遭受许多不公平待遇，权益得不到保障，几代人的社会身份、现实遭遇仍然是相似的。

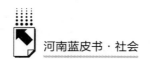
三 加快新生代农民工市民化的对策建议

新型城镇化的核心是人的城镇化。未来我国流动人口还将继续增加，流动人口的代际转换也将更加深入。在引导人口有序流动、促进人口合理转化的进程中，新生代农民工应是重点关注的人群。因此，要大力推进以新生代农民工为重点人群的市民化。新生代农民工在城市追求美好幸福生活，是中国梦的重要组成部分。要使他们在城镇稳定下来，必须着眼于他们的需求和发展特征，建立健全有利于促进人口有序迁移、激发社会活力、提高社会运行效率的社会保障政策体系。

（一）要提供有针对性、多层次的公共就业服务

近年来，流动人口失业无业问题较为突出，其中 16～24 岁的年轻人在失业人口中所占的比例约为 30%。[1] 有效促进新生代农民工及其家庭成员就业、增强他们的生存发展能力也是当前公共服务中的一项重要内容。由于新生代农民工每个人的就业能力不同，其所需要的公共就业服务也不尽相同。就业能力稍强的，可能需要的是就业信息服务；就业能力稍弱的，如学历低的新生代农民工，更需要的是就业培训和指导。政府可根据他们的需求特点，提供适合他们发展的公共就业服务，这样有助于提高其就业创业能力，为他们能够在城市稳定幸福地生活奠定基础。

（二）要分类引导平稳有序推进

河南对于新生代农民工的市民化问题，要秉持分类指导、平稳有序推进的理念，比如，对于在城市有固定工作、固定住所的新农民工优先安排落户，对于举家迁移和稳定就业的新农民工优先安排落户，对于就地就近转移、中小城市和小城镇转移的新生代农民工优先安排落户，等等。因为这些群体具有成为市民的强烈欲望，只要政府在政策力度上有所加大，他们就会平稳地进城落户，努力创造条件使自己变为真正的城市居民。

---

① 《已婚新生代流动人口家庭化迁移的现状与实现过程分析》，《中国流动人口发展报告》，2013。

（三）要给予落户新生代农民工真正的市民待遇

新生代农民工落户城市转化为市民后，要给予他们真正的市民待遇，使其在教育、公共卫生、劳动就业、住房保障、社会保障等方面享受同等待遇，使其尽快融入城市。同时，要对落户后的新生代农民工给予一定的优惠政策，积极支持其就业创业，比如，在管理上，降低他们就业创业的准入门槛，简化审批程序，减免工商登记费和其他行政事业性收费；在财政上，加大对他们创业的扶持投入，建立创业专门扶持基金；在税收上，给予他们一定的优惠政策等。

（四）要重视新生代农民工子女平等接受教育的权利

新生代农民工特别重视子女受教育问题，他们当中有近八成将子女送到公立或好一点的民办学校。但是，在公办学校就读中，他们的子女有 30% ~ 40% 需要缴纳赞助费或借读费，这些费用对新生代农民工造成了很大的经济负担。当地政府在相关政策制定和执行中应对流动儿童入学采取平等的政策，保障新生代农民工子女接受义务教育的权益。这样可以减轻流动人口受教育的经济负担，这也是满足新生代农民工城市化需求的重要举措。

（五）要探索建立覆盖流动人口的住房保障体系

要使新生代农民工在城市稳定下来，首先应满足他们的基本住房需求。政府应探索建立覆盖流动人口的住房保障体系，将符合条件的流动迁移人口纳入住房公积金制度以及公租房、廉租房、经济适用房等供应范围。建议从以下几个方面着手：一是在城市规划、建设中要充分考虑流动人口的需求，提供不同价位、适宜家庭居住或与当地居民混合居住的住房。二是探索和完善住房公积金制度，发挥住房公积金在流动人口租房和买房中的作用。政府要加大监督管理范围，保证用人单位依法为流动人口，特别是新生代农民工缴存住房公积金。与此同时，也要完善相关服务环节，提升服务水平，为流动人口使用公积金买房提供便捷、高效服务，从而减轻他们购买住房的压力。三是以累进税限制住房空置，鼓励房屋出租。对人均占有限额以上住房征收累进房产税，但如果用于出租，可获得相应的税费减免。

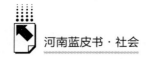

参考文献

陈丰：《从"虚城市化"到市民化———农民工城市化的现实路径》，《社会科学》2007 年第 2 期。

许传新：《落地未生根———新生代农民工城市社会适应研究》，《南方人口》2007 年第 4 期。

桂新、沈建法、刘建波：《中国城市农民工市民化研究———以上海为例》，《人口与发展》2008 年第 1 期。

刘传江、程建林：《第二代农民工市民化———现状分析与进程测度》，《人口研究》2008 年第 5 期。

许慧英、巩志娟：《新生代农民工融入城市问题研究》，《人民论坛》2010 年第 26 期。

辜胜阻、武兢：《城镇化的战略意义与实施路径》，《求是》2011 年第 5 期。

李爱红：《农民工平等就业权实现的制度设计与政策安排》，《探索》2010 年第 5 期。

国务院发展研究中心课题组：《"十二五"时期推进农民工市民化的政策要点》，《发展研究》2011 年第 6 期。

河南新型城镇化进程中的
社会保障问题研究

刘振杰 *

摘 要:

近年来,随着城镇化进程的快速推进,城乡之间的融合度不断增强。作为和谐社会建设重要安全网的社会保障制度体系,也必然要随之转型升级。但从目前的情况看,城乡二元分立体制障碍尤其是社保、土地、户籍、社会管理等制度改革滞后,农村劳动力、土地资产等生产要素没能真正在城乡之间合理流动起来,无法实现资源的优化配置,严重阻碍了人口要素集聚的进程。在这种情况下,就要加快制度改革,通过统筹城乡的社会保障制度的调整与完善,适应新型城镇化的战略要求,为2020年全面建成小康社会提供制度保障。

关键词:

新型城镇化 社会保障 城乡统筹

城镇化的过程,就是农民逐步转化为市民的过程。鼓励农民向城镇有序转移,既是破解城乡二元分立、促进城镇化快速健康发展的重要任务,也是从乡村型社会向城市型社会转型的一次重大社会变革。在这一重大变革过程中,作为十分重要的制度支撑,社会保障制度体系也必然要随之不断完善并转型升级,否则也会成为经济发展、社会进步的羁绊。

---

* 刘振杰,河南省社会科学院社会发展研究所副研究员,主要研究社会保障、社会建设等。

一 河南社会保障事业发展现状

近年来，随着社会保障事业的城乡统筹发展，河南农村社会保障在保障水平及覆盖范围上都有很大提高。在财政普遍面临巨大压力的情况下，各级政府仍然优先将财政支出投放于民生领域。

（一）户籍分隔逐步淡化，城乡居民保障趋同

由于全省各地新型农村社区建设的陆续展开，通过户籍制度改革，使入住新社区的居民可以自由选择自己的"身份"，享受到更为优越的待遇保障，缩小因"身份"带来的城乡差别。他们可以根据个人意愿将户口转为非农业性质，农转非之后可保留原有土地承包经营权，继续享受农村的计生政策、民政优抚和救助政策及其他农村各项优惠政策，同时也可享受城镇居民相应的医疗、低保、养老、就业等待遇。对已入住新社区且年满 16 周岁（不含在校学生）、未参加职工基本养老保险的社区居民办理城乡居民养老保险；社区内的居民根据个人意愿，可以参加新农合或者城市居民医疗保险，愿意参加城镇居民医保的，个人交费标准仍按新农合缴费标准执行，差额部分由财政补足。逐步提高新社区内贫困家庭低保水平，尽量缩小与城市居民最低生活保障之间的差距。为妥善安置孤寡老人等特殊群体，各地新型农村社区建设配套设置了老年公寓等，对低保户、五保户等弱势群体集中建设了小户型房屋，必要时可无偿搬迁入住，确保实现整村搬迁。

（二）城乡社会救助力度不断加大

在城乡低保方面，河南省民政厅、省财政厅联合下发了《关于做好 2013 年城乡居民最低生活保障和农村五保供养工作的通知》（豫民文〔2013〕65号），文件明确将进一步提高城乡低保补助水平和供养标准。并要求各地根据当地经济社会发展状况，以政府名义出台提高保障标准的文件。城乡低保工作连续 9 年纳入省委、省政府"十大民生工程"，低保工作得到快速发展。截至2012 年年底，全省共有城市低保对象 133.44 万人，累计支出 31.02 亿元，月

人均保障标准为 270.1 元。全省共有农村低保对象 373.3 万人，累计发放农村低保资金 45.29 亿元，月人均补助水平为 88.7 元。①

与此同时，河南省民政厅进行了全省最低生活保障专项检查，重点解决近年来群众反映强烈的"人情保、关系保"等违规违纪问题，形成了最低生活保障对象有进有出、补助水平有升有降的动态管理机制，实现了"应保尽保、应退尽退"，让政府有限的救助资金用于真正有需要的困难群体。从 2014 年起，全省收入低于当地规定的最低生活保障标准的城乡居民，可直接向其户籍所在地的乡镇政府（街道办事处）民政部门提出低保申请，村（居）民委员会不再受理个人申请。

在医疗救助方面。截至 2012 年年底，全省共筹集城市医疗救助资金 3.94 亿元，共对 11.28 万人次城市困难群众实施了住院和门诊医疗救助，资助 78.76 万人参加城市居民医保，共支出救助金 1.75 亿元。全省共筹集农村医疗救助资金 8.23 亿元，共对 56.87 万人次农村困难群众实施了住院和门诊医疗救助，资助 324.1 万人参加新农合，共支出救助金 6.38 亿元。② 进一步扩大了大病医疗救助试点，在信阳、驻马店、南阳和巩义市等 10 个省直管县进行农村困难群众重特大疾病医疗救助试点工作。

各地获得临时救济救助的贫困残疾人比例不断上升。2012 年 12 月，河南省民政厅、省财政厅、省残联共同下发了《关于做好重度残疾人生活救助工作的通知》，要求各地重度（一级、二级）残疾人一律享有当地最高标准的低保金。对重度残疾人享受低保后仍有特殊困难的，民政部门要给予必要的临时救助。对于重残人员一律作为大病医保对象，实施二次报销。

以全面了解优抚对象生活状况为出发点，以解决优抚对象实际困难为着力点，以全面落实优抚政策为落脚点，对全省近 80 万优抚对象开展"大走访、大帮扶"活动。按照"年老的对象重点解决，困难大的对象优先解决，一般对象分批解决"原则，民政部门将采取纳入城乡低保、生活困难救助、医疗救助、倒房重建等措施予以帮扶。

---

① 资料来源：河南省民政厅有关资料。
② 资料来源：河南省财政厅有关资料。

（三）城乡老龄服务体系建设步伐加快

标准化建设方案出台。河南省老龄产业协会、河南省标准研究院共同起草的《养老服务机构服务质量规范》《养老服务机构星级评定标准》两个地方标准，历经近两年时间，经过调研起草、征求意见、专家论证评审等环节，通过河南省质量技术监督局的审核，并于 2013 年 8 月 4 日开始实施。这两个地方标准的发布实施，是河南省民政系统标准化建设的一件大事，对于进一步规范和提高全省养老服务机构的服务质量，加强养老服务机构的正规化建设和管理工作，维护老年人和消费者的合法权益，促进社会的和谐发展将起到积极的推动作用。

服务设施日益齐全。各地民政部门着力构建了以居家为基础、社区为依托、机构为支撑的社会养老服务体系。针对高龄、独居、空巢、失能等重点老人搞好居家养老服务，借助专业化的组织把养老服务网络建立起来，为老年人提供家政、医疗、精神慰藉等服务。以社区为依托，推进社区日间照料中心、老年活动中心等设施建设，改善社区养老的环境。比如，开封市全力打造了集社会救助、临时救助、减灾救灾、社会养老、康复医疗等多功能为一体，占地230 多亩的综合社会福利园区。河南省民政系统还依托现代技术手段，为老年人提供高效便捷的服务，规范行业管理，12349 居家养老服务呼叫网络平台已经初步建成，"省、市、区、街、居"五级居家养老服务管理体系得到基本覆盖之后，正在把网络终端延伸到每一个需要帮助的家庭，力争"十二五"末，12349 老年居家养老信息服务平台覆盖全省，让农村老人也能够分享这一惠民成果。

积极推进适度普惠型的老年福利制度建设。当前，河南各地根据情况正在推行老龄津贴制度。将本地区 80 周岁以上老年人纳入高龄津贴保障范围，按月向符合条件的老年人计发高龄津贴。依据各地经济条件的优劣，通常要为这些老人发放 100～200 元不等的养老津贴，无论这些老人经济状况如何，都可以均等地享有这一待遇。比如，焦作市解放区制定的《解放区货币化养老实施细则》，对享受货币化养老服务老人的条件、补贴形式及标准、审批程序等做了明确规定，在 70 周岁以上"三无"老人、特殊群体老人以及 60 周岁以上独生子女家庭老年群体中，区别不同情况，以每人每年600元、500元、300元的标准，发放"养老代币卡"，供老年人购买日常生活用品、医疗药品等。①

（四）农村五保供养标准不断提高

截至2012年年底，全省共有农村五保供养对象47.64万人，集中供养20.03万人，分散供养27.61万人，累计发放农村五保供养资金10.39亿元。经河南省政府同意，自2013年起，全省农村五保对象集中供养标准由2012年的每人每年不低于2480元提高到每人每年不低于3200元，分散供养标准由2012年的每人每年不低于1500元提高到每人每年不低于2220元。提高标准部分由省财政补助50%，其余由市和县财政负担。②

（五）公租房建设力度加大

为了解决日益增多的农村进城务工人员以及城镇住房困难家庭的安居问题，河南省不断加大公租房建设力度，2013年，全省公共租赁住房建设任务22万套，总投资253亿元，其中中央下拨资金74.477亿元，比上年增加24.2亿元，增长48.5%。③为确保建设任务按时完成，各级财政积极筹措资金，加大对公租房建设的支持力度。该项资金专项用于补助政府组织实施的公共租赁住房项目（含新建、改建、收购、在市场长期租赁住房等方式筹集房源）开支。省财政按照照顾困难、保证重点的原则，促进各地公共租赁住房建设。

此外，为了适应城乡居民跨省流动日趋频繁这一趋势，近日国务院有关部门出台文件，支持京、蒙、吉、豫、鄂、湘等9省区市实行医保跨省域报销试点。这既方便了流动人口的异地就医，又大大促进了全国范围内医疗卫生信息化统一平台的搭建。

---

① 资料来源：焦作市民政局有关资料。

② 资料来源：河南省民政厅有关资料。

③ 参见《河南省人民政府办公厅关于印发2013年河南省十项重点民生工程工作方案的通知》（豫政办〔2013〕52号）。

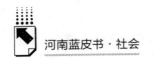
二 城镇化进程中社会保障领域存在的问题

近年来，随着城镇化进程的快速推进，导致社会保障制度建设相对滞后。这在一定程度上又会影响城乡居民的生活质量，牵制城镇化的进程。

（一）碎片化的社保体制成为城乡协调发展的制度障碍

作为体现公平、调节分配的重要社会政策，社会保障制度本应一视同仁地针对行政区域内的所有国民。由于制约因素中多为顶层设计缺陷或不到位，导致现有保障体系是分割、封闭的，城乡二元、地区差异、行业分割造成保障制度的碎片化，而且这种违背政策规律的情况，还往往以中国特色的借口加以固化，并呈现出明显的碎片化特征。城乡社会保险多头经办，人社部门经办的城镇居民医疗保险与卫生部门经办的新农合制度不一致，当城乡居民身份发生变化时，医疗保险无法转换，职工养老保险与居民养老保险不能转承接续。信息平台建设滞后，部门之间、险种之间、就业与社会保障之间的信息不能共享。这不仅极大地阻滞了不同行业之间的人员流动，客观上形成并加剧了它们之间的职业壁垒，严重妨碍了合理有序的人才流动，不利于建立城乡统一的市场制度，而且制度的社会互济功能也不能充分发挥，一旦面临财务困境也不能有效应对。随着城市化进程加快，流动人口的日渐增多，不少人对现行社保制度有诸多不满，期待改变的呼声日益高涨，建立统一的社会保障网络，实行联保制度，打破社保卡的地域限制和实现社保卡的多能化已经众望所归。

（二）城乡居民社会保障水平差距不断拉大

城乡差距较大成为促进农村人口向城镇迁移的最大动力。对转移到中心城镇居住的农村人口和外来人口而言，城市低保、养老保险、医疗保险等方面的政策不够配套。附着在户籍上的不公平政策，如子女上学、社会保障等仍然存在，这些都影响和阻碍了人口集聚的步伐。而且，转移到中心城镇居住的农村人口和外来人口在社会保障方面还有不小的差距。在基本养老保险方面，新农保和城市居民养老保险的保障水平大体相当，差别主要体现在最低生活保障方面，这一指标自产生之日起就有很大差别，今后仍然会有很大差别。比如，商丘市柘城县城乡最低生活保障水平，自 2006 年起两者之间的差距就达到 150% 以上（如表 1）。即使在农转非之后，部分居民的保障水平并没有随之提高，仍然保持着原来的状态。比如，周口市川汇区某办事处 5 个社区完全失地的新型社区居民，享受的依然是与城市低保待遇差距很大的农村低保。如果政府将进城农民全部纳入城市居民保障范围内，将农民工转变成企业职工，相应地就要为其承担保障水平更高的养老、医疗、失业、工伤、生育等一系列的社会保障成本。再加上教育、住房公积金、卫生保健等方面的社会保障投入，政府的财政投入是巨大的，而且越是大城市投入就越大。目前，城市财政普遍尚未做好充分准备。

表 1 商丘柘城县低保水平变化情况

单位：元

年　份	2006	2007	2008	2009	2010	2011	2012	2013
城镇居民低保水平	70	95	125	130	145	160	180	260
农村居民低保水平	20	30	50	60	60	72	80	100

资料来源：商丘市民政局。

（三）农民转移安置及就业平台搭建尚显不足

妥善解决就业问题对于政府、企业、个人等各方面都很重要。重要归重要，措施也不少，但政府在这方面所起的作用，所应该承担的责任，仍然没有到位。比如，为那些进城务工人员、农村劳动力转移、街头路边那些等活儿的民工都做了哪些工作，为急需大量用工的企业都做了哪些工作，依托居委会、街道办或者基层人社部门职业介绍所，到底能够在就业方面提供多少方便，网络信息平台的搭建是否方便、快捷、实用，使用率有多少等，这些都需要大量的工作去做，都需要政府有关部门好好检视。在城乡公共服务均等化要求越来越强烈的形势下，这一问题解决得好坏，直接关系到社会大局的稳定。

（四）住房问题成为农民进城的最大障碍

农民普遍建房、购房能力不足。按照当前价格计算，购买一套新民居需要农民投入 10 万~15 万元，对于以务农为主要收入来源的群众来说，显得较为吃力，甚至无力承担。调查结果显示，有 1/3 的农户能够承担得起，1/3 的农户需要借一部分，还有 1/3 的农户暂时无力承担。农房交易障碍，农村集体建设用地受政策所限，交易范围小，农民住宅作为"小产权房"不能流通变现，资产不能变资本等也是农民面临的主要问题。而且，住房成本较高成为农民市民化的最大障碍。在农村，以每平方米 600 元来计算，100 平方米的住房只需 6 万元，再加上厨房、门楼、围墙等附属设施，至多需要 10 万元即可。在县城，一般的商品房价格在每平方米 2000 元左右，地市住房价格为每平方米 3000 元左右，省城住房每平方米高达 10000 元。城市层级越高，住房成本越大。这说明，住房问题成为农民进城落户的最大障碍。而且，进城务工人员受户籍限制不能购买保障房，廉租房也仅对城市居民提供。由于住房问题难以解决，子女教育问题也就难以顺利解决。

（五）失地农民的保障问题不可忽视

2012 年，河南省城镇化率达为 42.4%，比 2007 年提高 8 个百分点，但仍比全国平均水平低 10 个百分点。从 2013 年起，河南城镇化率年均提高 2 个百分点以上，2015 年要达到 48%，2020 年将达到 56%。[①] 与此同时，城镇化每上升 1 个百分点，全省就将产生大约 100 万失地农民。由于我国征地制度还有待进一步完善，有关失地居民的社会保障制度建设相对滞后，他们眼前可能会获得一大笔现金收入，但是因为失地成为市民或者准市民之后，其生活成本会成倍增加。而且随着生活成本的逐年加大，其生活质量也必然随之下降。不少征地居民已经处于困境状态，成为影响社会稳定的庞大群体。随着产业集聚区的快速发展，辖区内村庄的土地被征用，失地农民越来越多，虽然产业集聚区也能够解决一部分农民的就业问题，但是对于年龄偏大的失地农民，特别是 45 岁以上的失地农民（企业招工基本不用）的安置问题已经凸显，成为一个重大的社会问题。统计显示，来自农村的群体性事件有超过 60% 都是因为征地引起的。

---

① 数据来自河南省住房建设厅有关资料。

（六）流动人口的社会保障问题仍待解决

流动人口持续增加。2013 年 9 月 10 日，国家卫生计生委发布的《中国流动人口发展报告 2013》显示，2010 年第六次全国人口普查时，新生代流动人口（1980 年以后出生）在流动人口中所占比重已经达到了 53.6%。而国家统计局公布的数据显示，2012 年我国流动人口数量达 2.36 亿人，相当于每 6 个人中有 1 个是流动人口。目前，河南省在外务工人员达到 2300 余万，每年净增流出人口接近 100 万，人口流动日趋复杂，户籍地和现居住地双向管理不到位。尤为值得关注的是，由于社会保障体系仍处于相对分隔状态，流动人口的社会保障问题仍没能较好地加以解决，造成权益净流失。

三　完善城乡一体化社会保障体系的对策建议

在城乡加快融合的大背景下，走向全面统一的社会保障管理体制这一趋势已经不可逆转。当前要抓紧研究制定针对进城务工人员的教育、医疗、就业、住房等方面的配套政策，让农民享受与城市居民大致均等的国民待遇，促进农村居民向城市居民和产业工人转换，逐步走向城乡一元化的管理体制。围绕人的城镇化，加快推进户籍制度改革和社会保障制度改革，尽快剥离附着在户籍上的不平等社会福利待遇，努力实现基本公共服务均等化。

（一）以城乡统筹的视角加快制度整合，完善覆盖全民的社会保障体系

党的十八大报告明确提出，"整合城乡居民基本养老保险和基本医疗保险制度"。这表明，建立"城乡统筹、全面覆盖、综合配套、统一管理"的社会保障体制已成时代要求。以养老、医疗保障为重点，完善与经济发展水平相适应、城乡统筹的社会保障体系及长效机制，是实现社会稳定和可持续发展的重要制度保证。

首先，对全省城乡职工养老保险和城乡居民养老保险两个制度的基础养老金个人账户进行整合，实现参保人员跨制度和跨地区养老保险关系的顺畅转移

接续。建立统一的国民养老金，国民养老金调整为待遇确定型，实行普惠制，待遇为等额养老金，同时建立家计调查制度。养老保险制度整合的最终框架体系由四个支柱组成：第一支柱为国民养老金，实行待遇确定型等额养老金，具有普惠性质；第二支柱为基金积累制的基本养老保险，实行强制性缴费确定型，城乡职工由单位和个人缴费，城乡居民由个人缴费，政府给予一定补贴支持；第三支柱为基金积累制的补充养老保险，实行自愿性缴费确定型或自愿性待遇确定型，主要针对城乡职工，由单位和个人缴费，包括企业年金和职业年金等；第四支柱为个人储蓄性养老保险，通过购买商业保险和家庭成员之间转移收入等途径来实现。①

其次，实现基本医疗保障制度城乡一体化。将现有的城镇职工基本医疗保险、城镇居民基本医疗保险、新型农村合作医疗和医疗救助制度四套制度进行重新整合，解决城乡居民的基本医疗保障需求，实现人人享有医疗保障的目标。进一步完善农村新型合作医疗制度，提高农民大病医疗的统筹标准和水平；进一步完善以提高低保标准为重点的农村社会救济制度。构建起"两免一解除"的社会保障制度框架，即免除国民的生存危机和生存恐惧，免除人们的疾病恐惧，解除人们的后顾之忧，让人们放心大胆地消费。

最后，加快实施老年津贴制度。预计"十二五"末，河南省将逐步完善政府供养制度，并将本地区80周岁及以上老年人纳入高龄津贴保障范围，按月向符合条件的老年人计发高龄津贴。依据各地经济条件的优劣，通常要为这些老人发放100~200元不等的养老津贴，无论这些老人经济状况如何，都可以均等地享有这一待遇。至2013年，全省80岁及以上的高龄老人已达到125万，并正在以每年1万人以上的速度增长。由于河南的老龄化较为严重，预计这笔资金不在少数。这项计划将在2015年全面实施，2020年覆盖所有城乡高龄老人。通过建立保障高龄老人基本生活需求的长效机制，推进补缺型老年福利向适度普惠型社会福利发展，使广大高龄老人的基本生活得到保障，不断提高高龄老人的生活质量。

---

① 邢伟：《城镇化进程中的社会保障制度衔接与整合》，《中国经贸导刊》2013年第3期。

（二）推进土地制度改革及失地农民社会保障制度的完善

建议河南省政府出台有关加快农村土地流转的扶持政策，引导更多农村富余劳动力从土地上解脱出来。要积极探索土地流转、户籍制度和社会保障的联动改革，实行"两置换、两流转"，即农民以土地承包经营权置换城镇社会保障，以农村宅基地和住房置换城镇住房，同步推进劳动力流转与土地流转。在城乡接合部，鼓励农民开办农家乐、小旅馆等服务业项目，促进农村人口向城镇集中。改革现有土地征收政策，统筹推进农房改造、土地流转，允许城镇居民利用农村集体土地发展服务业。完善农村土地承包经营制度，探索建立农村土地股份合作社。农民由于外出务工，自己不能进行经营的，在不改变土地用途的前提下，引导他们以土地承包经营权入股，把土地流转出去，让他们获得财产性收益。退出土地承包的，可以按照本轮土地承包期内剩余年限和同类土地的平均流转收益标准得到相应补偿。开展农村宅基地和承包地抵押贷款试点工作，为农民创业拓宽融资渠道。

（三）加快户籍制度改革，打破城乡人口流动的制度藩篱

把符合条件的农民工在城镇就业和落户作为推进城镇化的重要任务，调整完善现行教育、医疗、社保、就业、住房等方面的制度和政策，消除制约农民工市民化的体制性障碍，促进有条件的农村居民进城落户。进一步放开户籍管理，除了购买住房可以办理城镇户口外，还可以根据其长期就业情况办理户籍，使进城务工人员可以得到城镇户口，享受城市相关的就业、教育、医疗、住房保障等城市福利。全面推行居住证制度，放开县域及以下的户籍管理，实行按居住地登记户口。为了保持制度的连续性，既不能一概取消户籍，又不能完全剥离户籍制度上的利益，而是要通过强化户籍管理，实现公共服务的城乡均等化。

（四）打造就业平台，统筹就业岗位，做好就业帮扶

建立和完善城乡统一的就业制度，加强人力资源市场管理，及时发布就业信息，增加农民进城务工机会。充分依托整合技校、职校、社会力量和部门培

训机构等多种职业教育培训资源，进一步加强对农民工的培训，建立覆盖城乡的职业培训体系，着重抓好订单培训、定点培训和特定专业培训，提高农民工就业能力、职业转换能力以及创业能力。加强针对失地农民的就业培训，为失地农民创造良好就业环境，尤其要关注"60后"农民的就业问题。自主创业者可以享受城镇创业扶持政策，对经商的可以享受"零资金"注册，就业困难人员还可以享受"一对一"的就业帮扶，以及公益性岗位的托底安置政策。

（五）做好保障房的建设与配置，解决农民进城的安居问题

加快实现对农房的确权和扩权。从政策层面让农村集体建设用地和国有土地同等对待，都准许进入市场交易，让农村集体建设用地上的房屋产权最大化，摒弃"小产权"壁垒，按照"一户一宅"的农村宅基地基本制度，进一步拓宽农村建设用地以及集体用地上的农民房屋的交易范围，最大限度增加农民的财产性收入。妥善安置拆迁农户，加快安置小区和保障房建设，让拆迁农户真正由农户变为城镇居民。对于购买新型农村社区的居住用房和商业用房者，要帮助依法办理房产证，让入住户凭证贷款，将资源变资本、资本变资产、资产变资金，从事生产、经商、发展经营。

逐步建立和完善进城农民住房保障体系。放开保障房供应范围，把微利房、平价房、廉租房、公租房等建在产业集聚区附近，让进城农民享受公租房、廉租房政策，消除农民进城的后顾之忧，降低农民在城市的购房成本和迁移成本，真正让农民进得来、留得住、过得好、能发展。

加强房地产市场调控。通过信贷、税收等调控手段打击投机性购房，并严查闲置土地和捂盘惜售等违法违规行为，切实抑制房价过快上涨。鼓励开发中小户型房屋，降低套房单价。完善二手房交易市场，降低二手房购置成本。

四 城乡统筹的社会保障制度发展预期

（一）城乡普通居民将从完善的社会保障制度中得到更多实惠

当前，虽然政府在千方百计逐步提高农村居民的社会保障水平，为新农保

设立了积累型的个人账户，但不可能短期内注入大量资金并赋予太多的功能。不过，随着地区综合实力的增强，政府财政支农惠农力度的加大，在不远的将来，新农保个人账户的功能会逐渐强大。随着政策实施时间的延长和农民收入的不断提高，有限的种粮直补资金对农民的激励作用必然会逐步递减。在这种情况下，将通过政策的及时调整，以参保补贴的方式，逐步增加对农民的转移支付。像河南这样的农业大省，农民的增收渠道极其有限，只有通过转移支付的方式才能使农民尽快富裕起来。随着中原经济区建设的全面展开，可以预见，统筹城乡居民的社会保障体系将会更加完善，保障范围和保障水平将更宽更高，城乡居民将会从中得到更多实惠。

（二）城乡二元的社会保障体制走向整合统一的大趋势不可逆转

在养老方面，预计"十二五"末期，新农保与城市居民养老保险将实行统一管理。同时，企业职工养老金与机关事业单位人员的养老金之间的差别将明显缩小，双轨制问题基本得到解决。随着养老保险基础账户实行全国统筹，流动人员的保险关系将可以实现全国范围内自由转移衔接，那么社会成员流动的自由度将大大增加。医疗方面，为了加强管理整合资源，国家要求新农合由卫生部门整体移交人社部门。在基本药物目录的选定上，目前，城镇居民医保与职工医保一样，多达2000多种。而新农合只有500多种，新农合与城居保合并之后，只能实行就高不就低的原则，扩大新农合的基本药物目录范围，这样一来新农合的医疗支出上涨也就难以避免。与此同时，两者合并之后城居医保也要和新农合一样实行异地报销结算。无论如何，可以预见的是，到"十二五"末期，城乡融合的社会保障体系必将形成，各级经办机构的业务技能、工作量、软硬件设施等都会有很大变化，对此有关部门要及早做好准备。

（三）随着社会保障制度的不断完善，人口流动态势将趋于缓和

促进社会成员的自由流动既不是社会保障的致因，更不是社会保障的目的。恰恰相反，良好的社会保障机制要让人们尽可能地稳定下来，能够安居乐业。因为，流动往往并不是人们的主观意愿。而且，社保关系频繁转移也是需

要很大的成本和代价。因此，社会保障首先要允许并促进人们流动，进而弱化人们随意流动的欲望。预计到"十三五"乃至 2020 年前后，随着覆盖全民社会保障体系的不断完善，社会福利水平的不断提升，老有所养、病有所医、劳有所得、住有所居、弱有所助的美好愿景将成为现实。届时，人们将逐渐稳定下来享受安居生活，"农民工"一词作为时代产物也就永远成为历史。

民生就业篇

Report on People's Livelihood and Employment

B.9
当前河南民生建设突出问题分析报告

周全德*

摘 要:

近年来，河南民生建设持续进展，其主要表现在"民生工程"成效比较显著，就业和收入分配状况逐步改善，社会保障体系逐渐完善。同时，由于种种原因，当前河南民生建设也面临着一些急需解决的突出问题及亟待化解的社会风险。为妥善解决民生建设突出问题，全省上下应以全面深化改革和群众路线教育实践活动为契机，紧紧围绕更好保障和改善民生、促进社会公平正义深化社会体制改革，推进社会领域制度创新，大力发展社会事业，尽快制定和实施科学、合理、公正的社会政策，等等。

关键词:

民生建设 突出问题 展望与对策建议

---

* 周全德，河南省社会科学院社会发展研究所研究员。

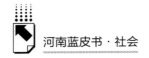

搞好以改善民生为重点的社会建设，是经济社会良性运行和健康发展的重要保证。在解决民生建设突出问题上持续取得进展，不断提高民生改善的质量，是深入推进河南社会建设的必然选择。

一 河南民生建设持续进展

近年来，河南注重发展的全面性、协调性，把发展经济与社会建设紧密结合，持续加大民生投入：2008～2012 年，全省财政民生支出累计达 1.23 万亿元，占财政支出的 69.1%，[①] 2013 年上半年，省财政又投入资金 1770 亿元建设全省重点民生工程，占公共预算支出的 71.2%。[②] 河南对民生建设的高度重视和倾力投入，使全省人民得以分享改革发展成果。

（一）"民生工程"持之以恒，社会效果比较显著

2005～2012 年，河南省政府连续 8 年在全省实施"十项重点民生工程"，累计投入超过 4000 亿元。这一持续保障和改善民生的宏大社会工程，对于在河南建立不断提高民生建设质量的长效机制，发挥了重要作用。

2013 年，河南省政府根据党的"十八大"关于"努力让人民过上更好生活"的指示，在认真总结以往经验的基础上，更高标准、更大投入地推出"十项重点民生工程"：一是千方百计扩大就业；二是提高社会保障水平；三是大规模实施保障性安居工程；四是提高城乡教育水平；五是提高公共医疗卫生服务水平；六是实施文化惠民工程；七是促进农民增收脱贫；八是改善农村生产生活条件；九是加强生态建设和环境保护；十是加强社会管理和公共安全。[③] 安居乐业事关国家长治久安和社会和谐稳定。与 2012 年相比，千方百计扩大就业和提高社会保障水平在"十项重点民生工程"中的位置分别从第

---

① 李志全：《河南省长的"民生报告"：七成财政支出为民生》，《河南日报》2013 年 1 月 21 日。

② 芦瑞：《河南重点民生工程建设上半年已投入资金 1770 亿元》，《河南日报》2013 年 7 月 12 日。

③ 河南省政府：《2013 年河南省十项重点民生工程工作方案》（豫政办〔2013〕52 号），2013 年 6 月 24 日，http://www.henan.gov.cn/zwgk/system/2013/07/08/010407267.shtml。

三位和第四位跃升至第一位和第二位，此外，大规模实施保障性安居工程居第三位。这种秩序的变动，反映了扩大就业、提高社会保障水平和保障"住有所居"已成为当前河南民生建设的重中之重。9 年来，"十项重点民生工程"的持续实施，对于加快河南城乡一体化进程，促进全省经济社会全面协调可持续发展，功不可没。

（二）就业和收入分配状况逐步改善，居民生活满意度有所提高

就业是民生之本和安国之策。2007～2012 年，河南持续实施积极的就业政策。坚持促进产业发展和扩大就业相结合，全面促进以创业带动就业，不断扩大就业规模，优化就业结构，提高就业质量；5 年新增城镇就业 652 万人，农村劳动力新转移就业 500 万人以上，总量达到 2570 万人。[①] 2013 年，河南继续将扩大就业和提高就业质量作为优先发展战略，确保全省全年城镇新增就业 100 万人以上，失业人员再就业 35 万人，帮助困难人员就业 12 万人，城镇登记失业率控制在 4.5% 以内，新增农村劳动力转移就业 80 万人以上，动态消除"零就业家庭"[②]。2013 年上半年，全省财政下达就业专项资金 16.3 亿元，促使全省城镇新增就业 76 万人、农村劳动力转移就业 77 万人，分别完成年度目标的 76% 和 96.3%。[③] 此外，2013 年河南建立了覆盖全省城乡的公共就业服务体系和公共就业信息平台。

收入分配既关乎民生之源，更事关社会和谐稳定。2008～2012 年，伴随河南经济较快发展以及各级政府不断加大对民生建设的投入力度，全省城乡居民收入水平呈逐年上升态势。其中，2010～2012 年，全省农村居民年人均纯收入增长幅度已经连续三年超过城镇居民年人均可支配收入增长幅度，城乡居民年人均收入之比有所降低（见表 1）。

---

① 郭庚茂：《河南省政府工作报告》，《河南日报》2013 年 1 月 21 日。
② 河南省政府：《2013 年河南省十项重点民生工程工作方案》（豫政办〔2013〕52 号），2013 年 6 月 24 日，http://www. henan. gov. cn/zwgk/system/2013/07/08/010407267. shtml。
③ 李娜：《上半年河南省城镇居民人均可支配收入增长 9.3%》，《郑州晚报》2013 年 7 月 31 日。

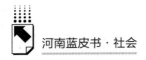
表1　2008～2012年河南城乡居民收入基本状况

年份	农村居民年人均纯收入（元）	比上年实际增长（%）	城镇居民年人均可支配收入（元）	比上年实际增长（%）	城乡居民年人均收入之比
2008	4454.00	7.2	13231.00	8.3	1∶2.97
2009	4806.95	7.5	14371.56	9.9	1∶2.99
2010	5523.73	11.0	15930.26	7.2	1∶2.88
2011	6604.03	12.7	18194.80	8.4	1∶2.76
2012	7524.94	11.3	20442.62	9.5	1∶2.72
平均数值	5460.88	10.3	15607.88	9.1	1∶2.88

资料来源：《2008～2012年河南国民经济和社会发展统计公报》。

此外，国家统计局河南调查总队发布的调查报告显示：全省城镇居民中10%最低收入户和10%最高收入户的可支配收入之比2010年为1∶6.74，2011年为1∶6.54，2012年为1∶6.11，收入差距连续三年缩小。[①] 2013年前三季度，全省农村居民人均现金收入、城镇居民人均可支配收入同比分别增长12.5%和9.6%。[②] 多年来河南就业和收入分配状况的逐步改善，使全省城乡居民生活满意度有所提高。

（三）社会保障体系逐渐完善，居民后顾之忧初步解决

2008～2012年，河南建立覆盖全省城乡的社会保障体系，实现城镇居民医保、城乡居民养老保险制度全覆盖；全省新农合参合率达到97.65%；企业退休人员养老金标准连年提高，城镇居民医保补助标准5年提高2倍；城乡低保、农村五保等社保对象待遇不断提高；多层次住房保障体系初步形成，5年开工建设保障性住房137.3万套、竣工65万套。[③] 5年来，河南城镇居民在养老保险、医疗保险、最低生活保障等方面的社会保障水平持续提高（见表2）。

---

① 国家统计局河南调查总队：《2012年河南城镇居民收入差距连续三年缩小》，《河南日报》2013年3月8日。

② 谭勇：《城乡居民腰包渐"鼓"》，《河南日报》2013年11月5日。

③ 李志全：《河南省长的"民生报告"：七成财政支出为民生》，《河南日报》2013年1月21日。

表2　2008～2012年河南城镇职工社会保障状况

项　目	2008	2009	2010	2011	2012
城镇职工参加养老保险人数(万人)	948.57	1019.09	1079.33	1164.00	1270.60
城镇职工参加医疗保险人数(万人)	840.87	1970.13	2043.75	2120.00	1082.23
享受低保的城镇居民人数(万人)	146.27	148.33	148.21	141.90	133.44
城镇居民低保人均月供给标准(元)	168.00	178.60	192.20	202.60	260.00

资料来源：2009～2013年《河南统计年鉴》，《2008～2012年河南省国民经济和社会发展统计公报》。

　　5年来，河南农村居民在养老保险、医疗保险、最低生活保障等方面的社会保障水平也在持续提高（见表3）。

表3　2008～2012年河南农村居民社会保障状况

项　目	2008	2009	2010	2011	2012
年末参加农村社会养老保险人数(万人)			1437.72	2137.53	3449.05
新农合参合人数(万人)	7280	7477	7651	7804	7965
新农合补偿受惠人次(万人次)	3738	4800	11507	9897	13706
享受农村低保的居民人数(万人)	268.18	363.91	369.21	365.80	372.29
农村低保年人均标准(元)	900	1080	1200	1344	1500
农村低保年人均补助(元)	550	618	754	864	1044

资料来源：《2009～2013河南统计年鉴》，《2008～2012年河南国民经济和社会发展统计公报》。

　　2013年，河南在提高居民社会保障程度方面做出新努力。这一年，全省继续提高企业退休人员养老金，提高幅度按上年企业退休人员月人均基本养老金的10%确定；同时，进一步调整和提高全省城乡低保对象保障标准和补助水平，城乡低保对象每人每月平均补助水平分别提高15元和12元。这一年，全省提高农村五保对象供养标准，集中供养标准由上年的2480元/年提高到3200元/年，分散供养标准由上年的1500元/年提高到2220元/年；[①] 同时，全省加快社会保障一卡通建设，新增发卡1800万张，初步实现城镇基本医疗

----

　　①　刘成：《河南公布十项重点民生工程将提高社保水平》，《大河报》2013年7月11日。

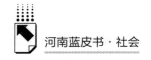
保险及时结算、城乡居民养老金发放和银行业务一卡通。① 这一年，全省城乡居民低保标准划定新"底线"：城市低保月标准原则上不低于 300 元，农村低保年标准原则上不低于 1800 元。②

河南在民生建设方面的辛勤付出，获得了丰厚的社会回报。其主要表现在密切党群关系和干群关系，提升群众幸福生活指数，增强了全省人民对于全面建成小康社会的信心和斗志。

二 当前河南民生建设面临的突出问题及社会风险

伴随新时期、新形势下社会利益关系变得更加复杂和社会矛盾变得更为尖锐，河南民生建设面临着一些急需解决的突出问题及亟待化解的社会风险。

（一）当前河南民生建设面临的突出问题

（1）就业困难局面依然存在，不容乐观。2013 年，被媒体称为河南历史上的"就业困难年"；全省全年有高校毕业生 51 万人，加上往届尚未就业的毕业生，总量达到 60 万人，再加上近 20 万普通中专毕业生，就业压力可谓异乎寻常。郑州市职介中心发布的《2013 年上半年高校毕业生就业状况分析报告》显示：在参与问卷调查的高校毕业生人群中，有 69.16% 的毕业生表示当前就业比较难。③ 2013 年，尽管河南有关部门在全省拟举办 160 场大学生就业招聘会，但从目前情况来看，依然难于从根本上解决这一问题。究其原因，一是人才市场求职者供大于求态势依然故我（供与求之比大约为 2.2∶1）；④ 二是高等教育规模扩张过速与就业岗位增加较慢不协调；三是毕业生就业期望与市场

① 《2013 年河南省十项重点民生工程工作方案》（豫政办〔2013〕52 号），2013 年 6 月 24 日，http：//www.henan.gov.cn/zwgk/system/2013/07/08/010407267.shtml。
② 李红：《2013 年我省城乡居民最低生活保障"底线"划定》，《河南日报》2013 年 4 月 16 日。
③ 胡艺、祝恒：《郑州市 2013 年上半年高校毕业生就业状况分析报告出炉》，《河南工人日报》2013 年 7 月 9 日。
④ 河南人才市场市场部：《2013 年第一季度河南人才市场供求情况分析》，《河南商报》2013 年 4 月 9 日。

现实需求不合拍；等等。此外，目前的就业困难还具有阶层性（低收入阶层子女就业更为困难）、转移性（不发达和欠发达地区向发达地区转移）、扩散性（大中城市向中小城镇扩散）、可持续性（多年累积的惯性）等特点，解决起来其难度自然是非同一般。

（2）城乡居民收入水平较低，亟待提高。2012年，河南城乡居民收入虽然有所增长，但在全国排序位置依然较为靠后：全省城镇居民人均可支配收入在全国居第20位，其比重低于全国平均水平近17个百分点，全省农村居民人均纯收入在全国居第16位，其比重低于全国平均水平5个百分点。与之相应的是，2012年全省城镇居民人均消费支出和农民人均消费支出在全国排序位置也比较靠后：全省城镇居民人均消费支出在全国居第23位，其比重低于全国平均水平近18个百分点，农民人均消费支出在全国居第24位，其比重低于全国平均水平近15个百分点。[①] 2013年前三季度河南城镇居民人均可支配收入为16644.04元，实际增长6.7%，由于前三季度全省GDP增速为8.7%，全省城镇居民人均可支配收入没有跑赢GDP；同期，在全国25个省（自治区、直辖市）前三季度居民收入排序中，河南位居第19位，其位置依然靠后。[②] 城乡居民收入长期在国内排序较为靠后，不仅对全省居民生活质量产生不良作用，而且对居民心理情绪造成消极影响。伴随城镇化进程的加快，有效解决河南城乡居民收入在全国排序落后状态，已成为人们对全省各级政府工作的殷切期盼。

（3）物价增长较快和房价居高不下形势依旧，难解民忧。近年来，与全国其他省市一样，河南物价增长较快，房价居高不下，并且这两种情况相互影响且相互加强。2008～2012年，如以上年为100，全省居民消费价格指数（CPI）分别为107.0，99.4，103.5，105.6，102.5，其中除2009年低于100略微下降之外，其他年份均高于100，在原有基础上有所上升。同期，全省居民消费价格指数（CPI）中的居住消费价格指数分别为106.3，97.8，104.3，106.6，102.5，其中除2009年低于100，稍有下降之外，其他年份均高于

① 河南省统计局、国家统计局河南调查总队：《2013河南统计年鉴》，中国统计出版社，2013。
② 陈敬德：《25省区市前三季度城镇居民收入出炉，河南第19》，《大河报》2013年11月6日。

100，在原有基础上也有所上升。① 据报道，2012 年 8 月，郑州市房价在中部地区排名第二，而在全国省会城市和直辖市城镇单位在岗职工平均工资排名中却位居倒数第四，形成强烈反差。② 2013 年 9 月，在郑州提出房价"零增长"目标调控下，尽管郑州市区商品住宅每平方米均价 7561 元，比 8 月降了 28元，③ 但对于诸多低收入者来说依然是望尘莫及。据《河南商报》举办的网络调查显示：网友们最关注的三项议题是调控房价、交通管理、平抑物价，分别占被调查人数的 13.7%、12.3%、11.5%。④ 另据国家统计局河南调查总队发布的数据显示：2013 年 6 月，河南居民消费价格总水平同比上涨 3.2%，这个涨幅接近政府部门控制的物价"上限"（3.5%）⑤。综上所述，关心居民"菜篮子"和"房本子"，依然是当前全省各级政府重中之重的任务。

（4）食品药品、交通、环境等生产生活安全问题尚未根本改观，有待努力。2008～2012 年，河南法院 5 年共审理有毒有害食品、假冒伪劣药品、重大安全事故案件 30782 件；⑥ 2013 年上半年，河南法院又审结 101 件食品药品安全犯罪案件。⑦ 食以安为先，药以真为本；面对地沟油、病死肉、叶菜农残超标、豆制品非法添加、假冒伪劣药品等不安全因素的作祟，能否扣紧"舌尖上的安全阀"已成为检验政府工作成效的重要标准。2008～2012 年，全省总共发生交通事故 41614 件，死亡总人数为 9849 人，⑧ 其中仅在 2012 年前 8个月，全省就发生交通事故 3797 起，死亡 839 人；⑨ 2013 年 8～10 月，在河南光山、林州、中牟又先后发生重大交通事故。显然，无牌无证驾驶、超速酒

① 河南省统计局、国家统计局河南调查总队：《2008～2012 河南统计年鉴》，中国统计出版社，2008～2012。

② http：//www.chinadaily.com.cn/hqcj/zxqxb/2012－08－29/content_ 6858841.html.

③ 《大河报》记者：《9 月郑州市区商品房均价 7561 元 每平方米比 8 月少 28 元》，《大河报》2013 年 10 月 8 日。

④ http：//www.dxbg8.com/content/? 523.html.

⑤ http：//www.dxbg8.com/content/? 523.html.

⑥ 宋向乐：《河南 5 年判处食品、药品、重大安全事故罪犯 33232 人》，《大河报》2013 年 1 月25 日。

⑦ http：//www.jike.com/shipin/article/content/docId_ 88038708595646663611.html.

⑧ http：//www.jike.com/shipin/article/content/docId_ 88038708595646663611.html.

⑨ 齐亚琼：《今年前 8 月河南发生交通事故 3797 起，每天 3 人死亡》，《河南商报》2012 年 9 月26 日。

驾、疲劳驾驶已成为威胁人们生命安全的"马路杀手"。尤其是在城市交通管理方面，电动车闯红灯、超速行驶、擅入快车道和人行道等违规行为屡见不鲜，上下班交通高峰期拥堵现象司空见惯。这些致使公众颇有怨言，而至今交通管理部门尚无良策予以积极应对。近年来，环境违法行为及环境污染事故在河南时有发生，不仅造成巨大经济损失，而且给公众身心健康带来不良影响。2013 年 8 月 1日，环保部公布了第二季度全国 34 个重点环境污染事件处理情况，其中发生在河南境内的就有 5 件，占了 1/7。[①] 同年 10 月 24 日，在监察部通报的 10 起破坏生态环境责任追究典型案例中，河南占了两起。[②] 目前，四项主要污染物排放量河南均居于全国前五位。[③] 化学污染是致癌的重要因素，据中国癌症村分布地图上的最新统计显示，河南癌症村数量最多。[④] 据《河南商报》报道：2013 年上半年，依据国家新颁布的考核标准，已经开测 PM2.5 的郑州、开封，空气质量优良天数仅有 47 天和 49 天，优良天数百分比分别为 26% 和 27%。[⑤]另据国家环境保护部发布的新闻透露：按照城市环境空气质量综合指数评价，郑州位居全国第三季度空气质量相对较差城市的前 10 位。[⑥] 可想而知，如此异常气候自然会严重影响工作和生活在这里的人们的身心健康。

冰冻三尺，非一日之寒。民生建设突出问题本是社会生活中诸多不协调、不和谐因素长期发展的不良后果，集中体现了经济社会转型的复杂性、艰巨性和风险性。深究以上民生建设突出问题形成与发展的根源，一是经济建设与社会建设的协调性、兼容性、互促性不强。二是社会结构建构不合理、社会关系不完善、社会阶层固化等消极因素叠加。三是现有社会体制机制及社会政策措施尚不能适应提高民生建设质量的时代要求。四是政府、市场、社会三种力量尚未在民生建设中形成合力。

① 尹深：《环保部公布第二季度 34 个重点环境污染事件处理情况》，http：//society. people. com. cn/n/2013/0801/c1008 – 22407743. html。

② http：//news. xinhuanet. com/politics/2013 – 10/24/c_ 117861475. htm。

③ 李运海、马书勇：《环境保护是重大的民生工程》，《河南日报》2013 年 6 月 19 日。

④ http：//www. henan100. com/news/2013/237732. shtml。

⑤ 郑筱倩：《上半年郑州空气质量仅 47 天达标，全省倒数第一》，《河南商报》2013 年 7 月 17日。

⑥ http：//henan. sina. com. cn/news/z/2013 – 10 – 22/1425 – 101586. html。

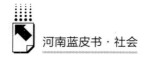

（二）社会风险

"风险社会"理论的首倡者和构建者贝克认为："风险社会的概念指现代性的一个阶段。在这个阶段，工业化社会道路上所产生的威胁开始占主导地位。"① 目前，河南经济社会发展正处于快速推进阶段，经济总量一连数年稳居全国第五，全省综合实力持续上升，但与此同时，影响发展与进步的不稳定、不确定因素依然较多，严重干扰河南实现富民强省的预定目标。尤其是现阶段在全省民生建设中存在的突出问题，有可能给中原社会的运行与发展带来种种风险。

就业是关乎国计民生的大事要事，全民充分就业和体面就业的长期缺失有可能诱发某种社会失序状态。近年来，在省内外发生的一些群体性社会事件中，就有一些无业人员参与其中。虽然这类事件多半具有"无直接利益冲突"的性质，但平时个人生活所遭遇的不公平对待，却是这些人借机宣泄不满情绪的诱因。由此可见，妥善解决就业问题堪称保证社会良性运行的基本前提。尽管河南城镇登记失业率不算高，2005～2011 年在 3.4% 左右徘徊，2012 年又降至 3.1%，一直低于全国平均水平，但考虑到城镇化进程加快、大学生就业困难加大等因素，仍应未雨绸缪，在这方面将工作做足做好。患不均更患不公，这一特点在存量改革替代增量改革时期的收入分配领域，表现得格外突出。收入分配不公现象的蔓延，有可能动摇公众对改革发展的信心，扭曲人与人之间、不同群体之间乃至不同阶层之间的正常关系。对于河南来说，尽管近年来城乡居民人均收入伴随全省经济发展一直有所增长，但同时也应看到区域、城乡、阶层、行业之间的收入差距对于人们社会心态的消极影响依然不容小觑。随着河南对外和对内开放程度的不断提高，这类差距的存在将更为不利于人们形成与保持理性平和的社会心态。平抑物价和房价是政府的当然职责；物价增长较快和房价居高不下状态的延续，有可能造成公众降低对政府的信任度，进而导致公众对改革红利的普惠性产生疑问。安全感业已成为现代人生活的必需品；食品药品、交通、环境等生产生活安全问题相互叠加，有可能导致

---

① 李培林、李强、马戎主编《社会学与中国社会》，社会科学文献出版社，2008，第 839 页。

公众普遍缺乏安全感，在严重影响他们身心健康的同时，也大大削弱了社会凝聚力。

三 妥善解决河南民生建设突出问题的展望及建议

中共十八届三中全会通过的《关于全面深化改革若干重大问题的决定》提出："紧紧围绕更好保障和改善民生、促进社会公平正义深化社会体制改革，改革收入分配制度，促进共同富裕，推进社会领域制度创新，推进基本公共服务均等化，加快形成科学有效的社会治理体制，确保社会既充满活力又和谐有序。"2014 年，河南全省上下将按照党中央关于深化社会领域改革的统一部署，为妥善解决民生建设突出问题而团结一致，共同奋斗。

（一）以群众路线教育实践活动为契机，妥善解决民生建设突出问题

2013 年下半年，河南省第一批党的群众路线教育实践活动顺利开展。这次活动以"弘扬焦裕禄精神，做为民务实清廉表率"为主题，引导党员干部尤其是党员领导干部对形式主义、官僚主义、享乐主义、奢靡之风等不良现象进行自查自纠，为深入推进全省民生建设和圆满完成年度十项重点民生工程，奠定了良好思想基础。2014 年上半年，全省将进一步积极开展党的群众路线教育实践活动。可以预期，伴随党的群众路线教育实践活动取得更大成效，河南改善民生的质量和效能将获得大幅提高，同时全省民生建设突出问题也将有望在较大程度上得到妥善解决。

（二）加快社会体制改革步伐，为解决民生建设突出问题提供制度保证

长期以来，河南社会体制改革一直滞后于经济体制改革，以致成为全省民生建设突出问题难以解决的一大成因。社会体制的合理安排，本是实现社会资源和公共产品公正、合理配置及有效保障公民社会权利的必要条件。然而，长时期以来对于经济、政治因素的过于依附，致使社会体制至今不能充分彰显自

身的独立性、合理性和创造性，无从适应以保障和改善民生为重点的社会建设的迫切需要。尽管近年来河南已意识到社会体制改革迟缓的弊端，在改革和完善社会管理体制机制、基本公共服务体系、社会组织体制等方面有所作为，但其力度及效能依然不能适应在全省持续提高民生建设质量的客观需求。2014年，河南将进一步加快社会体制改革步伐，为解决民生建设突出问题提供制度保证。

（三）发展社会事业，为解决民生建设突出问题创造必要条件

社会事业囊括就业、收入分配、住房和社会保障、科技教育、文化体育、公共安全、社区管理服务、生态环境保护等国计民生的各个方面。发展社会事业既是实现社会现代化的根本途径，也是推动经济社会协调发展和促进社会和谐稳定的关键所在。长期以来，由于基本省情所限，河南在社会事业发展方面欠账较多。近年来，此种状况虽有所改观，但仍未能充分满足公众的合理需求。2013年，河南"十项重点民生工程"的顺利实施，推动全省社会事业发展迈向新台阶，尤其是在破解就业、社会保障之类民生建设突出问题上获得了新的进展。2014年，河南将在加快社会事业发展方面推出新举措，预计在解决民生建设突出问题方面能有新的突破、新的创造和新的提升。

（四）制定和实施科学、合理、公正的社会政策，为解决民生建设突出问题打造得力工具

社会政策是社会运行中自我调控的方式和手段，它通过国家立法、政府行政干预的形式，维护社会生产生活秩序和促进社会发展进步；其功能主要是解决社会问题，促进社会团结，改善社会环境，增进社会福利，保障社会安全。近年来，河南积极制定和实施有利于改善民生的社会政策，如提高最低生活保障标准、启动促进更高质量就业专项计划、实施城乡居民大病保险、完善以工代赈管理制度、打造民生财政等。这类社会政策优化资源和机会在全体民众中公正合理的配置，对于兜底线、保民生，对于提高全省人民适应经济和社会发展、变化的能力，作用较大。然而，与发达地区相比，河南已出台社会政策的普惠性与发展性尚未达到有机融合，并且尚未充分满足人民群众对政府在破解

生产生活难题上的更高要求，以及充分满足不同社会阶层、群体或不同家庭、个人在改善民生方面的多重需求。2014 年，河南将在创新和完善社会政策上下功夫，为解决民生建设突出问题排忧解难，以充分满足全省人民持续增长的对于改善民生的更高要求或多重需求。

（五）建设中原民生文化，为解决民生建设突出问题提供精神动力和智力支持

从大禹治水到焦裕禄根治"三害"，民生文化在中原地带可谓源远流长，根深叶茂。在新时期新形势新情况下，民生文化在河南的发展具有新特点。一是随着中原经济区和郑州航空港建设的深入推进，河南民生建设的发展空间不断拓宽，有河南特色的富民强省的"大民生"理念及其文化传播在公众中得到普遍认可。二是随着建设民生政府步伐的加快和各项民生工程的顺利实施，民生建设的伦理信誉度和道德影响力与日俱增。三是民生文化与改革发展举措交融互补，相得益彰。2014 年，河南将在建设民生文化中付诸更大努力，使其能有新的起色，从而为解决全省民生建设突出问题提供更多的精神动力和智力支持。

B.10
河南就业现状分析、形势
展望与对策建议

蔡树峰*

摘 要:

2013 年,在国外几大经济体复苏缓慢,国内和全省经济增长速度放缓的不利形势下,河南就业局势保持了基本稳定,各类就业人数有所增长,城镇登记失业率低于控制目标。但从整体看,河南省就业形势依然严峻,就业工作还存在着很多亟须解决的难题。如就业总量压力依然较大,就业结构性矛盾日益凸显,大学生与城镇困难群体的就业难度不断增大。对此我们要有清醒的认识,通过认真分析、深入研究和创新工作思路,去调动一切有利因素,统筹把握,努力找到缓解就业难的方法措施。

关键词:

河南就业 形势展望 对策建议

一 河南就业的基本状况

截至 2013 年 6 月底,河南高校毕业生就业率达 69.74%,同比下降 3.5%。全省城镇新增就业 76.02 万人,完成年度目标任务的 76.02%,同比下降 1.4%;城镇失业人员再就业 26.62 万人,完成年度目标任务的 76%,同比下降 2.1%;就业困难人员再就业 9.75 万人,完成年度目标任务的 81.25%,同比下降 7.1%;新发放小额贷款 57 亿元,完成年度目标任务的

---

* 蔡树峰,河南省劳动科学研究所书记、高级经济师。

71.25%，同比增长 1.8%；创业培训 5.6 万人，完成年度目标的 47%；城镇登记失业率 3.12%，低于 4.5% 的控制目标。1～7 月，新增农村劳动力转移就业 77 万人，完成年度目标任务的 96%（见表 1）。

表 1　河南省 2013 年 1～6 月就业基本情况

单位：万人

城镇居民就业			高校毕业生就业		农村劳动力转移就业		
城镇新增就业	失业人员再就业	就业困难人员就业	毕业生总数	签约人数	新增转移	转移总量	省内转移
76.02	26.62	9.75	51.4	35.7	77*	2647	1515

* 该数据为 2013 年 1～7 月统计结果。

总结河南省采取的措施，主要有以下几点。

（一）进一步落实和完善积极的就业政策

在继续贯彻落实以《就业促进法》《河南省就业促进条例》为核心的各项积极的就业政策基础上，对一些政策进行了补充和完善。如为应对经济下行对就业的冲击，印发了《河南省稳定就业专项工作方案》；为使全省就业专项资金管理办法更符合实际，出台了《河南省就业创业培训管理办法》。通过这些举措，使全省积极的就业政策得到完善和补充，为全面完成各项就业目标任务提供了有力支撑。

（二）突出做好高校毕业生就业工作

坚持把高校毕业生就业放在就业工作的首位，通过开展离校未就业高校毕业生摸底调查和帮扶、产业集聚区企业招聘进校园活动、民营企业招聘周活动、高校毕业生就业见习岗位对接洽谈活动、高校毕业生就业服务月专项活动，扎扎实实推进高校毕业生就业工作。全省 2012 届高校毕业生就业率达 86.7%，2013 年上半年高校毕业生就业率已达 69.74%。

（三）加强就业培训工作

紧紧围绕河南省产业结构调整和经济发展方式的转变，大规模开展就业技能培训，全面提升劳动者就业能力。尤其是针对失业人员开展的多层次、多形式的就业技能培训，突出培训的实用性，使培训与再就业紧密结合，实现了失业人员技能提升与就业岗位的有效对接。2012 年全年，开展就业培训 48.8 万人，培训后实现就业 36.1 万人。

（四）加大就业援助工作力度

一是组织开展"就业援助月"活动，帮助重点就业困难人员实现就业。活动期间，通过宣传发动，入户调查，岗位对接，重点安置等四个环节，帮助就业困难人员实现就业，并为就业困难人员落实相关待遇。二是加强公益性岗位开发管理。开展了全省公益性岗位情况调研活动，全面了解和掌握了全省公益性岗位开发、政策效应、存在问题等情况，为进一步完善相关政策和下一步规范公益性岗位开发、管理打下基础。

（五）强化公共就业服务功能

一是基层平台建设取得新进展。以落实《省政府办公厅转发省直四部门〈关于进一步加强基层人力资源社会保障公共服务平台建设的意见〉》为抓手，推动基层平台建设工作取得积极进展。二是认定了 103 个社区为河南省首批充分就业星级社区，推动了基层进一步发挥平台作用。三是加快公共就业服务信息化进程，推动就业信息监测制度初步建立。

二　当前河南就业工作存在的困难和问题

（一）就业总量压力大

河南是我国人口大省之一，人力资源总量大。2012 年年底，河南总人口为 1.05 亿，常住人口为 9406 万。在河南常住人口中，按照国际通用标准，15～64 岁劳动适龄人口为 6587 万人，占比为 70%。由此推算，河南总人口中，劳动适龄人口约为 7350 万人。同时由于河南当前整体工资收入水平较低、分配机制不够合理，劳动者收入来源有限、劳动收入占家庭收入比重大，社会整体教育水平不高、青年人口就业人数较多，社会保障制度不够健全、退休人口二次就业比例较大，加上实行以就业为中心的社会福利政策，这些都提升了劳动适龄人口的就业意愿。据测算，近几年河南的劳动参与率都在80%以上，高于全国平均水平4个百分点以上。庞大的劳动适龄人口基数和较高的劳动参与率，再加上因产业调整、技术革新、企业改革、职业转化带来的存量供给的大规模释放，河南人力资源供给总量始终处于高位，就业的总量压力非常大。

（二）就业结构性矛盾突出

就近几年河南"就业难""招工难"并存且日益突出的现实，可以做出一个基本判断：目前就业的结构性矛盾已经逐渐上升为主要矛盾。就业的结构性矛盾主要还是由人力资源供求不匹配、不衔接造成的。一是由人力资源素质状况与市场需求不匹配造成的，主要表现为文化技能素质状况与实际需求之间不匹配。河南人力资源的整体文化素质本身就不高，再加上高等院校不够科学的培养体制，远不能满足现实高尖端人才、实用型人才紧缺的市场需要。而近期的人力资源市场供求信息表明，各技术等级技术人员的求人倍率均高于1，尤其是某些行业的高级工程师、技师、高级技师和熟练技能型劳动者短缺，出现一人难求现象。二是人力资源流向与市场需求不衔接，表现为城乡之间、大中城市与小城市之间的不匹配。在现行的社会管理体制下，河南人力资源尤其是大学生更多还是倾向于流向城市，特别是大中城市。这样就造成城市尤其是大中城市人力资源聚集，就业的难度不断增大，广大农村和小城市、乡镇却逐渐呈现空心化。尤其是当前河南很多新建的产业集聚区大多分布在县级城市，对人力资源，尤其是各类人才的需求量非常大，却面临招工难、引进人才难的问题。三是产业结构调整带来的不衔接，主要表现为新老产业更替带来的供求失衡。当前河南的产业层次仍然不高，原材料生产、钢铁、水泥、建材等低端产业的比例较大，受国家调控政策的影响，这些产业的就业存量将大量释放、流向市场，而新兴电子信息、生物医药、航空物流等高端产业又因人才储备缺乏、河南整体收入和福利状况不具有吸引力等原因而面临招工难、人才引进难的问题。

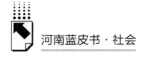

（三）整体就业质量不高

一直以来，由于人口多、劳动力就业压力大，河南更侧重于解决就业的总量问题。但随着社会经济发展需要和劳动者自身诉求的变化，就业质量问题却越来越突出。从宏观上看，河南相对粗放的经济增长模式，本身能够提供或创造的高质量就业岗位非常有限，再加上人力资源整体素质不高，大多劳动力从事的都是容易受宏观经济影响的低端制造业，或者行业波动比较大的低端服务业，就业质量难以提升。就劳动者本身而言，河南就业质量不高主要体现在几个方面：一是劳动者就业的稳定性差，流动比例较高。据统计，全省城镇从业人员中30%是灵活就业，再次失业的风险很大。二是劳动者就业不充分，就业机会和劳动时间受劳动者自身之外的因素影响较大。三是河南的职工工资收入平均水平与全国相比整体较低，劳动者自我议价的能力不足。四是一些劳动者的职业固化，失业后不易就业，劳动权益难以得到有效保障。五是受个人素质水平约束和就业环境影响，劳动者对工作的选择性较差，与岗位的匹配度也较低。六是劳动者的职业发展规划前景不明，对未来的发展信心不足。

（四）大学生就业难问题突出

近些年，大学教育逐渐从"精英教育"转向"大众教育"，大学生群体日益壮大，其就业问题日益凸显。一是由于近年来高校扩招过快，大学生人数急剧增加，造成高校毕业生就业压力逐年增大。2013年河南省应届高校毕业生达50万人，同比增长8.9%，加上往年尚未就业的高校毕业生近10万人，已占城镇新增就业人数近1/3。二是目前很多高校现行的培养、治理体制不够科学，高校无法在专业设置、人才培养方面按市场需求来进行招生，大学生的知识结构、专业结构、心理预期、就业观念等与就业市场需求不匹配。三是受河南经济发展模式、经济结构和产业结构的影响，低素质、低成本简单劳动力和高素质、高技能的人才需求量较大，大学生市场需求的可替代性非常强，这也增大了大学生就业的难度，降低了大学生就业的质量。

（五）农村劳动力转移就业难度增大

河南是农业大省，农村劳动力规模大，农村富余劳动力人数多，截至2013年上半年底，全省农村劳动力转移就业总量达到2647万人，尚有600万农村富余劳动力需要转移。而随着河南农村劳动力转移总量的增长，问题也在逐渐增多。一是农村劳动力转移就业基层服务平台较为薄弱，服务质量难以保障。目前全省不少乡镇人力资源基层服务平台在机构人员、设施配备、功能服务、经费保障等方面存在明显不足，农民外出务工存在用工信息不共享、不对称的现象，不能给予及时有效的服务。二是现有农村富余劳动力，其转移就业开发难度逐渐增大。目前尚未转移就业的600多万农村富余劳动力，多以年龄偏大、文化和技能偏低，且以45岁以上中年妇女和55岁以上男性群体为主，对他们进行转移就业开发难度较大。三是各类技能培训补贴标准较低，培训模式需要创新，培训效果有待提高。由于培训补贴标准偏低，且兑付补贴资金程序复杂，再加上用工企业门槛不高，导致农民工参加培训和培训机构承担培训的积极性不高、培训效果质量不佳。四是农民工融入城市还存在体制机制性障碍。由于城乡二元体制的存在，致使全省农民工特别是长期在外居住务工生活的新生代农民工，在获得就业、社会保险、子女教育、住房保障、城市户口等城市基本公共服务政策待遇方面，还存在许多体制性、机制性障碍。五是已转移就业的农民工多数技能偏低，转移就业稳定性不高，就业质量较低，存在大量回流可能性。已经转移就业的农民工容易受经济形势的波动而大量回流。

（六）城镇困难群体就业难度大

开发公益性岗位是解决困难群体就业的主要途径。但目前由于全省公益性岗位存量较高，总量达23万个，接近饱和，公益性岗位退出机制不健全，新产生的大龄就业困难人员难以进入公益性岗位就业。加上目前经济下行压力加大，各地财政收入增速放缓，大量开发新的公益性岗位短期内可能性不大。据统计，2013年全省在公益性岗位就业的困难人员为10.5万人，比上年同期减少7.6%。城镇"4050"人员、"零就业家庭"、残疾人员就业难度加大，被征地农民职业转换问题日益突出。

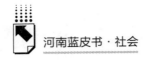

（七）公共就业服务体系仍需完善

目前，河南省公共机构服务体系还不健全，人员编制和经费保障不足，人力资源市场发育不完善，服务手段落后，信息化水平低，人力资源供求信息不能及时有效对接等问题，影响了市场配置人力资源和政府履行公共就业服务职能作用的有效发挥。公共就业服务的质量和效率不能满足广大用人单位和求职者的需要，社会职业中介机构发展不充分，市场行为有待规范。

三 河南就业形势分析与展望

（一）宏观经济形势忧中有喜

当前，由于后金融危机的影响，外围经济复苏缓慢，中国和河南的经济增长速度明显减缓。2013年上半年全国 GDP 增速为 7.6%。其中，二季度增长 7.5%，经济增长速度已连续 5 个季度运行在 8% 以下。上半年河南省 GDP 增速为 8.4%，为 2009 年下半年以来累计增速最低值。考虑到目前国家更加注重发展方式转变，提高了经济波动的容忍度，在以改革调整为主的调控政策下，以往经济保持在 10% 以上增长速度的发展势头将难以为继，短期内宏观经济增长难度加大。但就河南而言，由于工业化、城镇化水平不高，经济发展仍将处于难得的战略机遇期。随着河南产业结构和消费结构加速升级，内需市场空间进一步拓展，发展活力和后劲不断增强，发展潜力将会逐步显现并转化为发展优势。特别是随着中原经济区建设正式上升为国家战略的综合带动效应显现，将形成对河南经济持续较快发展的有力支撑。

（二）就业的总量矛盾和结构性矛盾将长期并存

当前河南就业总量矛盾和结构性矛盾长期并存的局面是历史形成的，短期内难以根本扭转。首先河南作为全国人口大省、农业大省之一，人力资源总量大、就业困难群体数量大、农村富余劳动力规模大，在今后相当长的一段时期内，人力资源供大于求的总量矛盾仍将持续很长时间。据测算，即便不考虑存量因素，"十二五"河南年均新增劳动力供需缺口也在 100 万人左右。其次就结构性矛盾而言，无论是人力资源素质的提升、就业观念的转变及其与发展方式转变、产业结构调整的交互融合，都需要一个较长的过程。由此可以预见，河南人力资源的结构性矛盾也将长期存在。

（三）重点群体就业难短期内难以根本改观

在就业总量压力较大和产业结构调整加快的情况下，河南重点群体就业将成为较长时期难以解决的问题。第一是大学生就业问题。由于前几年高校持续扩招后果需要较长时间的消化，未来几年大学生新增就业量将维持较大规模，加上高校培养和治理体制改革需要一个过程，大学生就业难短期内难以解决。第二是农村劳动力转移问题。目前全省尚需转移农村富余劳动力规模大且整体素质偏低、年龄偏大，就业竞争力弱，实现新增转移的难度很大。第三是城镇困难群体就业问题。经过近些年的不断挖潜，公益性岗位开发难度已经很大，再加上一些相关扶持政策的陆续到期和作用日益弱化，困难群体就业安置渠道将越来越窄、就业的难度日益增大。

（四）城镇化发展成为拉动新增就业需求的重要动力

随着中原经济区建设的全面推进，河南城镇化面临良好的发展机遇。目前河南城镇化水平为 40% 多一点，处于城镇化快速发展的战略机遇期（发达国家现代化的经验表明，当城镇化水平介于 30%～60% 之间时，发展速度会明显提升）。按照《河南省国民经济和社会发展第十二个五年规划纲要》确定的发展目标，2015 年河南城镇化率将达到 48%，以此测算，"十二五"期间每年全省城镇化率要提升 1.84 个百分点。按此进度，要达到城镇化战略机遇期的上限 60% 的话，尚需十多年。从河南城镇化发展速度和从业人员变动情况看，"十一五"期间，河南城镇化水平年均提升 1.62 个百分点，同期从业人员年均增加 76 万人；河南城镇化率每提升 1 个百分点就能带动就业增加大约 47 万人，"十二五"期间，河南每年因城镇化发展能够带动新增就业约 86 万多人，将成为拉动人力资源就业需求的重要推动力。

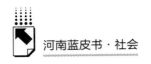

（五）非公有制经济吸纳新增就业的作用将进一步增强

在多年严峻的就业形势下，河南现有安置新增就业的潜力已经开发到相当大的程度。由于非公有制企业涵盖范围广、就业门槛低，非常适合河南人力资源整体素质不高、低端劳动力占比较大的现实，在安置新增就业方面具有无可比拟的优势，非公有制经济是吸纳人力资源新增就业的主渠道。预期，随着河南进一步加大经济结构调整的力度，不断创新机制，放宽政策，鼓励非公有制经济的发展，非公有制企业将进入快速发展阶段，其对拉动新增就业的作用将不断得以强化。按目前的发展趋势看，未来非公有制企业年均吸纳新增就业人口在新增总就业人口中的比例将长期维持在80%以上。

四 对策和建议

（一）树立就业优先的理念，实施积极的就业政策

确立和强化就业优先的理念，健全政府就业工作目标考核机制，切实把推进中原经济区建设与扩大就业有机结合起来，推动实施更加有利于促进劳动力就业的产业、投资、贸易、财政、税收和金融等宏观经济政策，充分发挥政策促进就业的作用。

（二）多渠道开发就业岗位，努力扩大就业容量

在加快中原经济区建设和加快经济发展方式转变的过程中，进一步强化经济增长对就业增长的拉动能力，努力把经济持续增长的过程变成就业规模持续扩大的过程，实现经济增长与扩大就业的良性互动。以郑州航空港建设为抓手，大力发展电子信息、现代流通、生物医药、航空服务业，带动第三产业大发展。

（三）加大改革工作力度，推动实现更高质量的就业

实现更高质量的就业是在新形势下需要多方联动的系统工程。一是加大教

育、户籍、住房、收入分配等制度改革，进一步缩小城乡、地区和行业间的差距。二是继续深化人事档案、社会保险、职业培训等方面的制度改革。三是不断完善人力资源市场体系、公共服务管理体系和劳动标准体系。四是进一步加强劳动监察，努力构建和谐劳动关系。五是研究建立就业质量的测量指标体系，加强对重点就业人群的就业质量研究，重视与就业质量相关的若干重大政策的评估。

（四）加大政策支持力度，做好重点群体的就业工作

继续把高校毕业生就业放在就业工作的首位。加大经济结构和产业结构调整力度，做好经济发展的人才预测，产业转型需要预测人才需求，为高校培养人才提供指南，为学生提供学习专业和毕业方向的指导。深化教育体制改革，改革大学生培养模式，以市场需求为导向调整高校教学结构，引导大学生转变择业观念，建立完善有利于大学生就业、创业的有关政策。进一步加大对城镇就业困难群体的就业服务和帮扶力度。

（五）建立完善工作机制，强力促进全民创业

就业是民生之本，创业是民富之源。近年来，创业已经成为一种社会热潮，成为扩大就业的一种重要形式。继续出台鼓励创业的一些政策，加大小额担保贷款工作力度，加快推进小额担保贷款工作规范化、信息化水平。加强服务载体建设，认定一批省级示范性创业孵化基地，组织培养创业咨询师队伍，提高创业服务专业化水平。

（六）创新培训模式，加大就业培训工作力度

紧紧围绕中原经济区建设的需要，以就业为导向，进一步整合培训资源，创新就业技能培训模式，建立健全面向城乡全体劳动者的就业培训制度。结合劳动力市场和企业用工需求，积极开展岗前就业培训、在岗职工培训，以及"订单式"和"定向式"培训等模式，快速提高河南省人力资源技能素质水平。

（七）加强公共就业服务体系建设，提高公共就业服务质量

统一机构名称，整合服务资源，合理配备工作人员，同时在公共就业服务体系内成立公共创业服务机构，专门免费提供专业化、制度化的创业服务。统一规范公共就业和人才服务标准，增强服务功能，优化服务流程，提高服务规范化、标准化和专业化水平。做好就业援助月、民营企业招聘周等公共就业专项服务活动，为各类企业用工和求职者就业牵线搭桥，搞好服务，并且重点为省政府重大招商引资项目做好人力资源服务。

河南省公共就业服务体系
建设研究报告

河南省发展和改革委员会课题组 *

摘　要：

公共就业服务是政府履行公共管理和服务功能的职责之一。在城镇化快速发展的进程中，农村劳动力转移就业服务成为考验政府公共服务职能的试金石。河南省农村劳动力多，转移就业难度大，对公共就业服务需求迫切。因此，完善公共就业服务体系，增强就业服务能力，成为稳定河南农村劳动力转移就业的当务之需，也是承载全省城乡、区域协调发展的基石所在。

关键词：

公共服务　农村劳动力　转移就业

公共就业服务是政府为促进社会充分就业，以帮扶重点就业人群为重点，面向全体劳动者提供的公益性就业服务，是政府履行公共事务应承担的责任之一。河南省是人口大省，也是农村劳动力转移就业大省，1.05亿人口中，农村人口约6234万，农村富余劳动力约3200万，转移就业的任务和压力十分巨大。建立健全覆盖城乡、优质高效的公共就业服务体系、努力促进农村劳动力加快转移就业，对加快推进河南新型城镇化、为全省经济社会持续较快发展提供高素质的人力资源支撑，具有十分迫切和重要的现实意义。

---

* 课题组成员：王红、陈静、李忠乾、梁斌、白小营、王冰。

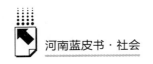
一 河南省公共就业服务体系建设基本情况

（一）城乡公共就业服务平台建设情况

目前，全省共有区（县）以上级别人才交流中心、就业训练中心、小额担保贷款服务中心、人才人事公共服务中心、创业培训中心等各类公共就业和人才服务机构705家（含合署办公、独立管理机构135家）；其中有省直属机构6家（含合署办公、独立管理机构3家），占机构总数的0.85%；各省辖市直属机构100家（含合署办公、独立管理机构19家），占机构总数的14.19%；区（县）级机构599家（含合署办公、独立管理机构113家），占机构总数的84.96%。全省705家区（县）以上级公共就业和人才服务机构占地总面积约48.8万平方米，其中服务场所面积24.0万平方米，平均每家机构总面积为692.10平方米，服务场所面积为339.88平方米。

在全省705所县级以上公共就业和人才服务机构中，有95家机构拥有独立网站，占总机构数的13.48%，省直属机构、省辖市直属机构、区（县）级机构分别为3家、33家、59家，分别占拥有独立网站机构总数的3.16%、34.73%和62.11%；有22家机构实现省级联网，使用统一的业务管理信息系统，占机构总数的3.12%；有80家机构实现全市联网、有36家机构实现全区（县）联网，分别占机构总数的11.35%和5.11%；有87家机构使用本机构独立的综合业务管理信息系统，占机构总数的12.34%，有87家机构使用单机版的业务管理信息系统，占机构总数的12.34%。全省有16个省辖市、87个县（市、区）成立了劳动人事争议仲裁院。

公共就业和人才服务机构中服务对象涉及进城务工人员的有388家，占机构总数的55.04%；服务对象涉及登记失业人员的有416家，占机构总数的59.01%；服务对象涉及就业困难人员的有396家，占机构总数的56.17%；服务对象涉及专业技术人员的有246家，占机构总数的34.89%；服务对象涉及返乡农民工等其他人员的有20家，占机构总数的2.84%。

（二）基层人力资源和社会保障服务平台建设情况

据河南省人力资源和社会保障厅统计，目前，全省共建立乡镇（街道）人力资源和社会保障服务所 2147 个，覆盖面 87.88%，建筑总面积 19.7 万平方米；行政村（社区）人力资源和社会保障服务站 11659 个，覆盖面 23.57%。在 106 个县（市、区）中实现乡镇（街道）人力资源和社会保障服务所垂直管理，占全省县（市、区）总数的 66.67%。全省乡镇以下基层公共服务所、站共有工作人员 14593 人，其中在编人员 9882 人，约占 68%，编外聘用人员 4711 人，约占 32%。全省 90% 以上的乡镇（街道）服务所主要开展了公共就业服务、农村劳动力转移、居民养老保险业务经办等三项业务，80% 以上的服务所除上述三项业务外还开展了就业失业登记管理、创业培训、劳动保障监察等业务，63% 的服务所除上述六项业务外，还开展了企业退休人员社会化管理、劳动争议调解等业务，初步实现了劳动就业、社会保险经办、人力资源服务、劳动关系协调、劳动保障监察等公共服务的一站式办理。

2008 年，河南省争取中央投资在上蔡县、固始县、尉氏县、孟州市 4 县（市）开展了农村劳动力转移就业服务体系基础设施建设项目试点建设，建筑面积 6400 平方米以上，总投资 1640 万元；2010～2012 年，又累计投资 3.19 亿元，在 35 个县（市、区）建立了 35 个县级就业和社会保障服务中心、140 个乡镇就业和社会保障服务站，建筑面积约 17.64 万平方米，改善了基层特别是县、乡两级就业和社会保障服务设施条件，公共就业服务能力进一步增强。

（三）职业技能培训体系建设情况

2012 年年底，河南省共有 183 所技工学校，1134 所民办培训机构；有 158 所就业训练中心，其中有 139 家在县市；有 261 家"雨露计划"定点培训机构，其中 41 家省级基地，78 所市级基地，142 所县级基地；有"阳光工程"定点培训机构 438 家，其中 3 家省直基地，60% 以上是县级基地；有 920 所中等职业学校，其中 165 所国家级重点中等职业学校，172 所省部级中等职业学校，62 所国家示范性中等职业教育学校；234 所民办中等职业学校。2012

年，全省共完成农村劳动力转移就业技能培训 137.3 万人，"阳光工程"培训 31.6 万人，"雨露计划"培训 20.5 万人，创业培训 3.84 万人，带动就业 11.8 万人。新培养高技能人才 13.24 万人。

（四）创业服务体系建设情况

2012 年，全省共开展创业培训 16 万人次，发放小额担保贷款 341 亿元，扶持 61 万人创业，带动就业和小企业吸纳就业 211 万人。目前，河南省农业转移劳动力累计回乡创业人数达 78 万多人，带动近 300 万农村劳动力就地就近就业。2013 年以来，全省已为返乡转移劳动力发放小额担保贷款 29.8 亿元，扶持 4.8 万转移劳动力实现创业，带动 15 万人实现就业。

（五）公共就业服务专项活动日益丰富

连续多年开展"就业援助月活动""春风行动""民营企业招聘周活动""创业成果展示暨项目推介会活动""毕业生就业服务周活动"等针对不同主业群体的各类公共就业服务活动，为劳动力就业与企业用工牵线搭桥，让公共就业服务的良好形象深入人心。以"春风行动"为例，2012 年"春风行动"中，全省各级各类公共就业服务机构共为农村劳动者发放"春风卡"、维权手册、务工知识扑克牌等宣传资料 245.5 万份，组织举办专场招聘会 1096 场，免费提供就业服务 180.13 万人（其中女性为 77.47 万人），有组织的劳务输出 197.62 万人（其中女性为 86.14 万人），本地企业吸纳农村劳动力 177.93 万人（其中女性为 71.88 万人），参加职业技能培训 11.79 万人（其中女性为 4.95 万人），参加创业培训 1.11 万人，已享受培训补贴的有 2.47 万人，接受创业服务 4.2 万人（其中女性为 1.6 万人），提供劳动维权服务和法律援助 11.7 万人（其中女性为 4.2 万人）。

（六）公共就业服务制度逐步完善

初步建立了包括免费服务制度、就业援助制度、就业与失业管理制度、专项服务制度、信息服务制度和公共就业服务统筹管理制度等公共就业服务制度。与此同时，为确保各项工作的有序推进，各有关部门还建立并落实联席会议、信息共享、情况通报、工作督导、绩效评估等制度，促使公共就业服务逐步走上制度化轨道。

二 河南公共就业服务体系建设存在的主要问题

（一）公共就业服务设施建设滞后

农村是河南省农业转移劳动力的主要输出地，但现有的公共就业服务设施尚未覆盖全省所有县市，乡镇一级就业服务设施更为缺乏，很多公共就业服务机构还是乡镇政府提供的办公用房或与计生、党务、便民服务等共用服务场地，缺少必要的就业服务场地和服务设施。同时，服务机构经费保障不足，人员编制少，专业人员缺乏，场地规模普遍较小，基础设施较为落后，难于满足基层就业对公共就业服务的需求。目前，河南省还有12.12%的乡镇（街道）、76.43%的行政村没有人力资源和社会保障服务所。在全省2147个乡镇（街道），公共就业和社会保障服务所平均建筑面积为91.7平方米，其中约32%为临时租赁，约8%为乡镇政府所有，需要与其他部门联合办公。

（二）服务能力向乡镇、社区延伸有限

受经费紧张、专业人才紧缺、服务力度不够、就业服务针对性较差等多种因素影响，多数公共就业服务对乡村的服务能力和服务水平较低，缺乏对劳动力资源的整合调剂，难以满足对劳动力转移就业的组织指导，无法对外出就业人员实施有效的信息发布和引导，直接影响转移劳动力的就业效率和就业质量。目前，河南省11659个乡镇以下（行政村、社区）基层公共服务所、站共有工作人员14593人，平均每个服务机构仅1.25名工作人员；现有工作人员中，还有约32%为编外聘用人员，主要通过购买公益性岗位及县（市、区）人社部门自筹经费等方式解决经费问题，人员和经费的不足导致基层公共就业服务机构在面对广大农民日益增加的公共就业服务需求时，显得无能为力。

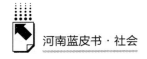
（三）公共就业服务信息化程度低

与不断扩大的服务需求相比，河南现有的公共就业人才服务机构信息共享层次较低，缺乏全省统一的就业服务信息平台。人力资源市场信息化建设滞后，信息统计体系无法掌握灵活就业、农村劳动力就业和失业状况，就业信息尚未全省联网，人力资源市场的动态监测尚有待进一步完善；在已经实现就业服务的地区，受机构建设、人员编制、经费保障等因素影响，服务手段落后，信息化程度很低，难以满足就业服务需求。在河南省705所县级以上公共就业和人才服务机构中，有86.52%的机构没有独立网站；有96.88%的机构没有实现省级联网，使用互相分割的业务管理信息系统；有88.65%的机构没有实现全市联网、有94.89%的机构没有实现全区（县）联网；有87.66%的机构没有使用相关的综合业务管理信息系统。各自为政、互不连通的现状，使职业介绍、就业培训、失业保险、就业指导、劳动力资源供求状况等信息共享级别低，共享程度差，在公共就业服务覆盖较弱地区，容易产生服务漏洞；另外，有些用人单位在不同地区重复登记招聘信息，致使服务对象、服务范围重复，多方应聘也使用人单位往往提高岗位要求，倾向于超过岗位需求的素质更高的人才，既挤压了弱势群体就业，也浪费了人力资源。

（四）公共就业服务体系不能满足各类群体多样化的需求

公共就业服务体系存在服务对象的体制性分割、身份分割、地区分割、管理分割以及公共就业服务信息化发展不均衡等问题，以致出现服务均等化不足、劳动力自由流动受限、资源浪费、市场管理交叉以及服务信息延伸和交流不足等情况。特别是90后新生代农村劳动力，对公共就业服务和需求具有比父辈标准更高、更多样化的诉求，对在新时期做好公共就业服务提出了新的挑战。

（五）基层公共就业服务效率不高造成劳动力享受就业服务成本较高

现有各项公共就业服务工作大多是自下而上进行的，如就业失业登记证发放、社保补贴申领、就业困难对象认定、小额担保贷款办理、技能培训等就业再就业工作。这些工作常规办理程序是：服务对象提出申请、社区人力资源和社会保障服务站受理审核、街镇乡人力资源和社会保障事务所复核、代行就业服务局部分职责的人力资源市场审批。基层就业服务设施差、设备落后、服务人员专业化程度低等，在导致完成一项服务消耗时间长且行政成本高的同时，也让服务对象花费交通成本，以及因缺工带来经济成本的加大。

三 未来几年河南省公共就业服务面临的形势分析

未来几年，河南省公共就业服务体系在新形势下将面临更加多样化的服务需求，对全省公共就业服务在数量和质量上都提出了更高要求。

一是公共就业服务对象数目庞大。"十二五"时期，随着中原经济区建设和承接产业转移的持续推进，河南省包括农村转移劳动力、高校毕业生、下岗失业人员、城镇新成长劳动力等在内的各类群体，每年在城镇需要就业再就业的总量将在 200 万人以上，以至公共就业服务压力仍将持续加大，实现公共就业服务覆盖所有就业需求的任务十分艰巨。

二是"招工难"和"就业难"并存的就业矛盾使就业形势日趋复杂，全省公共就业服务面临新的挑战。一方面是经济结构调整造成的结构性失业人员、淘汰落后产能造成的转型性失业人员、选择性机会增多造成的摩擦性失业等失业人员争夺就业市场，同时还有就业能力弱、不适合市场用工需求的大量转移劳动力急需就业；另一方面是大量需求技术工人的企业招不到合乎岗位要求的员工，致使多重失业现象造成的结构性矛盾的日益突出，公共就业机构为双方提供均较为满意的服务的难度加大。

三是不断增加的就业期望值和难以提高的就业待遇之间的矛盾，致使全省公共就业服务面临新的服务需求。新生代劳动力期望更好的生活条件和工作条件，特别是在住房、子女入学、职业发展等方面对工作要求较高，而现有产业结构、发展模式和劳动力供求状况又决定了短时间内难以改善工作条件和工作待遇，导致新生代劳动力就业稳定性差。对此，公共就业服务需要进一步调整服务方式，增强市场适应性。

四是城镇化进程的加快促使农民变市民人数增多，全省公共就业服务面临新的服务模式。农村劳动力融入城市、实现稳定就业需要公共就业服务主动作为、及时跟进，其服务内容也必将有效转换和进一步拓展，以增强公共服务针对性，适应特定群体的服务需求，服务于城镇化建设。

四 河南省加强公共就业服务体系建设的措施和建议

根据河南省实际情况，加强公共就业服务体系建设应本着以满足基本服务需求为中心，以扩大公共服务覆盖面、推进基本公共服务均等化为目标，统筹各类资源，统一领导机构、统一制度安排，加强管理服务，共享服务信息，初步建立全省统一的公共就业服务体系，实现公共就业指导、就业培训、创业服务等全省共享信息平台，努力实现基本公共服务覆盖城乡、全民共享。

（一）加大财政资金投入力度，加强基层公共就业服务体系建设

在全省优化公共支出结构，加大财政资金投入力度，促使基层就业服务和社会保障设施向偏远地区和农村转移劳动力密集地区倾斜。加强基层特别是县、乡公共就业服务平台建设，改善办公场所和服务设施，提高信息化服务水平；加强基层服务人员培训，培养良好的业务素养，掌握必备的专业技能，与时俱进，根据实际情况适时改变服务策略和服务方法，以适应不同服务对象、不同服务需求的服务内容变化。

（二）加快推进统一、规范、灵活的人力资源市场体系建设

在全省推进人力资源市场与人才市场的统一和改革，健全人力资源市场运行机制和监管体系。消除人力资源市场城乡分割、身份分割、地区分割。整合公共职业介绍和人才交流中心服务机构，完善覆盖城乡的公共就业和人才服务体系。全面推行公共就业服务的制度化、专业化、标准化、信息化，提高公共就业服务能力。加强公共就业和人才服务信息网络建设，建立以中原人才网、河南省人力资源市场网、高校毕业生就业信息网为主的网络联盟，实现就业信息网络互联互通。同时，将求职应聘、就业失业管理、职业培训管理、小额担保贷款管理等相关业务和创业项目服务纳入人力资源市场信息系统，实现信息

化管理。建立农村剩余劳动力资源信息数据库，实现省、市、县、乡、村五级联网，实现农村劳动力基础信息电子化、数据更新常态化管理。

（三）完善职业培训和创业服务体系

在全省有效整合培训资源，创新改革职业培训管理服务体制。建立以技工院校为骨干，职业教育、各类社会培训机构和企业共同参与的社会化、产业化职业培训网络。重点加强薄弱环节实训基地建设。建立职业培训项目管理制度，严格职业培训资格准入制度。统筹推进就业技能培训、岗位技能提升培训和创业培训等各种培训，建立劳动力终身教育职业培训体系。建立技能培训——技能鉴定——职业介绍——全程维权——创业服务"五位一体"的劳务输出绿色通道。加快完善创业培训体系。大力开展微型企业创业培训，进一步扩大创业培训规模。完善创业融资体系，拓宽融资渠道。研究探索小额担保贷款的范围和形式，不断扩大小额担保贷款规模，提高小额担保贷款质量和回收率。

（四）明确各级公共服务机构的工作职责和管理权限，健全公共就业服务评价体系

根据河南省转移劳动力数量大、流动性强的特点，应将市、县、乡镇作为就业服务的重点，在全省统一的信息化公共服务平台支撑下，明确省、市、县、乡镇各类服务机构提供就业服务的服务标准、服务项目、工作职责划分和管理权限，并形成制度，纳入管理规范和监督。根据确定的岗位职责，健全公共服务评价体系，包括社会不同群体参与的服务质量评价体系、服务机构成本投入与服务效果评估体系、基层公共机构激励机制和公共监督机制，提高公共服务的质量和工作效率，建立广泛的社会认同感和良好的信誉，以真正达到公共服务促进更高质量就业、保护弱势群体就业的社会服务功能，同时，倒逼各层次服务机构改变管理技术，提高投入产出比。

（五）探索公共就业服务体系运营的新模式和新方法

公共就业服务涉及面宽，服务人群广，根据目前河南省的经济发展状况，

在短期内实现公共就业服务延伸到全省每一个乡镇难度很大。为应对公共服务面临的压力和提高服务效率和质量，公共就业服务体系的运行模式可以在全省尝试市场化运营、政府购买服务的形式，把部分适合市场化经营的项目引入竞争、外包给市场机构，政府对运营机构保留充分选择权、考核鉴定权，以缓解公共就业服务在新形势下的迫切需求。同时，在公共就业服务信息化的基础上，借鉴银行的自动服务模式，在全省各地尝试建立公共服务自主服务站点，以便于转移就业人员在较短时间内快速查询各类信息。

参考文献

黄乾：《农村劳动力转移就业问题性质的根本转变与社会政策选择》，《人口研究》2007 年第 4 期。

刘乾瑜、徐一鸣、欧本谷、黄晓玲：《中国当前农村剩余劳动力转移培训的现状、问题及对策分析》，《西南师范大学学报（人文社会科学版）》2002 年第 3 期。

赵曼：《中国就业态势与反失业公共政策效应分析》，《西北大学学报（哲学社会科学版）》2008 年第 5 期。

周庆华、熊伟、张莉、杨艳：《论我国省市公共就业与创业服务体系的建设、创新和发展》，《陕西教育学院学报》2012 年第 2 期。

河南建筑劳务转型升级与
发展趋势研究

孟　白[*]

摘　要：

河南是建筑劳务大省，在推动农村劳动力转移、扩大就业、增加农民收入、促进农村社会稳定和经济社会发展中，建筑劳务发挥了极为重要的作用。建筑劳务发展主要靠政府推动，靠建筑劳务企业自我发展，它是一个不需要土地、不需要钱、不污染，地税、所得税收益多、能够迅速带领农民致富的行业。河南省面对建筑强省的市场竞争力不断增强造成的严峻形势，面临城镇化加快发展的机遇和劳动者就业难、收入低的倒逼形势，应当通过省政府主推，加快建筑劳务转型升级。本课题研究目的是：提高全省各级决策部门对建筑劳务重要性的认识，大力借鉴江苏、浙江等建筑强省的经验，制定河南建筑劳务业长远发展的优惠政策和激励措施，依靠政府主推和企业自身发展，促进全省经济社会发展和农村社会稳定。通过对河南建筑劳务转型升级与发展趋势研究分析，促使全省建筑劳务行业做大做强，努力走在全国前列。

关键词：

建筑劳务　管理创新　转型升级

胡锦涛同志在十八大报告中提出："大力推进生态文明建设，努力建设美

---

* 孟白，河南省社会科学院社会发展研究所副研究员

丽中国。"①《国务院关于支持河南省加快建设中原经济区的指导意见》的实施，给河南省建筑劳务带来了重大发展机遇。2012 年年底，河南省建筑业从业人数已达 650 万人，其中约 580 万人来自农村，占农村富余劳动力总数（2800 万人）的 20.7%。建筑业从业人数居全国之首，占农村富余劳动力的比例在全国居于前列。在这 650 多万人的建筑大军中，有 2/3 在省内施工，1/3 输出到省外。目前，除台湾以外的所有省、直辖市、自治区都有河南的建筑队伍，仅北京、天津和山西三省市，就有 60 多万河南人组成的建筑队伍。在天津，开车不足 10 分钟就会看到河南队伍承建的工程。在山西的全部建筑队伍中，河南队伍占 40% 以上，承担的房屋和市政工程量占了该省的 60% 以上。还有 1 万多人走出国门，输出到亚洲、非洲、欧洲、俄罗斯、中东等一些国家和地区。河南省已经成为全国重要的建筑劳务大省。②

一 河南省建筑劳务发展和管理现状

经过省、市、县政府和建筑业主管部门 20 多年的悉心指导和培育，河南省形成了林州、安阳、滑县、长垣、项城、沈丘、平舆、商城等 23 个建筑劳务输出基地。这 23 个建筑劳务基地，总人口 1990 万人，2012 年从事建筑业的人数达 290 万，占全省建筑业从业人数的 46%。2012 年出县（市、区）施工的人数达 225 万，向省外输出人数达 149 万，占全省向省外输出人数的 70%。这些基地组建有各级各类建筑施工企业 792 家，其中，有总承包企业 268 家、专业承包企业 196 家、劳务企业 328 家。这些企业的 200 多万施工人员大都纳入了总承包、专业承包和劳务分包企业序列，实现了有组织、成建制、基地化输出。河南省一个农民外出搞建筑，一年可以挣回 3 万~5 万元。2012 年，全省出省施工人数为 210 万人，从省外拿回劳务收入 800 多亿元。其中，有组织、成建制、以企业形式向省外输出的人数达 140

---

① 胡锦涛：《坚定不移沿着中国特色社会主义道路前进，为全面建成小康社会而奋斗》，《人民日报》2012 年 11 月 8 日。
② 陈华平：《在全省建筑劳务基地建设经验交流大会上的讲话：切实抓好劳务基地建设，确保建筑劳务输出持续发展》（内部资料），2011 年 10 月 25 日。

万，创劳务收入达 560 多亿元。① 目前，河南省的建筑劳务输出，已呈现出良好的发展势头。

（一）河南省已经打造出一批知名的劳务品牌

目前，河南省 23 个建筑劳务基地县（市、区），大都创出了名气，形成了自身的特色和品牌，在国内建筑市场上有了广泛的知名度。如被称为"建筑之乡"的林州、滑县、获嘉、沈丘等县市的房建；睢县、虞城、濮阳等县的市政、道路、桥梁；"防腐之都"长垣的防腐保温；"防水之乡"项城、平舆的防水。项城和平舆的防水，占领了全国 3/5 以上的防水市场。长垣的防腐保温不但在国内市场上占领了制高点，长期称雄，而且打入了世界上很多国家和地区，被尊为"世界防腐蚀之都"。

参建了国内众多具有当代最高水平的标志性工程。北京西客站、中华世纪坛、首都机场 2 号与 3 号航站楼、国家大剧院、奥运会主会场——"鸟巢"与"水立方"、中华世纪坛、八一军委大楼、中央电视台新台址等，② 一大批中国当今最具代表性的经典建筑，河南省建筑队伍承担的都是主体工程。在天津市广播电视塔的建设中河南省建筑队伍也承担了主力军。中国大剧院、"水立方"、上海世博会中国馆的防水工程；鸟巢、三峡大坝永久闸门、西昌卫星发射塔、上海至宁波跨海大桥的防腐工程等，无一不是河南建筑队伍的杰作。

（二）建筑劳务输出对河南经济社会发展做出的突出贡献

经过 20 多年的奋斗，河南省培育出一大批年产值几十亿元的特级、一级总承包优秀企业和企业家。

建筑业为河南经济社会发展积累了大量资金，推动了新型城镇化建设，促进了农村社会稳定。河南省每年出省施工人数均在 200 万以上，每年带回省内的劳务收入均在 600 亿元以上。在河南的许多县城，好的宾馆、饭店、医院、学校、新建

---

① 资料来源：河南省建筑劳务管理办公室 2012 年 6 月统计数字。
② 武贵生：《河南省人民政府驻北京建筑管理处工作报告》，《发展中的河南进京建筑企业》，2011 年 12 月。

的住宅小区和旅游设施等，都是外出搞建筑的企业经理投资兴建；在乡镇，一排排规划整齐的住宅楼房、学校、敬老院等，平坦宽阔的马路，自来水、路灯、给排水管网、绿化等，也都是本乡外出建筑业老板所兴建；在村庄，农民工带回了外地先进的理念和资金，家家盖起了别墅式住宅和欧式小洋楼，有的纷纷投资种植、养殖，搞集约经营和农业产业化，带动了一大批农业科技人员发展现代高效农业，促进了乡村经济快速发展；还有一批企业家成立了小额贷款公司，扶持"三农"发展。在回报家乡方面：全省有900多位建筑企业经理捐款几十亿元，免费兴建农村社区、医院、敬老院，为村里打井、修路、拓宽街道，长期扶持孤寡老人、五保户、贫困学生等弱势群体，使全省一大批贫困村与贫困群众脱贫致富。因此，有一大批建筑劳务带头人被选举为村党支部书记，他们利用先进的技术经验和信息带领群众共同致富，有力地加强了基层政权建设，促进了农村社会整体稳定。

建筑业对河南经济社会发展做出了显著贡献，共创造全省建筑业增加值12077.59257亿元，年均增长16.7%，年平均增加值占全省GDP的比重达5.4%，最高时达到6.3%。产业贡献率年平均达5.6%。2012年建筑业增加值总量在全省各行业中位居第4位。建筑业已发展成为河南国民经济的重要支柱产业。

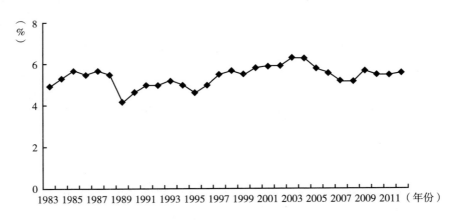

图1 建筑业占全省GDP的比重

（三）全省初步形成了建筑劳务管理服务体系

"河南省建筑劳务管理办公室"是1995年经省编委批准成立的自收自支

事业单位，省劳务办还在河南建筑劳务比较集中的输入地北京、天津、山西、新疆、内蒙古等省市区陆续设立了 17 个驻外服务管理机构。建筑劳务输出数量较大的安阳、新乡、濮阳和信阳市，也相继在住建局设立了劳务办或劳务科。随着建筑劳务输出基地的建立和扩大，一些基地县（市、区）也逐步建立了建筑劳务输出管理机构，专门负责建筑劳务的组织、输出和管理。多数基地不但在县一级设有建筑劳务管理机构，而且在乡镇和村里也都建立了建筑劳务输出管理组织，乡镇设有管理站，村里设管理组或管理员。这套从 20 世纪 90 年代中期开始建立的组织管理机构和网络，目前在全省已基本形成，并在积极有效地发挥着职能和作用。

（四）发展建筑劳务有着广阔的市场前景

一是中国经济从出口导向型转变为内需拉动型，将产生更多基础设施和社会公共服务基本建设项目。二是中国已经形成众多区域经济发展战略规划，例如，在原有的西部大开发、振兴东北老工业基地和中部崛起的基础上，又批准了海西经济区、蓝色海洋经济区、成渝以及中原经济区建设和郑州航空港建设等，特别是党的十八大提出：建设生态文明美丽中国，各地都将形成大建设、大投资局面。三是大多数城市进行区划调整，建设新区，必将引起全国各地城市规模扩大。四是国家大规模投资保障性住房建设，"十二五"期间，全国要开工建设 3600 万套保障性住房。五是城镇化进程进一步加快，全国城镇化每增加 1 个百分点，将意味着有 1000 多万农民进城，[1] 农村住房和生活环境改善，也将带来重大投资机遇，市场前景广阔，大量的建设需求将为河南省建筑劳务业发展带来无限商机。

（五）与先进地区相比河南省建筑劳务还存在较大差距

20 世纪 80 年代，河南省的建筑业和建筑劳务输出在国内同江苏并驾齐驱，堪称"双雄"，有些方面甚至领先江苏。但 20 年后，河南已远远落后于江苏和浙江等省。江苏、浙江等省承揽的大多是国内和国际技术含量高、建设

---

① 住建部政策研究中心：《中国建筑业改革与发展研究报告》，中国建筑出版社，2011。

资金上百亿元的总承包工程，而河南省承接的大多是上述两省的分包工程。2012 年，江苏省建筑业产值高达 19000 亿元，是河南的 3 倍；其建筑企业已经发展到了 16000 家、470 万人，有特级建筑企业 32 家，在省外完成施工产值 5700 亿元，从省外拿回利润 154 亿元；浙江省建筑企业虽然有 8000 多家、621 万人，但有特级建筑企业 40 家，是河南的 4 倍，完成建筑业产值高达 17600 多亿元，是河南的 3 倍，从省外拿回利润 191 亿元。而河南省建筑业产值只有 6009.08 亿元，建筑企业有 10040 家、675.97 万人，特级建筑企业只有 11 家，建筑劳务在省外产值只有 1500 亿元、从省外拿回利润仅有 40.5 亿元。① 虽然河南省从事建筑劳务人数远远超过江苏、浙江，但全省建筑业的经济效益只及江苏、浙江的 1/3。

二　清醒认识河南省建筑劳务发展中存在的问题和制约因素

近年来，河南建筑劳务虽然有了长足的发展，取得了可喜的成绩，做出了重大贡献，但是还存在一些突出的问题，严重影响和制约着河南建筑劳务的发展，河南建筑劳务行业整体大而不强、管理粗放、竞争无序、效益低下，面临着市场空间被挤压、行业萎缩的危险。因此，河南有关部门应该清醒认识全省建筑劳务发展中存在的问题和制约因素。

（一）思想认识和管理跟不上，全省建筑劳务输出组织化程度低

多年来，河南省对建筑业的重视只是局限在某个时期和少数市县，并没有将建筑业列为全省国民经济发展的支柱产业，只在 2006 年以省政府的名义召开过一次建筑业发展大会，没有制定促进河南建筑劳务业发展的优惠政策和税收政策以及发展战略规划；2013 年，全省建筑劳务企业总数已经发展到 2900 多家。建筑总承包、专业承包企业 6000 家，总承包企业和劳动企业的比例应该是 1:10，河南省建筑业从业人员 675.97 万，按照 300 人办一家劳务企业，

---

① 资料来源：河南省建筑劳务管理办公室 2012 年 6 月统计数字。

也应该有 2 万家以上。现在，全省劳务企业不足 3000 家，豫南的部分劳务基地县和豫北相比，不但龙头企业差距较大，而且劳务企业组织也不够健全。有的县向外输出建筑劳务人员 10 多万人，劳务企业才只有几家，说明还有大量的建筑劳务作业人员没有组织到劳务企业中来，仍处于自发或自流状态。如豫南的信阳、驻马店一些县输出到江苏、浙江和新疆的 40 多万建筑劳务人员，仍然以"亲戚拉亲戚、朋友找朋友"的形式，进入了当地建筑市场，全省建筑劳务输出组织化程度仍然很低。

（二）外出建筑企业税收过重，所得税税收和企业队伍流失严重

建筑业原本就是微利行业，建筑施工企业的实际利润率只有 2.7% 左右，加之企业投标让利 8% ~ 10%，施工中的垫资 50% 和 BT 模式 100% 垫资时间长，还要交付名目繁多的保证金。如投标保证金 10%，履约保证金 10%，农民工保证金 2%，质保金 5%，等等，企业负担太重。如果再按 2.5% 征收外出施工企业的所得税，企业几乎没有利润空间，很难发展。江苏、浙江等省为给建筑企业发展创造宽松环境，大都采取了返还所得税的办法来减轻企业的税收负担。有的直接收取 0.8% ~ 1%，有的按照 2% 预收后返还 1% ~ 1.2%，有的还规定外出施工企业所得税只缴 0.6%。由于河南省所得税过重，导致出省施工企业不愿回省缴纳，每年流失税源近 20 多亿元。同时，因外省市税收低，吸引了河南省一部分企业外流，造成队伍流失。仅河南省在天津施工的 120 家建筑施工企业中，就有 21 家优秀企业选择了在天津当地注册，企业和人员流失严重。

（三）"建造师证"和"职称证"束缚了建筑企业的手脚

建造师证和职称证是建筑企业资质晋升的最重要的基础条件和晋升依据。如江苏省政府与国家人事部直接协调，把 70% 以上的临时建造师都直接转成一级、二级正式建造师；浙江省住建厅与人事厅协商，采取考试和考核相结合的办法，将 1200 多名临时建造师转为正式二级建造师，为该省企业晋升特级和一级资质企业奠定了硬性基础条件。河南省对非公有制企业和专业技术人卡得过死，导致河南省至今仍有 20000 多名一级、二级临时建造师未能转为正式

建造师，导致全省特级、一级企业数量和市场竞争力明显下降。职称证也是建筑企业资质晋升的硬性条件。如江苏、浙江、湖北、四川等省，对建筑工程获得国家大奖和省级大奖的专业技术人员，免考外语，实行现场答辩的办法，评审中高级职称，使大部分实践经验丰富的工程技术人员顺利获得了职称证书。而河南省至今没有这方面的政策，建造师和职称"两证"取得难，全省有近万名实践经验丰富的技术和管理人员被江苏、浙江和山西企业高薪聘请，亦有几万名专业技术人员被逼到外省评职称，成了外省企业骨干。

（四）融资环境较差，缺乏有力的合作竞争平台

河南省至今没有出台建筑劳务企业融资平台，政府部门没有出面创造良好的融资环境和银企合作方式，来减轻企业资金压力。因此，在招投标竞争时，外省骨干企业有本省银行作后盾，能够为投标企业提供大量的资金和保函，使本省企业在竞争中不断取胜。由于河南省的融资环境差，缺少有力的合作竞争平台，全省骨干企业在投标过程中屡战屡败，不敌对手，造成河南省建筑劳务与兄弟省的差距越来越大。如江苏省建工局同省建行签订协议，扶持66家龙头骨干企业，一级企业授信额度3亿元，特级企业授信额度5亿元。淮安市建筑业自2007年以来，从当初的20家企业授信6.1亿元，到2011年的130家企业授信40.8亿元，[①]使企业贷款额连年大幅增加。而河南省至今没有出台银企合作平台，全省企业竞争明显处于劣势，举步艰难。

（五）龙头肯干企业太少，参与大项目、大工程能力不断减弱

河南省具有资质级别高的建筑劳务特级和一级企业太少，参与大项目、承包重点大工程的企业也少，竞争能力不断减弱。江苏有特级建筑企业32家、浙江有特级建筑企业40家，河南只有11家，而且竞争能力差。浙江年产值百亿元以上的企业有14家，年产值最高的400亿元以上。江苏年产值百亿元以上的企业有17家，年产值最高的268亿元。河南年产值超百亿元的本土企业没有，最高的新浦集团也只有43亿元。江浙的大型骨干企业由于在外承揽的

---

① 资料来源：江苏省住建厅建工局2011年12月统计数字。

工程任务多，对建筑劳务的带动作用明显，有一批企业每年都可带出 10 万人以上。而河南省的骨干企业，能带出 5 万人以上的很少。① 河南建筑劳务行业整体大而不强，在市场竞争中不敌强手，由于河南省一级建造师少，导致特级企业和一级龙头骨干企业缺少，加上没有宽松的外部环境和优惠政策，没有搭建银企合作平台，全省一些建筑劳务企业困难重重，参与大项目、大工程能力不断减弱，大量的总承包工程被江浙人拿走，河南省建筑劳务企业只能跟在江浙企业后面，干着他们的分包工程，面临着市场空间被挤压、行业萎缩的危险。

三　促进建筑劳务企业转型升级

随着中国经济进入全面转型升级新阶段，建筑劳务必须适应新的形势，从整体上提高素质和水平，提高市场竞争力，必须大力推进全省建筑劳务行业解放思想，创新管理，转变发展方式，用科学发展观指导建筑劳务发展和管理转型升级，提高河南省建筑劳务的市场竞争力。要积极调整优化产业结构，大力扶持高级资质建筑劳务企业做大做强、引导中小企业做精做专，大力扶持提升建筑劳务企业在公路、桥梁、水利、铁路、轨道等基础设施领域的施工能力，逐步形成以总承包为龙头、专业企业为依托、比例协调、分工合作、优势互补的产业格局。同时，要紧紧依靠企业主体作用和科技创新，提高建筑劳务企业整体素质，促进建筑劳务企业转型升级，快速发展，提高竞争力。

（一）在管理理念方面转型升级，引领企业发展

在管理理念方面转型升级，要树立"三先"标准，引领企业发展。一是树立管理领先。实行施工标准化管理，招投标、签订合同、成本核算、安全生产等信息化管理，企业内部管理信息化管理与信息化平台建设等。二是树立技术领先。攻克超高层建筑，以装备式住宅、工厂化施工、BIM 智能化管理的科技研发，开展企业技术标准应用与推广。三是树立服务领先。实行与业主施工售后服务合作平台，主动向业主提供服务内容，虚心接受业主提出的服务要

---

① 资料来源：河南省住房和城乡建设厅 2012 年 6 月统计数字。

求，通过服务实现与业主方的长期合作和企业的"可持续"发展，实现企业的管理转型、技术转型、业务转型升级。

（二）在开拓市场方面转型升级，由过去追求项目品质，向聚焦"三高"客户转变

建筑劳务骨干企业应改变过去开拓市场瞄准"大客户、大业主、大项目"追求项目品质"三大"的经营方式，向聚焦"三高"客户转变。一是由过去开拓市场跟踪"大客户"，向跟踪"高端客户"转变。如由过去瞄准"大客户"，转向聚焦大企业集团、央企企业、特大企业、海外大企业集团等。二是由过去开拓市场瞄准"大业主"，向聚焦"高端市场"转变。如由过去瞄准"大业主"，转向聚焦省会城市和直辖市、核心城市市场和海外重点城市市场等。三是由过去瞄准"大项目"，向聚焦"高端项目"转变。如由过去瞄准"大项目"，转向聚焦"高端建筑项目"、地方标志性建筑项目、高端文化建筑项目等。

（三）在转型升级适度多元发展方面，注重开拓新领域

建筑劳务企业在转型升级中，要积极调整优化经营结构，支持鼓励建筑劳务施工企业向上下游产业拓展业务，支持大型施工企业发展成为集设计、咨询、施工管理于一体的综合性企业集团，努力形成"一业为主、适度多元"的产业发展格局，逐步实现由建筑劳务商向建筑劳务服务商的转变。要积极调整施工实施方式，总结推广长垣、项城、平舆等地发展防水、防腐建筑劳务经验，充分发挥以特色建筑劳务为龙头的工程总承包的作用，积极开展政府投资项目建设的工程总承包实践，探索推动施工总承包向工程总承包转变。同时，注重向产业化、链条化方向发展，向建材工业、基础设施、建筑工厂化、钢结构，公共建筑方面发展，积极开拓石油化工、航空海洋、高铁地铁、大中城市地下排水系统、建筑垃圾综合利用等新领域。另外，开展 BT 模式试验，资本运作。实行 BT、BOT、BPC 资本运作模式，采取投融资模式运作，带动施工总承包。通过建造投资业务"输血"，促进建筑劳务企业发展，再通过投资业务"造血"，积累企业发展资金。

（四）在科技领域转型升级，提高企业竞争力

建筑企业在转型升级中，要建立企业科技研发中心，依靠科技创新，开展建筑工厂化创新研究，建筑抗震、抗风力实验，钻膜技术应用等，提高企业竞争力。如在企业内部建立建筑信息模型实验，通过三维模型碰撞可及早发现施工中出现的工程隐患和问题，从建筑设计到整个施工过程，可早发现问题，BIM 技术应用，解决了建筑施工中前期不知道有安全隐患问题，通过数字化的交割，可以从进货时知道施工出现的问题，也可知道隐蔽工程中管网、线路出现的问题，哪路阀门怎样关等，为后面的物业服务和管理提供支撑。BIM 技术是从建筑设计、施工、物管三位一体的科技创新管理技术，它可以降低生产成本，减少事故，提高安全生产率，避免重复劳动、重复施工，节约木材和资源，实现绿色施工。依靠科技创新，亦可引导建筑劳务企业加快推进建筑工业化和住宅产业化进程，以重点工程、大型工程项目为载体，向建筑材料和装配制造领域进行产业延伸，积极研发和推广使用低碳建筑的新工艺、新技术、新材料、新设备，将保护环境和节能节水、节地节材等节约资源贯穿于工程建设全过程，提升河南建筑劳务的整体竞争力。

四　河南省建筑劳务发展趋势分析与预测

首先，河南省政府应将建筑业强省作为全省发展的主导战略，每 5 年制定一次建筑业战略规划，解决存在的问题，总结经验，每 5 年召开一次省委、省政府、省人大、省政协参加的河南省建筑业发展大会，对省内外建筑劳务企业进行统一协调服务和宏观管理，各市县出台相应文件。形成完善的省政府、省住建厅劳务办、建筑劳务基地县三级自上而下"金字塔"式的服务协调机制。其次，要创新体制机制，成立高规格的省政府领导小组，由省政府领导任组长，住建、发改、财政、人社、工商、国土、税务、统计、金融等有关部门负责人为成员，制定建筑劳务业发展战略，制定在外地施工企业的所得税在河南缴纳的奖励措施，提高建筑企业在省内纳税的积极性。对建筑业发展较好和建筑劳务输出贡献较大的市县、企业和建筑劳务带头人，各级政府都要大力表

彰。对于企业获得鲁班奖的予以重奖，对于申报特级企业和新培育成的劳务基地予以奖励等。同时，建立银企合作机制，扩大建筑业企业授信额度，努力拓宽企业直接融资渠道，支持有条件的建筑企业增资扩股和上市融资。引进高管人才，培养技术骨干，推动河南企业做大做强。

（一）完善管理体制，创新服务职能

充分发挥省住建厅的职能作用和发展建筑劳务的领导核心作用，坚持总揽建筑劳务业发展全局，集中精力转变发展方式。同时，在转变省劳务办服务职能，创新劳务办管理体制，取消劳务办自收自支编制，取消或降低收费项目，将劳务办改革成为事业全供单位，编制60人，其中劳务办编制20人，17个驻外机构编制2～3人。将劳务办改革为事业全供编制，以系统管理和服务于省内外建筑劳务建设，为建筑劳务提供全方位服务，并承担有关建筑业政策贯彻落实和具体的培训、技术指导，以及为建筑劳务业转变发展方式，提高发展质量提供服务工作，劳务办可将人力、财力集中起来，实行政务公开，以搞好建筑劳务社会化大服务，促进建筑劳务业大发展。

（二）抓紧解决企业资质提升、从业人员职称晋级等突出问题

河南省政府有关部门应牵头，协调国家和省建设、人事部门，解决河南省20000多名临时建造师转正，或者延长临时建造师证的有效使用问题，将临时建造师证作为河南省建筑劳务企业资质升级或招投标的条件依据，把临时建造师证视为正式建造师证使用，不得对其歧视、拒绝使用等不公正的对待。可以借鉴江浙川经验，与国家和省有关部门协商，将长期在施工一线、经验丰富、具有临时一、二级建造师证、年龄偏大的专业技术人员和项目经理，通过采取考试和考核相结合的办法，将其转为正式一级、二级建造师和评审为中高级工程师，同时，为河南省建筑施工企业资质晋升创造条件。在建筑企业职称评审方面，省住建厅要和省人力资源和社会保障厅密切配合，结合全省建筑劳务发展的实际，制定建筑劳务企业职称评审办法，在职称评审方面，必须解放思想，结合河南的实际，研究有多少来自农村，常年在建筑工地上摸爬滚打的技术人员，他们虽然没有上过正式大学，不懂外语，但他们把几十层高楼建起来

了，把鸟巢和国家大剧院都建起来了，应该给他们评上技术职称，不应当用外语来卡他们，而卡了他们也就卡住了整个河南的建筑劳务业发展。

（三）制定合理税收政策，优化外部发展环境

河南省税务机关应结合全省外出建筑劳务企业的实际，参考兄弟省市有关所得税政策，制定出全省合理的所得税征收标准，对外出施工企业的部分所得税可以减半征收或按工程量大小梯次减免征收，出省施工企业的所得税可以统一按 0.8% ~ 1% 征收。对本地企业征收所得税的标准为：产值在 1000 万元以下的按 1%，产值在 1000 万 ~ 5000 万元的按 0.8%，产值在 5000 万 ~ 1 亿元的按 0.6%，产值在 1 亿元以上的按 0.4%。虽然河南省降低了所得税率，却涵养了税源，能够吸引河南省大批的外出企业回到本省缴纳所得税，避免因河南省所得税过高，全省大量的外出施工企业在省外市县缴纳所得税的局面，而且每年可为河南省挽回税源流失 20 多亿元。① 同时，为了给出省建筑企业减少麻烦、减轻负担，避免税源流失，建筑业行业管理部门应向税务机关提供建筑业企业经营活动的相关信息，形成税收征管的联动机制。省、市、县税务部门可以委托省住建厅驻外管理机构代征收河南进入当地施工企业的所得税，以优化外部发展环境。

（四）制定更加优惠政策，培育建筑劳务龙头骨干企业

人们必须充分认识龙头企业在建筑劳务输出中的影响和带动作用，要以河南省政府的名义表彰、奖励，命名"建筑之乡""防腐之乡""防水之乡"，并通过媒体进行广泛宣传，提高知名度。对发展较快、为当地做出重大贡献的龙头骨干企业，应给予重奖；对于做出重大贡献的个人，政治上给荣誉、物质上给待遇，社会上给地位；同时，要在近三年内，选择农村劳动力充裕、经济发展相对落后、有一定建筑业基础的县，培育和发展 3 ~ 5 个新的建筑劳务基地，备足建筑劳务后备资源，保证建筑劳务发展需要。目前，河南省还没有一级企业的劳务基地县，要争取在近两三年内培育和组建出 1 ~ 2 家一级企业，

---

① 资料来源：河南省住房和城乡建设厅 2012 年 6 月统计数字。

已经有一级和特级建筑企业的劳务基地县，要向更高的目标迈进。要打造建筑企业航母，形成规模效应，培育出一批年产值几十亿、上百亿元的龙头骨干企业。同时，开辟在外建筑劳务企业融资绿色通道，如成立豫商银行，在全国各地设营业部，对豫企业提供资金支持等。在工程施工中大力推广工程担保、合同担保和利用保函替代保证金的做法，可以有效缓解建筑施工企业的现金压力。

（五）发挥行业协会作用，搭建建筑劳务合作融资平台

发挥建筑劳务协会的桥梁纽带作用，依法进行工作转移。推动行业协会职能建设，转变政府服务职能，把一批政府直接管控的技术性、服务性职能依法逐步向行业协会转移，以委托、授权方式转移给建筑劳务协会承担。政府相关职能部门加强业务指导，确保职能转移规范运作。通过股份合作、银企联盟与投资企业联姻等方式，不断增强建筑企业开拓国际市场的竞争实力。积极建立有效的融资平台。政府和建设、工商、税务等部门都要共同努力，通过评价企业实力、信用等级等办法，帮助建筑业企业和金融企业之间互通互信关系，搭建平台，确定授信额度，疏通融资渠道。

（六）从建筑劳务的实际出发，开展有效培训和资质管理

要从河南建筑劳务的实际出发，逐乡、逐村对本县适合从事建筑的劳动力进行调查登记，摸清后备资源的底数，一方面对要进入建筑行业的农民工，做到先培训，后输出，先持证，后上岗。对于已经上岗的劳务操作人员，还要继续做好岗位培训和岗位练兵，不断提高他们的操作技能。另一方面是管理层，即建造师和"十二大员"。要抓好这部分人员的再教育，积极安排企业的建造师按照规定时间和批次参加培训，为企业资质管理和资质升级奠定良好的基础。企业资质是建筑施工企业进入市场的通行证，资质承包范围关系企业发展的空间。因此，河南省要紧紧抓住建筑施工企业资质等级就位的有利时机，每年年初对实力较强的一级、二级企业对照建设部颁发的资质标准和条件，对申报资料、申报要领、申报程序进行业务指导，帮助指导建筑施工企业积极申报特级、一级资质，并逐年提升一级、二级、三级施工企业资质等级，使企业资质上等级，经营上规模，管理上水平，以保证全省建筑劳务的快速突破发展。

（七）不断借鉴外地经验，努力提升全省建筑劳务管理整体水平

当前，河南的建筑企业和建筑劳务发展面临着严峻挑战，前有江苏、浙江和山东等"建筑三强"压顶，后有河北、安徽、四川等发展强劲的"后起之秀"追赶，形势严峻。

河南要不断借鉴外地经验，将河南"建筑之乡"的林州、滑县、获嘉、沈丘等县市的房建；睢县、虞城、濮阳等县的市政、道路、桥梁；"防腐之都"的长垣的防腐保温；"防水之乡"的项城、平舆等，培育成河南建筑业产业集群，推进建筑业块状经济向现代化产业集群提升，向建筑服务业转变，积极引导企业转变发展方式，开展 EPC、BT、BOT 等工程建设模式的实践，在新型农村社区建设、新型城镇化建设、保障性住房建设中进行大胆实践，并延伸至铁路、港口、航天、高集成的企业信息化领域，提升建筑企业综合建造服务能力，开拓境外承包工程市场，培育国际工程管理人才；提升建筑业科技创新能力和产业竞争力，培养高层次和技能型人才，完善建筑市场信用体系，加强市场和现场监管等，全面提升全省建筑劳务管理的整体水平。

参考文献

胡锦涛：《坚定不移沿着中国特色社会主义道路前进，为全面建成小康社会而奋斗》，《人民日报》2012 年 11 月 8 日。

陈华平：《在全省建筑劳务基地建设经验交流大会上的讲话：切实抓好劳务基地建设，确保建筑劳务输出持续发展》（内部资料），2011 年 10 月 25 日。

河南省建筑劳务管理办公室：《河南省建筑劳务 2012 年 6 月统计数字》，2012 年 7 月 2 日。

武贵生：《河南省人民政府驻北京建筑管理处工作报告：发展中的河南进京建筑企业》（内部资料），2011 年 12 月。

住建部政策研究中心：《中国建筑业改革与发展研究报告》，中国建筑出版社，2011。

江苏省住建厅建工局：《江苏省建筑业 2012 年 12 月统计数字》，2013 年 1 月。

河南省住房和城乡建设厅：《河南省建筑业 2012 年 6 月统计数字》，2012 年 7 月。

B.13
河南省居民收入分配情况及对策研究

河南省发展和改革委员会课题组*

摘　要：

深化收入分配制度改革，优化收入分配结构，是加快转变经济发展方式的迫切需要，是防止收入分配差距过大、规范收入分配秩序、维护社会公平正义与和谐稳定的根本举措，也是发展成果更多更公平惠及全体人民、逐步实现共同富裕的必然要求。改革开放以来，河南省收入分配制度改革与全国同步推进，在促进社会发展的同时，河南城乡居民收入稳步增长，生活质量显著提高。但收入分配领域存在的突出问题也亟待解决。

关键词：

居民收入　分配制度　对策建议

一　河南省收入分配基本情况

改革开放以来，河南省按照党中央、国务院有关部署，根据现代化建设和全省的客观实际，对建立健全同社会主义市场经济发展相适应的收入分配制度进行了积极探索，按劳分配为主体、多种分配方式并存的分配制度基本确立，初次分配的市场调节机制基本形成，再分配的政府调节机制基本建立，收入分配体制机制发生了根本变化，有力地促进了经济社会较快发展和人民生活水平不断提高。

---

* 课题组成员：王红、陈静、陈波、王运祥、白小营。

（一）从宏观层面看，国民收入分配格局中居民收入呈上升趋势

1. 在国民收入初次分配中劳动者报酬比重开始上升

根据收入法生产总值构成数据，2012 年河南省 GDP 达到 29599.31 亿元，国民收入初次分配中，政府、企业、居民劳动报酬所得占 GDP 份额分别为 15.65%、34.23%、50.12%（见图 1）。其中，居民劳动者报酬在初次分配中所占比重，自 2008 年起一改持续下降态势转而上升，由 2007 年的 41.08% 上升至 2012 年的 50.12%，增长 9.04 个百分点；政府所得占比有小幅增长，企业所得占比则较 2007 年下降 11.19 个百分点。

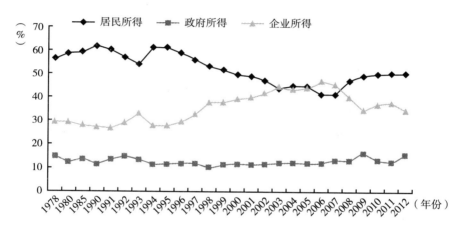

图 1　1978～2012 年河南省政府、企业、居民在初次分配中所占比例

资料来源：据 2005～2012 年《河南统计年鉴》绘制。

2. 再分配体制逐步健全，社会保障和社会救助对困难群体的帮扶作用增强

再分配体制根据经济社会发展情况逐渐健全，覆盖多数弱势群体和社会边缘群体。根据经济发展情况，适时提高个人所得税起征点，加强税种对居民内部收入差距的调节。河南社会保障在逐步完善过程中惠及更多困难群体，先后解决了关闭破产国有企业退休人员参加医疗保险、老工伤待遇、集体企业退休人员参加养老保险等一批历史遗留问题，将更多困难群体纳入社会保障范围，覆盖面进一步扩大。其中全省城乡居民养老保险实现制度全覆盖。社会救助体

系进一步健全，以城乡居民最低生活保障制度、城乡医疗救助、农村五保供养和临时救助为主的救助体系基本涵盖了城乡低收入、生活困难群体及流浪、乞讨人员等社会边缘群体，保障困难群体的基本权利，提高其基本生活水平。此外，优抚安置、社会福利、社会慈善等针对特殊群体基本权利和需求的鼓励政策更加完善，在调节居民收入差距的同时，维护社会公平正义，促进社会和谐。

再分配对居民收入的调节力度进一步加大。过去5年，全省城乡居民转移性收入年均增长分别为8.58%、16.13%，尤其是农村居民，转移性收入在人均现金收入中的比重持续上升，成为调节城乡差距的积极因素。社会保障水平进一步提高，对收入困难群体转移支付力度加大。河南连续8年增加企业退休人员养老金，2012年全省企业人均退休费达1660多元，比2007年增长近1倍；新医改中城乡居民政策范围内住院费用报销比例调高到75%左右；城乡居民大病最高支付限额都已提高到15万元；建立失业保险金标准与物价上涨挂钩联动机制，失业、工伤和生育保险待遇水平有较大幅度增长。社会救助标准逐步提高，如城乡低保对象人均月补助水平由2007年的78元、31元提高到180元、87元，分别增长了130%、180%。

（二）从微观层面来看，城乡居民收入稳定增长

1. 城乡居民工资收入增长较快

随着城镇化进程加快，河南城乡居民工资性收入增长较快，成为推动城乡居民收入快速增长的积极因素。2012年，全省城镇居民人均可支配收入20442.62元、农村居民人均现金收入7524.94元，分别是2007年末的1.78倍、1.95倍，年均分别增长12.22%、14.33%，扣除价格因素影响后实际增长8.66%、10.0%；其中工资性收入约占城镇居民人均可支配收入的67%，年均增长8.61%，成为拉动城镇居民收入增长的主要因素。农村居民收入中工资性收入约为40%，年均增长14.72%，对农村居民收入增长的贡献率持续上升。河南省企业职工工资水平呈现快速增长趋势，多数年份达到两位数增长，2012年全省在岗职工平均工资达到37958元，是2007年的1.81倍，年均增长12.64%。

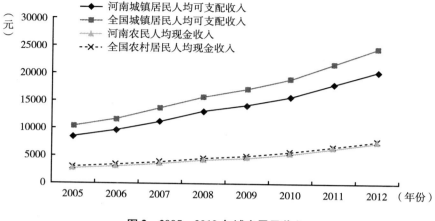

图 2　2005～2012 年城乡居民收入

表 1　2005～2012 年河南省城乡收入情况

年份	城镇收入（元）	农村收入（元）	城乡收入比值	城镇工资性收入（元）	农村工资性收入（元）	城乡工资性收入比值
2005	8668.00	2870.58	3.020	6095.49	853.95	7.138
2006	9810.26	3261.03	3.008	6861.49	1022.74	6.709
2007	11477.00	3851.60	2.980	8059.00	1267.70	6.357
2008	13231.11	4454.24	2.970	9043.52	1500.01	6.029
2009	14371.56	4806.95	2.990	9910.46	1621.75	6.111
2010	15930.26	5523.73	2.884	10804.88	1943.86	5.558
2011	18194.80	6604.03	2.755	12039.24	2524.00	4.770
2012	20442.62	7524.94	2.717	13666.49	2989.36	4.572

资料来源：根据 2006～2013 年《河南统计年鉴》绘制。

2. 城乡收入相对差别有所缩小

河南城乡居民收入大幅增加的同时，城乡收入相对差距也在缩小。特别是近几年，全省劳动力价格不断提高、农产品持续丰收及农民土地利用收益提高，农民收入保持较快增长，特别是 2010 年以来，河南农村居民收入增幅均保持两位数以上，与城镇居民收入差距在不断缩小。表 1 数据显示，2012 年年底，全省城乡居民收入差距为 2.72 倍，较 2007 年底收窄 0.26 个百分点；城乡一体化的快速发展使城乡居民工资性收入差距逐渐缩小，由 2007 年的 6.4∶1 下降到 4.6∶1。农村居民收入在追赶城镇居民的同时，与全国平均水平

差距缩小。如图2所示，2012年年底，河南省农村居民收入占全国平均水平的95.0%，较2007年的93.0%提高了2个百分点。

3. 行业、地区之间收入相对差距缩小

随着河南省强农惠农政策的落实和扶贫开发力度的加大，农村地区和偏远贫困地区基础设施和公共资源供给不断改善，贫困地区和第一产业收入增长快于全省平均水平，地区、行业之间收入相对差距有所缩小。2012年，河南省各省辖市中城镇居民收入最高与最低地区绝对值比值为1.469，较2007年下降0.06个百分点；农村居民收入最高市与最低市绝对值比值为2.021，下降0.09个百分点；全省平均工资最高行业金融业年收入达57364元，是收入最低行业农林牧渔（24226元）的2.37倍，比2007年收入最高行业和最低行业比值2.98缩小0.61。

二　河南省收入分配领域存在的主要问题

（一）收入分配格局转变落后于经济社会发展水平

1. 居民收入在国民收入初次分配中比重仍较低

初次分配是收入分配制度中的重要环节，初次分配很大程度上决定了收入分配的格局。2012年，根据收入法测算的劳动报酬在河南国民收入初次分配中的比重为50.12%，虽然近几年一直保持上升趋势，但全省人口多、从业人员数目庞大，人均劳动报酬仍然较低。根据国外收入分配格局随生产力提高向居民收入倾斜的演变规律和河南省转变经济发展方式的现实情况来看，劳动报酬在国民收入初次分配中占比仍有较为宽裕的上升空间。初次分配格局劳动报酬占比不高也是城乡居民收入增速落后于经济增速和财政收入增速原因之一。2007~2012年河南省GDP和财政收入年均增速分别为14.54%和16.49%，同期城镇居民人均可支配收入、农村居民人均纯收入年均增速仅分别为12.22%、14.33%。居民收入增长与经济发展不同步，直接影响全省居民消费能力的充分释放，抑制了消费市场的开发和拓展，也延缓了经济发展方式的转变。

2. 城乡居民收入人均水平低

近几年,河南省经济总量一直位居全国第5,但城乡居民人均收入始终低于全国平均水平。2012年,河南省城镇居民人均可支配收入20442.62元,居全国第20位,占全国平均水平的83.2%,并比2008年差距扩大0.6个百分点;与全国平均水平绝对值相差4122.4元,差距有逐年拉大倾向;农村居民人均现金收入7524.94元,在全国各省份中居第16位,是全国平均水平的95.1%,与全国平均水平还有392.1元的绝对差距;城镇在岗职工平均工资37958元,仅是全国平均水平的78.9%,在全国排名第30位,且位次逐渐后退。

从中部6省看,河南省经济总量居中部6省首位,而城乡居民人均收入在中部6省位次居中偏后,城镇在岗职工平均工资居6省末位(见表2、表3、表4)。

表2 2012年中部6省农村居民人均现金收入情况

名次	省份	农民人均现金收入(元)	在全国位次	2007~2012年年均增速(%)
1	湖北	7852	13	14.46
2	江西	7829	14	14.12
3	河南	7525	16	14.33
4	湖南	7440	17	13.77
5	安徽	7161	20	15.03
6	山西	6357	23	11.64

资料来源:据2006~2013年中国、河南统计年鉴整理绘制。

表3 2012年中部6省城镇居民人均可支配收入情况

名次	省份	城镇人均可支配收入(元)	在全国位次	2007~2012年年均增速(%)
1	湖南	21319	12	11.64
2	安徽	21024	15	12.88
3	湖北	20840	17	12.65
4	河南	20443	20	12.24
5	山西	20412	21	12.03
6	江西	19860	24	11.64

资料来源:据2006~2013年中国、河南统计年鉴整理绘制。

表4　2012年中部6省城镇在岗职工平均工资情况

名次	省份	城镇在岗职工(元)	在全国位次	2007~2012年年均增速(%)
1	安徽	46091	11	15.75
2	山西	44943	15	15.86
3	湖北	40884	21	15.58
4	湖南	40028	23	13.00
5	江西	39651	24	16.60
6	河南	37958	30	12.64

资料来源：据2006~2013年中国、河南统计年鉴整理绘制。

3. 城乡、行业、地区、居民内部收入差距较大

由于中国特殊的国情和历史背景，城乡、地区、不同所有制经济发展很不平衡，城乡、行业、地区、居民内部收入差距较大，河南省情况也基本如此。2012年，全省城镇居民收入与农村居民收入之比为2.72∶1，过去5年缩小了0.26个百分点，但绝对值仍有约12918元的差距；行业平均工资最高的金融业（57364元）是最低的农林牧渔业（24226元）的2.37倍，虽比2007年下降0.61个百分点，但绝对差距仍在1倍以上；全省城镇居民收入最高的郑州市（24246元）是最低的周口市（16503元）的1.47倍，全省农村居民收入最高的郑州市（12531元）是最低的周口市（6199.4元）的2.02倍，虽然过去5年有所下降，但绝对差距仍然较大；城镇不同收入群体转移支付后差距较转移支付前有增大趋势，2008~2012年，河南省高、低收入群体转移支付前总收入之比分别为6.78、6.73、6.56、6.37、5.93，转移支付后分别为6.89、7.03、6.74、6.54、6.11，均有小幅增大，不同收入群体承担税负等刚性支出的能力存在差异，再分配对低收入群体影响更大。

（二）收入分配秩序缺乏有效的监管和完善

1. 工资分配行为不规范

河南企业工资分配激励效应不强，职工收入增长与劳动强度、技术技能、岗位贡献等联系不紧，关键岗位与一般岗位收入增长的区分度较小；全省部分国有企业职工的工资收入构成不合理，货币化工资收入所占比重偏低，各种福

利待遇收入比重较大；部分企业存在同工不同酬问题，如同一岗位的正式工和临时工等。同时，各要素在分配中的份额与实际在生产中的贡献并不完全一致，对收入分配的影响力也不同，致使工资标准的确定随意性大，致使工资集体协商机制流于形式，职工在企业工资收入分配中没有发言权，难以真正发挥工资协商促进工资增长的作用。劳动者权益保障制度需进一步完善，拖欠和克扣劳动者工资现象时有发生。

2. 收入分配秩序监管力度不够

随着社会转型加快和发展模式转变，新问题增多，有效监督不力和监管不完善扰乱分配秩序，加大了河南收入分配领域改革难度。例如，垄断行业通过垄断价格获取超额利润，侵占其他部门收入；国有企业内部收入分配的激励与约束机制不完善，高管与普通职工收入差距持续拉大，管理机制对职务消费和工资外收入约束力不强；不同性质单位公职人员工资收入标准缺乏统筹协调，待遇差距过大等行为影响市场公平竞争，扰乱分配秩序。

（三）再分配调节力度有待继续加强

河南财政支出中用于民生方面的支出还偏低，不利于提高全省社会福利和居民生活质量。税收对再分配的调节作用有限，中小企业的税费负担还有待实质性减轻。社会保障制度的再分配公平性有待提高，企业退休人员与机关事业单位同类人员待遇水平仍存在较大差距。全省农村和农民工社会保障制度建设无论保障标准还是保障水平，都远滞后于城镇居民。

（四）农民稳定持续增收机制亟待进一步完善

虽然近几年河南省农村居民收入增速均超越城镇居民，实现两位数增长，但由于绝对值太低，农业和农村在资金、人才等各种要素资源投入及基础设施建设上与城镇仍有较大差距，农业基础薄弱、产业化程度不高、劳动生产率低的现状仍未根本改变。第一产业收入增长空间有限；农业劳动力整体就业技能较弱，实现转移就业和稳定就业难度较大；城镇化进程中影响城乡要素自由流动的体制机制性障碍尚未根本消除；农民创业面临的土地流转难、金融支持少等要素制约仍较突出，因此，在河南亟须完善农民稳定增收的长效机制，以缩小与城镇居民之间的差距。

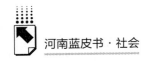

（五）低收入群体人数多

截至 2011 年年底，河南省有 1000 多万贫困人口年收入低于 2300 元（2010 年物价）的国定新贫困标准，占全省总人口 1/10 强；其中纳入城乡最低生活保障的人数约 500 万；全省有贫困村 1 万个左右，占全省行政村 1/5 强。同时，河南省仍有 43.1% 的从业人员从事第一产业，低收入群体人数多，就业竞争力较弱，劳动报酬增长缓慢，是制约全省城乡居民收入快速增长的关键所在。

三　河南省收入分配领域差距原因分析

（一）城乡二元体制是城乡收入差距产生的制度性因素

1. 城乡公共资源和公共服务差距较大是形成城乡居民收入差距的内在原因

城乡二元结构是中国在特定时期以重工业为重点发展对象实现强国战略而延缓农村发展的经济机制，二元体制的直接结果是城乡发展不平衡。改革开放后，随着国内外环境的变化，在河南这种二元体制逐渐松懈，城乡要素开始流动，在政策的支持和鼓励下，全省农村地区发展加快，但长期形成的发展模式和发展格局对城乡居民影响较大，农业基础仍然薄弱，城乡之间在劳动力就业、基础设施建设和公共服务水平等方面还存在明显差距。受二元体制影响，河南公共资源和公共服务长期向城市倾斜，农村公共资源和公共服务资金投入少、公共服务设施落后、优质公共资源少，整体服务水平不高。如在农村基础教育方面，资金少、教育设施差、资源分布不平衡等因素阻碍农村居民教育水平提高，同时，全省多数农村家庭受城乡就业环境、收入水平较低等因素制约，教育投资能力弱，致使农村居民受教育年限长期增长缓慢。另外，全省公共服务供给长期向城市倾斜，越是偏远贫穷的地区，对公共服务需求越迫切，但这些地区公共服务却往往较为落后，直接影响农村劳动力转移就业的数量和质量，造成了城乡、地区之间的隐性收入差距。

2. 城乡就业差别是城乡收入差距产生的直接原因

在城乡不均衡发展条件下，城市发展快，工业化程度高，行业门类较为齐全，消费市场成熟，投资环境好，就业机会较多，对就业者教育程度、就业技能要求也较高，但考虑到农村居民受教育情况，适合农村居民的就业机会较少。此外，以户籍为基础的在社会保障、住房、子女入学等差别，又限制了农民就业机会的选择。已经转移到城市就业的河南农村居民，从事流动性强、对文化技能要求较低行业的比例较大，如建筑、制造业、批发零售业等。城乡就业差别、所从事行业的附加值高低直接导致城乡收入差距，影响潜在收入。如2011 年河南城镇单位就业人员平均工资 33634 元，是当年农村收入最高的20% 住户的人均年总收入 19120 元的 1.76 倍；全省收入较高的金融业平均工资是农、林、牧、渔业的 2.33 倍。

（二）初次分配机制尚不能与经济社会发展要求同步

1. 劳动、资本、技术、管理等要素按贡献参与分配的初次分配机制有待继续完善

自党的"十五大"明确了按生产要素分配方式是中国收入分配制度的重要内容以来，生产要素在市场调配下对生产力提高和社会财富增长发挥的作用日益凸显，参与收入分配机制日益完善。不容忽视的是，随着经济发展方式的转变和社会结构的变迁，市场调节行为也暴露越来越多的问题，如资本在初次分配中渐趋强势，与转变发展方式的目标逐渐偏离；劳动参与分配权益难以得到有效保障而劳动报酬收入提高较慢；技术要素对经济贡献尚未充分发挥；部分行业准入门槛较高限制了私营经济、民间资本、中小企业的发展空间，在一定程度上影响了市场竞争机制的充分发挥等，亟须政府结合产业结构调整从顶层设计上完善要素参与初次分配机制，充分发挥各生产要素对经济社会发展的贡献。

2. 竞争机制不完善影响收入分配秩序

在经济转型过程中，不适合市场经济发展的机制并未全部根除，直接影响收入分配秩序正常运行。部分垄断行业、国有企业管理和改革滞后，借助资本优势或资源优势取得高于市场自由竞争下的经营利润，而行业内部的管理漏洞，对企业内部收入分配监察、监管不到位等因素，使不同程度的垄断行为扰乱市场自由竞争秩序，初次分配向垄断行业倾斜，降低了其他行业和生产要素的分配额。国有企业高管收入不够规范，职务消费行为需要界定和监管力度滞后也影响了分配结果。

（三）再分配体制中税收和社会保障对居民内部收入差距调节作用有待增强

目前，对城乡居民影响较为广泛的税种是个人所得税。虽然个人所得税的起征点适时调整，但对居民内部收入差距调节作用很有限；且收入来源的多元化和多种表现方式，也为收入核查和税收征缴带来困难。社会保障对城乡收入的调节力度较小，个别险种有反向调节倾向，反映在河南城乡收入上主要表现在居民转移收入差距较大，全省城镇居民转移性收入占家庭总收入的 20% 以上，而农村转移性收入占人均现金收入的比例不超过 10%。再分配对居民收入差距调节作用没有充分发挥。

（四）收入优势累积的马太效应加大了居民内部收入差距

由图 3 和图 4 可以看出，居民内部不同收入群体收入增长速度也不同，较高收入群体收入增长上更有优势，低收入群体虽然收入也呈增长趋势，但增速相对较慢。河南省城乡、地区之间经济社会发展不平衡，居民在受教育程度、技能、

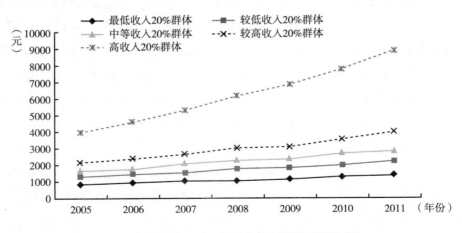

图 3　农村居民 2005～2011 年不同群体经营性收入

就业机会、享受公共服务质量和社会保障等方面存在不同程度的差异，考虑以上诸多因素对收入增长的推动作用，具有收入优势的居民收入增长更快，优势积累的马太效应助推了城乡、居民内部不同群体之间收入差距的扩大。

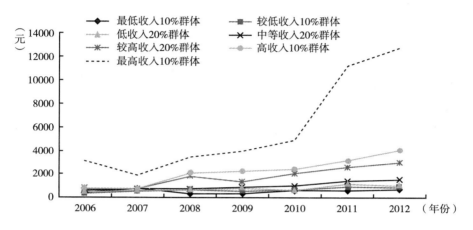

图 4　城镇居民 2006～2012 年不同群体经营性收入

资料来源：根据 2006～2013 年《河南统计年鉴》整理绘制。

四　河南省收入分配格局展望

（一）从宏观环境来看，河南省正处于经济社会发展的战略机遇期

目前，河南省正处于工业化、城镇化快速发展阶段，经济发展长期向好的趋势没有改变，区位、交通、市场、劳动力等优势日益凸显，特别是粮食生产核心区、中原经济区、郑州航空港经济综合实验区三大规划陆续上升为国家战略并深入实施，促使河南省在全国大局中的战略地位逐步增强，发展空间不断拓展，发展潜力和后劲充足，近十年全省 GDP 年均增速保持在 10% 以上。特别是党的十八届三中全会胜利召开后，改革红利将进一步释放，为今后推动河南省全面深化改革、促进全省城乡区域协调发展、扩大城乡就业和社会和谐发展创造了更为宽松有利的条件，也为创建富强河南、文明河南、平安河南、美丽河南指明了方向。

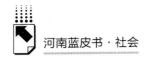

（二）从规划目标看，提高城乡居民生活水平是改革和发展的内在要求

不断改善和提高人民生活水平是改革和发展的根本出发点和落脚点。党的十八大提出"到2020年，实现国内生产总值和城乡居民人均收入比2010年翻一番""收入分配差距缩小，中等收入群体持续扩大，扶贫对象大幅减少""全面建成小康社会"等宏伟目标，未来一个时期，河南省城乡居民收入年均实际增速最低不能低于7%和6.1%。若按照河南省"十二五"规划和中原经济区规划要求，全省城乡收入增速最低不低于9%。对照这类标准，河南省城乡居民收入要实现规划目标的任务还十分艰巨。因此，加快发展，深化改革，努力使河南人民和全国人民一道实现小康社会，是未来一个时期全省经济社会发展的主要任务和目标。

（三）从微观层面来看，城乡居民收入仍有望保持稳定增长

从河南省过去10年城乡居民收入增长的特点来看，全省城镇居民经营性收入增速较快，快于人均可支配收入增速，对城镇居民收入增长的贡献呈逐年上升趋势；全省农村居民工资性收入和转移性收入保持快速增长势头（超过同年城镇居民这两项收入增速），尤其工资性收入在农村居民收入中的比重持续上升，2012年达到40%，是拉动农村居民收入增长的支撑力量；农村居民的工资性收入、转移性收入快速增长也是河南城乡居民收入相对差距缩小的主要原因。

劳动力综合素质提高是城乡居民收入稳定增长的积极因素。从2009年河南省深入开展"全民技能振兴工程"以来，以高技能人才培养为龙头，突出培训重点，扩大培训范围，提高培训质量，累计培训各类人才1300多万，为扩大劳动力就业范围和提升劳动力就业质量打下了坚实的基础。

综合来看，未来几年在河南省收入分配格局中，居民收入在国民收入分配中的比重有望保持上升趋势，全省城乡居民收入在深化改革、经济环境企稳回升的大环境下可继续保持稳定增长，并且农村居民收入增长潜力更大。

五　对策和建议

（一）加快经济发展方式转变，促进全省国民财富快速增长，扩大可分配的财富总量

生产是分配的基础。只有社会财富这个"蛋糕"的适度做大和质量做好，才能更好地分好"蛋糕"。投资主导型增长方式在相当长的一段时间促进了河南省经济增长、就业规模扩大和城乡居民收入增长，然而面对国内外环境的新变化，投资主导增长模式已显现环境、资源、出口等诸多约束因素，产业链低端产业多、产能过剩、要素利用率低等问题日益突出，影响全省产业结构调整和后续发展潜力。

经济的健康可持续发展是促进社会财富增长的内因。在河南，应加快经济发展方式转变，推进经济结构调整，促进区域、城乡协调发展；完善现代产业体系，推进传统产业技术改造，积极发展战略性新兴产业，加快服务业发展，促进三次产业在更高水平上协同发展；大力强化资源节约，推进循环经济发展，依靠节约资源和循环经济推动，提高资源环境等要素条件的收益率，支撑经济可持续发展。

此外，高质量的产业结构和经济增长模式是扩大可分配财富的本质因素。在全球市场要素配置中，科技创新始终是生产力提高的主要驱动力量，也是其他要素流动的方向标。在河南，应改变倚重"要素驱动""投资驱动"增长模式，转向创新驱动，依靠科技进步、劳动者素质提高、管理创新转变，加快提高自主创新能力，优化产业结构，谋求经济长远发展主动权，形成长期竞争优势，以便在更大范围内促进全省财富增长。

（二）推进基本公共服务均等化

在河南，应大力促进教育机会公平。健全家庭经济困难学生资助体系，构建利用信息化手段扩大优质教育资源覆盖面的有效机制，统筹城乡义务教育资源均衡配置，加大对基础教育的投入，特别是加大对全省贫困地区转移

支付力度，保障弱势群体家庭子女有公平接受优质教育的机会，职业教育和技能培训要向困难群体倾斜。促进就业机会公平。在全省，要弱化户籍、住房、社会保障等给人口自由流动带来的限制或不便，打破城乡、地区以及所有制等方面的市场分割，让劳动者在平等竞争中得到合理报酬，并以过程公平促进劳动者发展机会公平；完善扶持创业的优惠政策，形成政府激励创业、社会支持创业、劳动者勇于创业的新机制；完善城乡均等的公共就业创业服务体系，构建劳动者终身职业培训体系。加快完善社会保障制度。在全省，要加强城乡社会保障制度统筹，按照城乡一体化原则整合城乡居民基本养老保险和基本医疗保险制度；稳步提高各项社会保险统筹层次，不断缩小不同群体社会保险待遇差距；全面发展社会救助和社会福利；鼓励和支持私有资本、非营利性组织和慈善组织积极参与社会救助、扶贫援助等社会弱势群体的基本保障服务。

（三）鼓励小微型经济体发展

小微经济是中国市场经济体系中最具创新活力的"经济细胞"。随着市场经济体制的不断发育、成长，各种经济成分中的小型实体经济特别是非公性质的中小实体经济也不断诞生、成长，是孕育市场主体的摇篮，也是增加城乡收入、方便群众生产生活的有效途径。但是，资金短缺、技术创新、经营经验缺乏等问题的普遍存在，制约着小微经济发展。在河南，应鼓励小微经济发展，建立小微经济贷款风险补偿机制，扩大扶持小微企业范围，扶持小微经济技术改造、交流和创新，建设覆盖全省的公益性、综合性的小微经济体信息服务网络，延伸服务范围和服务内容，使城乡居民在收入之外增加创业经验。

（四）促进低收入群体收入增长

完善扶贫开发机制，逐步提高农村扶贫标准。在河南，应坚持开发式扶贫方针，转变扶贫开发模式，加大投入力度，着力改善农村地区生产生活条件和发展环境，调动低收入群体积极性，促进专项技能培训和技术指导，提升自主增收能力。此外，在全省应支持低收入户互助合作组织发展，鼓励创新合作发展模式，把低收入群体创业纳入扶持小型微型企业发展的财税金融政策中重点支持。

（五）深入推进收入分配制度改革

1. 完善初次分配机制，增强市场对生产要素的调节作用

完善劳动、资本、技术、管理等要素按贡献参与分配的初次分配机制。在河南，实施就业优先战略和更加积极的就业政策，扩大就业创业规模，创造平等就业环境，提升劳动者获取收入能力，实现更高质量的就业。深化工资制度改革，完善企业、机关、事业单位工资决定和增长机制。同时，在全省推动各种所有制经济依法平等使用生产要素、公平参与市场竞争、同等受到法律保护，形成主要由市场决定生产要素价格的机制。

2. 加快健全再分配机制

加快健全以税收、社会保障、转移支付为主要手段的再分配调节机制。在河南，应进一步健全公共财政体系，完善转移支付制度，调整财政支出结构，大力推进基本公共服务均等化。在全省加大税收调节力度，改革个人所得税，完善财产税，推进结构性减税，减轻中低收入者和小型微型企业税费负担，形成有利于结构优化、社会公平的税收制度。此外，在全省还要全面建成覆盖城乡居民的社会保障体系，按照全覆盖、保基本、多层次、可持续方针，以增强公平性、适应流动性、保证可持续性为重点，不断完善社会保险、社会救助和社会福利制度，稳步提高保障水平，尽快实行全省全国统一的社会保障卡制度。

3. 推动形成公开透明、公正合理的收入分配秩序

在河南，大力整顿和规范收入分配秩序，加强制度建设，健全法律法规，加强执法监管，加大反腐力度，加强信息公开，实行社会监督。一是在全省加强国有资本收益核查、上报监督，强化国有资本收益使用的全民公共性和共享性，确保国有资本收益为全民公共服务提高和公共资源的均衡发展。二是加强对垄断行业、国有经济在市场中竞争行为的监管监督，支持民营经济、私营经济完全平等地参与市场竞争，有效约束垄断范围和深度。三是在全省规范国有企业高管收入和消费行为，加强对隐性收入的监管，增强个人税收对社会再分配的调节能力。

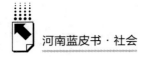

参考文献

张维宁主编《河南省"十二五"规划重大问题研究》，河南人民出版社，2011。

邹东涛主编《中国改革开放 30 年（1978～2008）》，社会科学文献出版社，2008。

王亚芬、肖晓飞、高铁梅：《我国收入分配差距及个人所得税调节作用的实证分析》，《财贸经济》2007 年第 4 期。

董克用等：《中国经济制度改革 30 年（社会保障卷）》，重庆大学出版社，2008。

网络舆情篇

Report on Network Opinion

B.14

河南省网络公共事件分析报告[*]

殷 辂[**]

摘 要：

网络公共事件并非网络挑动起来的事件，而是现实问题在互联网上的反映。社会矛盾的凸显是主因，网络的扩散性、聚集性是助缘。突发事件点燃了社会情绪，在网络上迅速形成爆炸点，这是网络公共事件的形成轨迹。一方面是社会矛盾的凸显、社会风险上升；另一方面是自主性、平等性的网络公共空间的形成，在这种情况下，网络公共事件的舆情变异也就成为必然。还原事件的是非曲直，是平息事件、化解社会风险的基本原则，也是应对网络事件的关键。

关键词：

网络公共事件　舆情变异　舆情规正

---

* 本文为国家社科基金课题《网络公共空间官民共识的生成机制研究》（项目号 13BSH035）和河南省哲学社会科学规划项目 2013 年立项课题《网络群体性事件的舆情疏导与规正机制研究》（2013BZZ009）的阶段性成果。

** 殷辂，博士，河南省社会科学院社会发展研究所副研究员，主要研究社会学。

网络公共事件的本质是突发事件与公共情绪的暗合。它并非网络制造出来的事件，而是网络与现实相互作用的结果。从事件的角度看，它似乎是偶然的，但从事件产生的社会背景看，这种偶然性中又暗含着必然性。网络、突发事件、公共性这三者的重合，隐含着很深的社会涵义。

一 2013 年河南典型性网络公共事件回顾

（一）"周口平坟"事件

2012 年 11 月 3 日，新华社河南分社刊登《河南周口推行"惠民殡葬"已平坟 200 多万座》的宣传文章。文章称周口"开展了大规模的平坟复耕和惠民殡葬改革，在免费火化和农村公墓建设带动下，农民已平迁 200 多万座坟墓，复种耕地近 3 万亩"①。这篇报道被《人民日报》官方微博转载，并加上"周口思路值得一赞"的评论，这条微博被大量转载，引发轩然大波。网民对周口市政府蔑弃人伦常情的做法表示不满，并对官方媒体的宣传提出质疑。11 月 8 日，26 位学者发表《关于立即停止"平坟运动"的紧急呼吁书》，批评周口强制平坟颠覆文化传统、伤害民众感情，呼吁立即停止。11 月 13 日，数十位豫籍媒体人发表《对河南"平坟运动"的质疑》，质疑平坟背后的"经济"动机，同时指出"平坟"造成的浪费。两篇文章在网络引起很大反响。11 月 16 日，国务院颁布第 628 号令，对《殡葬管理条例》进行修改，删除了"强制平毁"的内容。在此之后网络舆论达到高潮，平面媒体也大量跟进。平坟与媚上、平坟与被迫上楼、平坟与"土地增减挂钩"、平坟中的强制胁迫、公权力的蛮横，这些话题成为媒体报道、评论的主要内容。11 月 21 日，周口一宣传干部向记者发布消息称，"自国务院修改《殡葬管理条例》之后，该市'平坟复耕'已经暂停"②。但随后（11 月 22 日）周口民政局否认了这个消息，说"'平坟复耕'得到上级领导支持，不会因为网上的吵闹而停止"③。

---

① 新华网：http：//news. xinhuanet. com/local/2012 – 11/03/c_ 113596809. htm。
② 网易新闻：http：//news. 163. com/12/1121/02/8GQ6AODO000014AED. html。
③ 网易新闻：http：//news. 163. com/12/1122/06/8GT6UKLL00014AED. html。

这一表态所在引发新一轮舆论反弹。随着时间的推移，舆论对事件的关注开始淡化，但就在此时，《环球时报》12月3日发布调查结果："周口本地民众52.4%的人赞成平坟。"① 《人民日报》驻河南记者站也在12月4日发表报道指出："周口殡葬改革外界议论纷纷，但当地显得平静。"② 这些调查和文章又引发新的不满情绪，但舆论热度已经大不如从前。2013年春节过后，当人们对周口平坟事件几乎忘却的时候，网络上又传来了当地的新闻：当初被平掉的200余万个坟头，如今至少半数已经复建。2月20日，《人民日报》官方微博对此发表题为《平坟复圆坟，滔滔民意岂可违》的评论，指出："周口被平坟墓，一夜之间半数恢复，这真是对平坟运动的莫大讽刺，背后的民心向背值得当地反思。"③ 在此之后，网络舆论出现了新一轮热潮，各种讽刺"周口平坟"的行为艺术在网络上相继出现，平面媒体也大量跟进，将周口当地推向非常尴尬的境地。在民意和舆论面前，"二次平坟"变得毫无底气，相关回应似乎也成了行为艺术，无论进退，都无法消解已经出现的巨大裂痕。"周口平坟"是近年来网络焦点事件的典型案例，该事件在是非曲直清晰但无法彰显的情况下淡出了人们的视线，但留下的伤痕却是永久的，其中的问题值得深思。

（二）"郑州房妹"事件

2012年12月26日，新浪博主"香港成报河南办事处"发微博称："90后上海女孩在郑州拥有11套经适房，最大258平方米。"博主还爆料说，该女是郑州市房管局某官员的直系亲属。此微博发出后，立刻引起大量网友关注，"郑州房妹"成为2013年元旦过后媒体争相报道的对象。在成为舆论焦点之后，媒体又披露出更多的细节：（1）该女孩的父亲是郑州市二七区房管局原局长翟振峰。（2）翟振峰夫妇有一子一女，有超生问题。（3）翟振峰一家每人拥有两个户口，全家共有29套房产。在接连爆料之下，"郑州房妹"走红网络，成为元旦过后热度极高的网络焦点事件。2013年1月4日，郑州市委

---

① 环球网：http：//world. huanqiu. com/exclusive/2012 - 12/3336447. html。
② 罗盘、任胜利：《周口殡葬改革：外界议论纷纷，当地显得平静》，《人民日报》2012年12月4日。
③ 网易新闻：http：//news. 163. com/13/0221/08/8O7LRBA30001124J. html。

宣传部称："针对'郑州 90 后女孩疑拥多套经适房'消息，郑州市展开调查，初步调查显示二七区房管局原局长翟振锋已触犯法律。郑州市检察院已于 1 月 4 日决定依法对翟振锋立案调查，将严格按照有关法律，对相关责任人严肃查处，追究责任，并及时公布查处结果。"① "郑州房妹"事件涉及经适房腐败、官员违规经商、户籍腐败等问题，其成为舆论焦点事件并非偶然。

（三）"兰考弃婴收养所火灾"事件

2013 年 1 月 4 日上午，河南兰考县一个弃婴收养场所发生火灾，7 名儿童遇难。该消息引发媒体和网友的高度关注，人们在哀悼遇难孩子的同时，愤怒声讨有关部门的失职。1 月 5 日下午，兰考县召开事件通气会。发言人在对逝者表示哀悼，并依惯例通报了领导高度重视、亲赴现场、亲临一线的情况之后，公布了事故情况。指出，收养人"没有大量抚养能力，也没在民政局登记，不符合收养法，不具备收养条件，但民政部门鉴于其善举，默许其继续收养。这跟有关部门监管不力，有意放松监管有关，有关部门有着不可推卸的责任"②。该通气会引发网络舆论进一步发酵。网友指责有关部门转移视线、推卸责任。新华网发表《兰考火灾事故通报的文风怪诞》的文章，指出通报会在相当程度上成了领导的"功劳簿""通报难觅当地政府对残弃儿的责任担当，却历数自愿献爱心二十多年的公民袁厉害的三个不符合收养条件。"③ 该文被网友大量转载，引发舆论热潮。1 月 8 日，兰考官方公布火灾原因（小孩玩火所致），并启动了问责机制，相关责任人被停职。1 月 9 日，中国新闻网发表了标题醒目的文章《兰考官员称 7 名孤儿生命能换救助体系完善值了》，将有所缓和的舆情再次推向高潮。在这期间，有媒体质疑兰考县财政局花费两千万元修建办公大楼，舆论议题不断发散，热度不减。在《南方周末》以《那么多的爱，那么少的钱》为题报道袁厉害收养弃婴的善举之后，《人物》杂志以《厉害女士》为题，"披露"袁厉害"将收养孩子分等级"，并有 20 多套住房。2 月 4 日，此文在网络转载之后又引起轩然大波。舆论主题从质疑官

---

① 搜狐新闻：http：//news. sohu. com/20130104/n362369585. shtml。
② 搜狐网：http：//roll. sohu. com/20130106/n362558780. shtml。
③ 人民网：http：//society. people. com. cn/n/2013/0105/c1008 – 20098820. html。

方行为发散到质疑袁厉害收养目的，形成混战的局面，一直到2月下旬，事件的热度才开始消减。

（四）"义昌大桥爆炸"事件

2013年2月1日上午9时左右，一辆装载烟花爆竹的货车在连霍高速渑池境内义昌大桥处发生爆炸，造成大桥坍塌，多辆机车坠落，多人遇难。在春节前夕，该消息立刻成为舆论的焦点，各种舆论主题不断出现。第一个问题：为什么一车花炮能炸断一个桥梁？《时代周报》记者发表题为《残存桥墩未见箍筋，桥面断裂口如刀》的文章，质疑桥梁的质量，在此之后网络舆情达到高峰，"媒体追问河南塌桥事故"，成为网络热度最高的主题。之后，虽有河南建筑专家的解释，仍不能消除人们的疑虑。第二个问题：为什么同命不同价？据《河南商报》报道，工作人员称赔偿按河南标准，城市户口赔40多万元，农村户口赔18万元。该消息一经发出，立刻引起网友的痛骂和质疑。这种质疑在当地政府表态按同一标准赔偿后消失。第三个问题：针对本地媒体报道事故的一千多字的新闻通稿《连霍高速义昌大桥发生垮塌事故，省市组织抢险救援》，该稿被指只有13%的内容是介绍事故情况的，大量的文字都集中在领导如何重视、如何反应迅速等。"义昌大桥爆炸"是孤立的事件，但其背景和回应中的问题并不孤立，成为有重大影响的网络公共事件。

（五）"警察摔婴"事件

2013年8月17日，《法制晚报》披露了发生在安阳林州市的骇人听闻的事件。2013年7月20日，当地民警郭增喜在酒后去歌厅的路上，抢夺一陌生人怀中的女婴，将其举起摔在地上，造成女婴当场昏迷。在北京恶汉摔婴事件之后，该事件的披露还是让人感到震惊和愤怒。然而激起义愤的还不只是事件本身，而在于如此恶劣的事件竟然被当地捂了近一个月，而恶警也未受到刑事惩罚。在网民愤怒声讨的同时，平面媒体的各种评论也大量出现。《警察摔婴，是什么催生人性之恶》《警察在摔婴，地方在裸奔》《警察摔婴，谁在捂盖子》，这样刺眼的标题在媒体上出现，并在网络被大量转载。8月17日晚，涉案人郭增喜被依法逮捕。2013年8月23日，安阳新闻网发表新闻通稿，通报了相关责任人的处理结果，解释了

林州捂盖子的原因："初步调查发现，林州公安局未按规定上报案情，是怕因一个人的问题给整个公安队伍抹黑。"① 至此，事件逐步退出公众视线。

（六）"半村娃不实报道"事件

2013 年 8 月 28 日，《南风窗》刊发报道《村官腐败透视》，文章以三门峡某村村长"猎艳"为引子，报道了村官腐败问题。文章的具体内容没有引起注意，引子中村长所言"村子中一半都是我的娃"却引起了轩然大波。9 月 2 日很多网站以《村支书性侵村民留守妻子：村里一半都是我的娃》为题转载这篇文章，在网络上迅速形成舆论焦点。9 月 3 日，三门峡市发布情况说明，称"市委宣传部与原文作者联系沟通，对方表示要'遵循新闻工作职业道德，为新闻来源保密'，始终未能说明村名或村支书真实姓名。为给社会各界一个答复，现三门峡市公安局正在网上征集线索"②。9 月 8 日，《南风窗》就《村官腐败透视》一文致歉："本刊第 18 期文章'村官腐败透视'一文，存在采访不够深入、把关不严的问题，其中提及村支书称'这个村，有一半都是我的娃'，把这句私底下吹牛的话写入文章，造成了不良影响，特向广大读者致歉。"③ 至此，舆论发生转向，批评《南风窗》不严肃的声音逐步占据了主流。"半村娃不实报道"事件不但起到妖魔化河南的作用，更严重伤害了农村留守妇女的感情。在事件出来之后，当地政府没有情绪化，也没有上纲上线，而是依据事实理性应对，迅速还原了真相，这是值得称道的。

二　2013 年河南网络公共事件的特点

（一）网络公共事件是突发事件与社会问题交互作用的结果，网络起到了迅速形成爆点的作用

突发事件有四种类型：自然灾害、生产事故、公共卫生、社会性事件。前

---

① 安阳新闻网：http://www.aynews.net.cn/Article/2013/201308/248969.html。
② 大河网：http://news.dahe.cn/2013/09－04/102397109.html。
③ 大河网：http://news.dahe.cn/2013/09－09/102403308.html。

三类为外在风险，后一类为内在风险，但在社会矛盾凸显的背景下，外在风险与内在风险是联系在一起的，具有交互性。首先，社会矛盾的积累产生社会风险，突发事件发生的概率增大；其次，即便是单纯的偶然事件也会迅速转化为社会性事件。突发事件是在特殊的社会背景下发生的，其乖戾性、冲击性都不是偶然的，都具备社会属性。同时，这些事件刺激了公众的敏感神经，不满情绪借助特殊事件而爆发，在局部引爆了社会风险，将单个的事件变成公共的事件。从这个意义上说，网络公共事件并非网络挑动起来的事件，而是现实问题的反映。社会矛盾的凸显是其形成的主因，网络的扩散性、聚集性是助缘。只有将突发事件放在风险社会和网络社会的背景下，才能清楚地认识其本质。从2013年河南的网络公共事件来看，其特点非常明显。一些事件与社会腐败、公权力乱作为、不作为等问题直接相关，即便是意外的灾害，最终也向外扩散，将相关的社会矛盾引爆。

（二）负面信息特别是与政府及官员行为相关的负面信息更容易成为网络公共事件

特殊的事件和共同关注的问题是网络公共事件的构成要素。单个的事件成为网络公众关注的话题，这是传播的问题，更是社会心态问题。2013年，河南出现了很多正面的事例，但在网络媒体中大都一闪而过，相反，负面的新闻和信息就非常容易形成舆论焦点，甚至不实报道也能迅速引起波澜并持续发酵。这种现象并不是偶然的。将其归咎于人为炒作似乎也有一定的道理，但为什么负面信息能炒作起来，而所谓的正面报道却不大能引起人们的关注？如果不思考问题产生的原因，一味地将其归咎为少部分人的炒作，是不能解决问题的。社会风险加大、不满情绪上升、官民隔阂加深，这是负面信息容易成为公共事件的深层次原因。

（三）突发事件一旦成为网络舆论焦点，极容易出现议题流变、指向扩散的状况

网络公共事件的公共性体现在两个方面：一是群体性聚集，二是具有共同关注的议题。但是，议题却不会仅仅停留在事件本身，不但如此，在事件成为焦点之后，舆论的指向也会扩散。在"兰考弃婴收养所火灾"事件中我们可

以看到，议题在不断发生变化，从火灾责任扩展到政府的责任，再到对收养善举的质疑，这都是议题的流变。同时，地方政府的通报、新闻采访中官员的雷人话语都成了舆论关注的焦点。从舆论指向看，火灾责任的认定不是舆论关注的重点，政府及当地官员的玩忽职守成为舆论的焦点。在"义昌大桥爆炸"事件、"警察摔婴"事件中同样如此。议题的流变、指向的扩散是在舆论聚焦过程中产生的。事件被人为因素搞得越来越"复杂"，网民的情绪也就越来越激烈，出现议题流变、指向扩散的状况也就不难理解。

（四）在网络公共事件中，官方与民间、本地媒体与外界媒体的界限分明

在网络公共事件中，官方与民间两个舆论场往往泾渭分明，隔阂越来越明显。由于看问题的视线被预设价值、所持立场及私利所遮蔽，最终连基本的共识都无法达成。比如在"周口平坟"事件中，官方是将平坟视为政绩宣传的，但新华社河南分社的报道在网络上所起的作用正好相反。对于是否存在强制、当地民众对平坟的态度等基本事实，官方和民间的观察也完全相反。双方都在利用调查统计方法，但结论却大相径庭，这绝非调查方法本身的问题，而是价值和立场的问题。官民无法形成基本共识，这已经成为网络公共事件中的最大问题。此外，本地与外地媒体的分立也很明显。事件出来之后，各种报道、时评、质疑大都是外地媒体发出的，本地媒体要么"自然"地保持沉默，要么发布新闻通稿。在"义昌大桥爆炸"事件中，竟然出现了外界媒体和本地媒体的观点"交锋"，其中的原因耐人寻味。媒体分立的现象不但发生在河南，几乎在所有的网络公共事件中都存在，这是一个值得思考的问题。

（五）舆论倒逼真相与真相被喧嚣的舆论掩盖的情况同时存在

"舆论倒逼"是网络时代的独特现象，它是在自媒体异常发达和传统信息渠道封闭僵化的双重背景下产生的。在自媒体时代，舆论垄断现象不可能继续存在，但僵化的思维方式在私利的作用下不可能很快消失，所以会出现"舆论倒逼"。在网络公共事件中，"舆论倒逼真相"已经成为常态。在"兰考弃婴收养所火灾"事件中，正是舆论的倒逼作用，才迫使当地检讨公共责任的

缺失。但同时也应该看到，舆论能"倒逼"真相，也能掩盖真相。同样在上述事件中，围绕袁厉害的行为是善举还是谋利的报道，完全成了媒体的表演。只有吸人眼球的作用，而没有了真相。在非理性的博弈之下，在刻意制造话题吸人眼球的氛围中，真相与是非也可能被喧嚣的舆论所掩盖。当舆论成为谋利的工具，理性的声音难以发出，真相就会变得无足轻重。

（六）一些事件在是非曲直没有彰显的情况下淡出了公众视野，严重伤害了公共部门的公信力

网络公共事件的真正平息，应该表现为是非曲直的彰显。但在现实中，一些事件消失在公众视野依靠的却是时间。牵涉面越多、涉及层面越高，这种情况就越突出。"周口平坟"事件从2012年年底一直持续到2013年"两会"结束，虽然是非曲直在网络、在大众心目中已经非常清楚，但却无法在现实中反映出来，最终只能不了了之。其他一些网络公共事件同样也面临着这种情况。民众关注的问题因为热点的转移而没有了结果，这严重伤害了社会正义。利用新闻及舆论变化的规律，以时间换取空间，这种拖延策略如果被用在网络舆情的应对之中，将严重伤害政府部门的公信力。网络诉求只能依靠"搞大"事件来制造影响，网民围观只有情绪的发泄，而政府应对的出发点仅仅是为了"搞定"事件，在这种情况下，网络舆情会变得越来越没有理性。

三　网络公共事件的舆情变异及其原因分析

网络公共事件有一个产生、能量聚集、爆发到释放的过程，如果在事件发展过程中是非曲直无法显现，就无法真正平息。在这种情况下舆情会产生变异，即偏离事件本身而产生背离、放大、衍生、极化等现象。所谓背离，指的是网络所关注的议题与事件本身相背离：网络事实与事实真相脱节，网络舆论的指向向外发散、转移；所谓放大，指的是在特殊的背景下、在网络的推动下，事件的性质、规模、影响被网络舆论放大；所谓衍生，指的是单一突发事件演变为其他事件；所谓极化，指的是在网络舆论严重分化，出现一边倒、极端化、情绪化的现象。从2013年河南网络公共事件的特点看，几乎每一个事

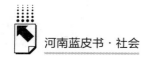

件都包含着舆情变异的现象。这种变异既是体制问题，也是人的问题；既有社会原因，也有技术性原因。

（一）风险社会与网络社会的重合是网络公共事件舆情变异的社会背景

一方面是社会矛盾的凸显、社会风险上升，另一方面是网络媒体的异常发达；一方面是官民隔阂加深，另一方面是去时空性、平等性的网络公共空间的形成；一方面是社会的严重分化，价值、立场和观点的对立，另一方面是舆论对决场所的出现；一方面是社会不满情绪的上升，另一方面是自主化、私人化的自媒体的大量涌现；一方面是政府决策的隐蔽，另一方面是网络对神秘性的破除。在这种情况下，一旦事件刺激到大众的敏感神经，就立刻成为舆论焦点。从这个意义上说，在网络公共性事件之中必然存在背离、放大、衍生、极化等现象。

（二）在社会矛盾网络化的同时，网络与现实不能形成正常互动

通过网络表达诉求，这是在诉求堵塞情况下的一种选择，但是，网络诉求同样也面临堵塞的情况。首先，在信息泛滥的今天，大多数信息是无法进入公众视野的。其次，网络诉求与现实诉求面临着同样的问题，即没有正常的解决问题的渠道。在现实社会中，诉求无门者只能通过制造事端才能引起重视，在网络空间中，也只有变成公共事件才能形成舆论压力。也就是说，没有舆论效应的诉求是无法发挥作用的，只有制造出影响，只有"事件化"才能形成压力。诉求者希望个人问题"公共化"，但成为公共事件的诉求只是极少数，因此，一旦出现网络公共事件，各种矛盾、情绪都会在事件上聚集。一些网络公共事件因为涉及面广、涉及层面较高，因而缺乏上层干预，在网络中出现了一波又一波的浪潮。网络情绪不断激化，而现实问题依旧不能解决，在这种情况下，希望舆情理性是不现实的。

（三）价值、立场、私利附着在网络公共事件之上，无法形成基本的共识

还原事件本来的是非曲直，这是网络公共事件中各方应有的态度，但在实

际中，往往形成依私利、价值取向、立场站队的局面。涉事机构从私利出发"描述"事实，以"立场"预先定调，为形象、面子让机构为责任人埋单，而大众舆论同样不能摆脱价值预设，预设立场、预设敌人，在这种情况下，是非曲直成了博弈的产物。对峙持续的时间越久，舆情变异也就越严重，产生群体性极化现象。所谓舆论极化，实际上就是1%对99%的一边倒状况，这种现象正是在非理性博弈过程中产生的。

（四）在事件的应对中，僵化的行政习气和话语体系将事态复杂化

在网络公共事件中，情绪性发泄是网络舆论中的常态，但一些地方总能"有效"地将自己变成这种情绪的靶子，其中一个重要的原因，就是僵化的行政习气和话语体系在起作用。在公共事件的应对中僵化的行政习气主要表现在以下几个方面：一是管控事实，以"宣传"代替信息公开；二是居高临下，以通报代替沟通；三是官方被官员代表，整体被个体挟持。在这种习气之下，网络公共事件极容易出现变异。僵化的话语体系是行政习气的体现，在信息通报和新闻通稿上表现得最为明显。在事件通报上惜字如金、玩弄外交语言，而领导"高度重视""亲自批示""亲临一线""现场指导"等话语却成为通报的主要内容，甚至在灾难事件的通报中也要不厌其烦、习惯性地为领导表功，这让民众非常愤怒和反感，并成为舆论批判的靶子。在公共事件的开始阶段就结下民怨，事态复杂化也就不难理解。

四　网络公共事件舆情规正的理念及对策

因为网络公共事件存在变异，所以需要规正，但规正不是管制，而是共治范畴内的问题。还原事件的是非曲直、彰显公道，是平息事件、化解社会风险的关键，也是舆情疏导与规正的主要内容。在网络公共空间，虽然有身份、角色的外在差异，但共同关注的事物存在本来的是非曲直，去除附着在事件上的私利、立场及预设价值，真相和公道才能彰显。因此，规正机制的建立不但需要依法规范网民的行为，更需要政府及官员行为的规正。自正正他，才能防止事件的变异。在社会矛盾凸显、信息高度发达的今天，网络公

共事件并非单纯的传播问题，事件的应对亦非单纯的技术问题。去除对立思维和管控，建立善治、共治的理念，在此基础上完善政策措施，才是舆情疏导与规正的正路。

（一）将彰显事件本来的是非曲直作为舆情疏导与规正的出发点，在每一个具体事件中体现政府公信力

在网络公共事件的应对中，有关部门首先想到的是将其引向对自己有利的方向，正是在这种所谓的疏导"策略"下，昏招频出。舆情疏导其实很简单，就是彰显事件本来的是非曲直。还原真相、还原是非、还原责任，这是舆情规正的必由路径。只有这样，才能建立公信力。网络公共事件是风险的爆发，但同时也是风险的释放，如果在每一个具体事件中都能够彰显公道，社会矛盾就不会激化，政府的公信力也会逐步上升。

（二）在规正自身行为、落实信息公开制度基础上治理网络谣言

网络谣言的产生是有背景的，治理网络谣言虽然是必要，但必须要找到其产生的原因。行政体系僵化，政府自身行为不规范，习惯于隐蔽操作、管控真相，在这种情况下，网络谣言的泛滥就不可避免。因此，在依法治理网络谣言的同时，更要防止少数官员挟持地方政府制造"官谣"。打击网络谣言专项行动如果被变异的公权力利用，其危害不可想象。在规正自身行为的基础上规正网络行为，在落实信息公开制度的基础上治理网络谣言，网络舆情才不至于发生大的变异。

（三）去除僵化的习惯性思维和话语体系，完善信息发布制度

信息发布不规范、不及时、任意取舍、文风鄙陋，已经成为网络公共事件舆情激化的一个原因，其中有技术性和程序性问题，但根本的是思维和话语体系的僵化。疏于调查，急于撇清责任；疏于全景描述、急于宣传；疏于人文关怀，急于展现官方特别是领导的功劳，这是一种习气，但在习气背后却是思维僵化的问题。完善信息发布制度，关键是去除私念、转变理念。如果没有理念的转变，技术性的改变不会起作用。

（四）在实现网络互动的同时，强化网络与现实的互动，将网络共识落实到现实之中

在网络公共事件中，存在各说各话的问题。如果没有舆论的倒逼，就没有回应，而舆论极化之后又产生巨大的破坏力，正是在这种非理性的博弈中，是非曲直无法显现。完善制度性的互动平台，通过理性的互动建立共识，这是网络舆情规正的重要内容。同时，网络共识不仅仅是话语的共识，更应该落实到现实中去。该解决的问题就应该彻底解决，该谁承担责任就由谁承担责任，只有这样，网络舆论环境才能逐步趋于理性。

B.15
2013 年河南省网络舆情分析报告

张 侃[*]

摘 要:

2013 年是互联网快速发展的一年,河南网络舆情的发展也出现了许多新的特点和变化。作为正处于转型跨越发展重要时期的河南,经济社会发展都面临着新的情况和挑战,而网络舆论既是对现实的反映也影响着现实的发展,只有深入分析和厘清网络舆情发展的变化和趋势,主动介入,积极引导,充分发挥好网络舆论作为社会减压阀的作用;建立政府和网民之间的长效互动机制,构建上下畅通的网络舆论体系;发挥好网络意见领袖和传统媒体的引导作用,进一步规范网络环境,凸显网络正能量,才能保证网络舆论的健康发展,也才能使网络舆论促进河南经济社会的和谐、稳定、可持续发展。

关键词:

网络舆情 社会管理 意见领袖 网络问政

2013 年是互联网快速发展的一年,根据中国互联网络信息中心 2013 年 7 月发布的《中国互联网络发展状况统计报告》显示,截至 2013 年 6 月底,我国的网民规模已达 5.91 亿人,网络普及率达 44.1%,其中农村网民人数达到了 1.65 亿,占网民人数的 27.9%。[①] 在互联网快速发展的过程中也出现了一些新的趋势,上网途径和上网终端日益多元化,截至 2013 年 6 月底,我国的

---

[*] 张侃,河南省社会科学院社会发展研究所助理研究员。
① 中国互联网络信息中心:《中国互联网络发展状况统计报告(2013 年 7 月)》,详见 http://cnnic.net.cn。

手机网民人数达到 4.64 亿，占网民总数的 78.5%；使用网络即时通信的网民达到 4.97 亿人，使用率达 84.2%，使用手机即时通信的网民达到 3.97 亿，使用率达 85.7%。① 互联网的快速发展带来了网络舆论的空前活跃，使用互联网途径的多元化和即时化也给网络舆情带来了新的特点和变化。河南网络舆情的发展在 2013 年也出现了许多新的特点和变化，作为正处于转型跨越发展重要时期的河南，经济社会发展都面临着新的情况和挑战，而网络舆论既是对现实的反映也影响着现实的发展，只有深入分析和厘清网络舆情发展的变化和趋势，主动介入，积极引导，才能保证网络舆论的健康发展，也才能使网络舆论促进河南经济社会的和谐、稳定、可持续发展。

一 2013 年河南省网络十大热点事件分析

2013 年河南省的网络事件繁多，本文以中国舆情网的《国内舆情报告》②、百度新闻搜索、百度指数以及各大门户网站的网络热点事件报道等为主要参考，对 2013 年的河南省网络事件进行了系统梳理，为便于大家对河南省 2013 年的主要网络舆情有一个大致系统性的了解和清晰的认知，特按照网民关注度和媒体关注度两大指标，归纳出了河南省网络十大热点事件（见表 1）。本报告选取的网络事件集中于 2013 年 1 ~ 10 月这一时间段，表中分别按照网民关注度和媒体关注度两大维度进行了排名，网民关注度的数据主要来源于百度指数；媒体关注度主要根据媒体对该事件的报道数量，具体数据来源于百度新闻搜索。

这十大网络热点事件中，前三位事件的网民关注度要远高于其他事件，这主要是涉及了公共政策和事关民生、公平的事件。周口平坟事件发轫于 2012 年，随着 2013 年年初很多村民恢复坟头和周口当地重申关于强制平坟的规定而使得该事件再一次成为了网民关注的焦点。袁厉害事件起于 2013 年年初由袁厉害私人举办的弃婴收养所一场震惊世人的大火，火灾造成了 7 名弃婴的死亡，

① 中国互联网络信息中心：《中国互联网络发展状况统计报告（2013 年 7 月）》，详见 http：// cnnic. net. cn。

② 中国舆情网，详见 http：//www. xinhuapo. com。

表1　河南 2013 年网络十大热点事件排行

序号	舆情事件	网民关注		媒体关注	
		关注度	排名	关注度	排行
1	周口平坟事件	6692	1	34200	6
2	袁厉害事件	3586	2	43500	5
3	郑州房妹事件	2511	3	45800	4
4	河南义昌大桥坍塌事故	1430	4	24300	7
5	双汇国际并购	1381	5	99600	2
6	《南风窗》报道不实事件	1038	6	84100	3
7	周口治理吃空饷事件	970	7	1300	10
8	郑州航空港上升为国家战略	879	8	186000	1
9	郑州市卫生局强行摊派精神病指标	868	9	1660	9
10	河南林州警察摔婴案	554	10	1870	8

也将私人收养弃婴的袁厉害推进了大众的视野，随之关于政府和个人责任的争议充满了网络，网络对袁厉害的质疑和同情的争论也呈现出了两极对立。郑州房妹事件是被网友于 2012 年 12 月末爆料于微博，说一个上海女孩在郑州有 11 套经适房，并曝光了该女孩的父亲是郑州二七区房管局原局长，该事件迅速引发了网络关注，官方也做出了迅速回应，在 2013 年 1 月 13 日晚宣布逮捕了房妹的父亲翟振锋。虽说后来的调查表明郑州房妹名下的 11 套房均不是经适房，还是遭到了网友的质疑和批评并且将矛头直指经适房制度中的腐败与不公。河南义昌大桥坍塌事故也是最先被网友在网上爆出，并迅速在网络上传播开来。双汇的国际并购和郑州航空港上升为国家战略，是关系到河南经济社会发展的重大新闻，对其的关注也体现出河南网友对自己省份发展的关心与希望。《南风窗》报道不实事件是《南风窗》杂志在其一期刊物中的一篇文章《村官腐败透视》中报道了三门峡下面一个村的村支书表示"这个村，有一半都是我的娃"，该报道一出马上引发了关注，河南的相关政府部门也很快做出回应并进行自查自纠，最后表示报道与事实不符，该事件最终以《南风窗》杂志的道歉告终。周口治理吃空饷事件是当地政府在治理吃空饷活动中自己主动爆出了周口逾 5000 人吃空饷的消息，一经爆出马上在网络上引发了剧烈的讨论，有赞周口政府的坦诚和勇气的，也有谩骂和质疑的。不过这种由政府主动揭短的舆论事件，无疑是河南舆情管理发展进程中的一抹亮色。郑州卫生局

强行摊派精神病指标的事件一经爆出，立马引发了网友的质疑和批判，引发了舆论对于之前报道过的将正常人强行"被精神病"事件的相关联想，郑州市卫生局先期的回应只是按照上级文件执行并拿出了相关文件，这一回应引发了网友更大的不满，批评之声充满网络，之后郑州市卫生局再一次回应，承认了做法的不科学，表示将予以改正。林州警察摔婴案性质恶劣，并且被当地捂盖子近一个月才得以曝光，产生了很恶劣的影响，也给相关部门拙劣的舆情应对策略敲响了警钟。

二　2013 年河南省网络舆情的特点及趋势分析

通过梳理 2013 年河南省的网络热点事件可以看到，河南省的网络舆情发展出现了一些新的特点和趋势，在热点事件中不仅有事关司法不公、工程质量、社会民生保障等方面的负面事件，也不乏有一些关涉河南经济社会发展进步的正面大事件，诸如郑州航空港上升为国家战略，双汇的国际并购等，而像周口治理吃空饷事件这种地方政府积极主动自爆家丑的行为也是以前很少看到的，这都显示出河南省网络舆论发展愈发积极健康的趋势和政府在应对网络舆情、面对大众舆论方面越来越成熟的心态。具体说来，2013 年河南省网络舆情的特点和趋势主要有以下几个方面。

（一）一方面，大多数网络热点事件信息传播迅速，但消退也快，应对时间有限；另一方面，还有一些网络热点事件持续发酵时间长，热点频出，应对和化解难度很大。

网络热点关注的事件，往往是在事件爆出后不久即会达到关注的峰值，但持续时间也较短，达到峰值后马上关注度就会开始下跌，一般网络热点事件的关注持续时间不会超过半个月。如图 1 所示，在河南义昌大桥坍塌事故和郑州房妹事件爆出后关注度马上就迅速攀升达到了峰值，然后就开始迅速下降，最后达到了一个较低的持续水平。这既说明了网络舆情传播的迅速，也表明了在应对和处理网络舆情，特别是重大网络舆情的时候，快速及时地采取措施，是成功的关键。如果在网络舆情关注的上升期没有采取有效的措施进行应对，而是到了峰值或者关注度开始下降的时候才采取措施，则为时已晚，给网民和舆论所造成的反应迟滞甚至遮遮掩掩的印象已经形成，再想要改变，可能网民早已不关注这些了，自然会收效甚微。

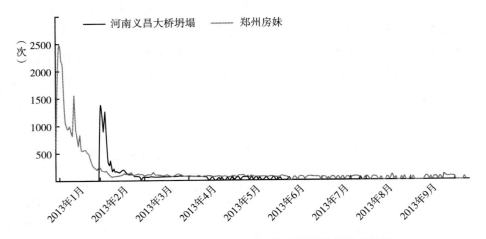

图1　河南义昌大桥坍塌和郑州房妹事件网络关注度趋势

资料来源：百度指数。

同时，我们也应该看到还有一些舆情事件持续发酵时间很长，中间随着媒体和网络的深度挖掘往往会被二次爆料，持续成为舆论关注的焦点，这类网络事件往往直接关涉民生，与民众的切身利益密切相关，很容易触动网友和民众的感情，并且事件本身复杂，化解和应对的难度很大。如周口平坟和袁厉害事件（见图2），我们看出，本来主要发生在2012年的周口平坟事件，由于2013年春节前后很多村民又恢复了自家坟头，周口又开始了所谓的"二次平坟"，引发了网络的新一轮关注和争议，在关注度上形成了双峰。袁厉害事件也是如此，本来2013年年初由于兰考弃婴收养所火灾引发的袁厉害事件，随着时间推移关注度已经在下降，可是由于2月媒体爆出袁厉害将收养孩子分等级的新闻，使得袁厉害事件的关注度又急剧上升，形成了双峰值现象。由图2可以看出，周口平坟事件刚爆出时形成的关注度很高，第二波关注度远不如第一波，而袁厉害事件的两次关注度峰值比较均衡，这两起事件相同的地方在于持续发酵时间都很长，关注度都维持了很长的一段时间，远远不同于一般网络热点事件来得快也去得快的特点，中间两次甚至多次地对该事件新情况的引爆，让事件的复杂程度剧增,并且也更容易酝酿出网络激进的情绪氛围,使得应对和化解网络舆情的难度变得很大。

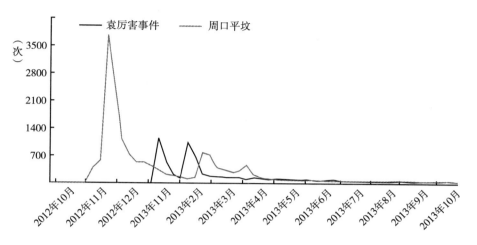

图2　周口平坟和袁厉害事件网络关注度双峰现象

资料来源:百度指数。

(二)网络信息传播媒介多元化,微博、微信等逐渐成为网络舆论传播的重要载体,网络舆情的发生与传播更加迅速、不确定、难以控制。

2013 年发布的《河南省互联网发展状况报告》显示,截至 2013 年 7 月,河南全省的网民数量达到 5755 万人,其中近 80% 为手机网民,而每天使用手机上网 2 小时以上的网民占 35.8%。[①] 使用手机上网,用微博和微信等传递信息,都给网络舆论传播带来了新的变化。手机的移动性,微博、微信的即时性,使得各种信息的传播更加快捷、迅速,也更加难以控制。比如河南义昌大桥坍塌事故,第一时间就有在场的网友拍了照片发到了网上,将此事件公之于众,而之后更有热心网友将坍塌现场的各种照片放到网上进行专业分析,对官方提出的烟花爆炸炸塌大桥的结论进行质疑。而发生在河南柘城二高的学生因不满伙食质量打砸食堂事件,也是经网友拍照片第一时间发到微博上引爆的。可见,在手机上网愈发普及、移动通信工具不断完善的今天,人人都

---

① 侯爱敏、宋建巧:《〈河南省互联网发展状况报告〉出炉》,《郑州日报》2013 年 9 月 6 日。

是媒体，人人都是信息源，网络舆情的发生几乎可以说是无法预测的，也是很难控制的。

（三）作为农业人口大省的河南，农村网民数量巨大，随着城镇化进程的推进，熟悉网络和手机的第二、第三代农民工的产生和逐渐进入城市生活，河南省的网络舆情中的草根舆论更加凸显。

据《河南省互联网发展状况报告》显示，截至 2013 年 6 月，河南省城市网民达到 3589 万人，占网民总数的 62.2%，低于全国城市网民平均占比水平 9.9%；而农村网民数量达到了 2175 万人，占网民总数的 37.8%，高于全国平均水平 9.9%。① 可以看出，农村网民在河南省的占比是比较高的。而随着城镇化的推进，大批的农村务工人员进城打工，向城市聚集，其中的年轻务工人员熟悉网络和手机，也怀着对城市生活的憧憬与向往，希望能够通过自己的努力在城市有立足之地，融入城市的生活。但是城市对他们的疏离、户籍等现行制度的限制，以及快速城镇化过程中的种种问题与不足，很容易让这些年轻的打工者产生失落、失望甚至不满和愤怒，并将这些不满和愤怒发泄到网络上，由于"群体极化"现象的存在，很可能把个人的不满和愤怒在网络上过度渲染和扩大，进而发展成为现实中的各种不当行为与行动。当然，草根舆论更具有积极的方面，他们身处基层，抱有理想和追求，对于社会的各种问题和不足感同身受并积极寻求改变，他们的观点和言论是推进社会发展的很重要的一股力量，所以问题主要是在于如何引导，如何发挥其积极的方面，推动网络舆论的多元化和健康化。

（四）在网络热点事件的关注度上网民的关注焦点和媒体的关注焦点差异较大，体现出了网络舆情两大主体在观念、意识和行为方式上的不同，形成了官方和民间两个舆论场。

通过对 2013 年河南省网络十大热点事件排行的分析可以发现，在对网络热点事件的关注度上网民和媒体之间的差异巨大。虽说这种差异主要是量上而不是质上的，即对于热点事件无论是网民还是各种媒体都是关注的，不会出现

---

① 傅豪：《首届互联网大会在郑开幕发布权威报告描绘河南网民"形象"》《大河报》2013 年 9 月 6 日。

只有网民关注而媒体不关注或者只有媒体关注而网民不关注的现象，但是在关注量上的差异却已经显示出两大网络舆情主体的巨大分歧。比如，对河南十大热点事件关注度进行分析，我们可以发现，网民关注的前三名分别是周口平坟事件、袁厉害事件、郑州房妹事件；而媒体关注度排名前三的是郑州航空港上升为国家战略、双汇海外并购和《南风窗》杂志报道不实事件。对这一结果进行深入分析不难发现，网民们倾向于关注更加贴近自身生活更加关涉自身利益的事件。周口平坟事件网民关注度排名第一。袁厉害事件所反映的是政府在收养被遗弃儿童方面的不作为和推卸责任，而袁厉害的事迹让民众充满了同情，这背后其实还引申出了民众对于社会基本保障、民生等一系列问题的担忧和思考。郑州房妹事件则直指长期以来问题重重的经济适用房制度，这其中的不公平和给民众带来的自身利益的损害是许多人都感同身受的，所以自然会在广大网民中引发巨大的共鸣和反响，也引发了网民对政府政策的不透明、官员贪腐的一系列吐槽和抗议。网民关注度排名第四的河南义昌大桥坍塌事故，也是触碰了民众对政府公共工程质量由来已久充满质疑的敏感神经，很容易让民众由此联想到全国一系列的类似工程质量问题的报道，所以从一开始网民的态度就是鲜明而激烈的，即强烈质疑大桥的质量问题，质疑其中是不是有偷工减料、贪污腐败的行为，即使是在专家组经过现场勘测做出了是烟花爆炸所导致的桥体坍塌之后也没能打消网友的怀疑，这个案例也充分表现出政府在处理舆情事件中公信力的丧失，深陷"塔西佗陷阱"无法自拔。

而媒体的关注点则与网民不同，会更加关注宏观的事件，以及和经济社会发展密切相关的一些重大事件，像郑州航空港上升为国家战略，既是河南经济发展中的一件大事也是政治上的一件大事，和河南未来的经济转型、发展战略等都密切相关。双汇与美国最大的猪肉及猪肉制品生产商 Smithfield 的国际并购使得河南的双汇集团一跃成为世界最大的猪肉加工企业，凸显出河南作为农业大省食品加工产业的巨大潜力和广阔前景。这两件事可以说对河南未来经济社会的发展都是具有里程碑意义的事件，不过由于和广大民众的现实生活关涉较小并且具有一定程度的专业性，所以，虽说也得到很多网友的关注和议论，但大多是一些网络精英网友和相关行业网友的关注，并没有上面所说的那三件热点事件在网络上的关注度大，这其实也反映出河南省网络舆情的草根舆论更加占据主流的特点。而对于《南风窗》报道不实事件，由于一开始《南风窗》杂志就是在报道河南农村的基层干部腐败情况的，所以在很大程度上取得了一般网友的认同，所以虽说后来证明其报道是不实的，但似乎并没有在网民中间产生很大的波澜，整件事件，从始至终都是《南风窗》杂志和相关地方政府之间的博弈，而广大网民似乎更乐于旁观甚至是质疑政府的结论，而不是参与进来或者质疑和批判《南风窗》杂志的不实报道。其实，我们从中也可以窥到一些地方政府在处理网络舆情事件中的尴尬状况和面临的困局。

（五）一些网络热点事件的影响超出了省域，在全国引发了激烈争论，并且再次和地域性歧视联系在了一起，引发了河南省籍网友与外省网友的骂战。

2013年河南省发生的一些影响巨大的网络热点事件，波及了全国，比如周口平坟事件、袁厉害事件和郑州房妹事件，都造成了较负面的舆论影响，在网络上的争论也比较激烈，一度火药味十足。周口平坟事件爆出后迅速引发了全国的关注，特别是一些祖籍河南现居外省人士都从微博、媒体等各个渠道表示了关注，并对这一行为进行了批评，但周口当地一意孤行不仅继续推行强行平坟的做法进行了二次平坟，省内公开批评这一做法的河南政协委员赵克罗在微博上爆出"副处级干部的祖坟可不平""因为在南阳平坟事件中，给领导添了乱，致使自己省政协委员及常委的提名被拿掉"等信息更加剧了事件的爆炸性传播。在这个过程中，出现了个别不理智的网友和有偏见的网友从针对河南人的角度来批评这次周口平坟事件，自然由此引发了河南网友的反驳，导致对热点事件的评论出现了不和谐的声音。不仅是在周口平坟事件上面，在袁厉害事件和郑州房妹事件上，都有外省网友针对河南人进行嘲讽和攻击，地域歧视的阴影仍然在网络上若隐若现。

（六）政府的治理微博大V和打击网络造谣、传谣行动对网络舆论的影响巨大而深远，未来网络舆情发展将出现新的格局。

2013年8月网络大V薛蛮子嫖娼被拘引发了网络上的普遍关注，《新闻联播》甚至破天荒地花3分多钟的时间来报道了这条新闻，而政府治理网络大V，打击网络造谣、传谣、寻衅滋事的行动也快速在全国展开。其实从2013年的6月18日开始，由公安部统一部署的打击网络有组织造谣传谣等违法犯罪的专项活动就已经悄悄展开，一批网络大 V 也相继落网。根据媒体的报道，河南省的相关专项行动也随即展开，共查办了相关网络案件 463 起，批捕了 131 人，清理了违法有害信息 20 余万条，河南全省关闭违法违规网站 29 家、栏目 78 个、违规账号 40 个。① 这次雷厉风行的网络治理专项行动，彰显了政府治理网络环境，净化网络空间，明确法律边界的决心，表明网络再也不是法外之地，网民也并不是法外之民，都应该受到法律和规则的约束。

应该说这次从上至下的专项治理活动所带给网络发展的影响是巨大而深远的，在很大程度上重构了现有的网络舆论生态，这种影响也许不会马上呈现，但未来网络舆情的新格局的出现是可以期待的。而在这次专项行动之后，政府和相关部门如何利用好这次重构网络舆论生态的契机，在网络大 V 集体退场和丧失影响力之后，使更加贴近现实、贴近民生、贴近科学的具有专业背景代表知识精英的中 V 成为网络舆论的主流，营造起尊重真相、尊重知识、贴近民众、健康向上的网络舆论新风尚，也摆在了政府面前，构成考验其执政智慧的一个重大的问题。

三 对河南省网络舆情的思考与建议

2013 年的河南省网络舆情既具有其独特之处，又具有在全国的大背景下网络舆情的共性，因此对于河南网络舆情的把握，一方面要深入河南当地经济社会发展的实际来把握其特点；另一方面，也要立足全国、立足于网络舆论发展自身的特点和趋势，来把握其普遍性的规律。应该充分认识到，在信息化快速发展的今天，互联网的不断普及是为公众特别是普通老百姓能够参与社会管理提供了机会，这无论对于社会还是政府都是积极的而不是消极的，更不应该将其视为如临大敌，相反这应该是政府加强和创新社会管理工作的一个巨大的契机，如何将管理变成治理，还政于民，还权于民，营造一个官民良性互动、社会成员积极参与、充分发挥出公众主人翁意识和主动性的良性发展的社会管

---

① 刘启路、高鸿鹏：《河南打击网络谣言批捕 131 人 一批网络名人被抓》，中国广播网，2013 年 8 月 28 日，http://news.qq.com/a/20130828/009332.htm。

理新局面，是摆在政府面前，也是摆在社会面前，摆在公众面前的一个具有重大政治与社会意义的现实问题。

（一）充分发挥好网络舆论作为社会减压阀的作用，以疏代堵

现代社会工作生活都十分紧张，社会中的人们往往面临了巨大的压力，而正处于社会转型期的中国，社会所承载的压力、矛盾、冲突、困难等负面东西更多，但作为普通民众的网民能够表达自己的意愿、宣泄自己情绪的途径却似乎不多，这个时候，网络因其特点使得人人都是一个自媒体，人人都能在网上对所有的事情发表自己的看法和观点，表达自己的情绪，这其实是一个十分难得的途径和方式。所以政府就应该充分利用好这个网络减压阀的作用，让民众通过在网上发表自己的看法，述说自己的心声，甚至是宣泄自己的不满等手段中来消解自身的压力，从而也为现实社会的和谐与稳定提供了保障。正所谓鲧治黄河，以堵为主，九年不成；大禹治水，以疏代堵，乃至功成。防民之口，甚于防川。无论是历史还是经验，都无数次地证明了，信息的畅通，言论的自由，是维护社会稳定和谐的重要保障。当然，这一切的网上行为，都是要在法律的框架之内进行的，网络不是法外之地，因此对网络行为的执法更应该讲求法律的严谨性和程序正义，这既是对网络秩序的维护，更是对网民个人权益的维护。

（二）建立政府和网民之间的长效互动机制，构建上下畅通的网络舆论体系

现在正在开展的群众路线教育活动，最重要的目的就是发挥我党群众路线思想的巨大作用，让现在的政府和官员能够真正深入群众、了解群众，想群众之所想，急群众之所急。笔者认为，在网络上建立一种政府和民众之间能够互动的长效机制，从而达到一种上下信息的畅通，将会是一种行之有效的办法。这也是当前很多地方政府已经在做的事情了。比如，郑州市政府建立的网民诉求网 ZZIC，就是专门用来与网民进行交流，便于网民网络问政的一个平台，其网站建有网络监督、质量每日投诉、承诺监督、回复汇总等栏目，积极解决网民提出的各种问题，并及时将办理结果公示于民，建立 3 年多来，这已经成

为郑州市推行网络问政、民众监督政府的一个重要的平台。除此之外，政府机构和官员所开的实名微博、网络发言人制度等也都被证明是十分有效的政府与民众网络互动的途径和方式。这方面的摸索应该持续下去，同时将一些好的模式制度化、常态化，构建出真正上下畅通、官民融洽的网络舆论新格局。

（三）要发挥网络意见领袖和传统媒体的引导作用，进一步规范网络环境，凸显网络正能量

由网民为主的网络舆论和信息往往具有零散化、情绪化和主观性的特点，再加上群体极化效应，所以在网上更容易产生偏激的观点与情绪以及对事情主观情绪化的理解和认识。随着博客、微博、微信等自媒体的出现，互联网也不只是依靠传统媒体来提供信息，而是成为了独立的信息源头，很多热点事件也都是先在网络上被爆出，后来才由媒体跟进传播的。这种情况下，一方面，需要传统媒体更好地与网络新媒体进行互动，加强自身的传播能力建设和舆论影响力，利用自身的权威性和公信力来很好地引导民众、引导网络舆论；另一方面，作为网络意见领袖的这些人往往在很多网络事件中起着决定网络传播方向甚至直接决定事件发展的作用，在 2013 年的打击造谣、传谣活动之后，很多网络大 V 退出了舞台失去了影响力，但不代表网络意见领袖失去作用了，而是说我们更需要一批真正有知识、有专业眼光和法律意识，有责任与担当的新一代意见领袖来引导网络舆情的发展。应该注意的是，本文强调的是引导而不是领导，更不是要传统媒体和网络意见领袖们罔顾事实与真相的一种廉价的维稳，而是在出现负面事件时要引导网络的情绪向反思、向建设性的思考方面转变，而不仅仅是谩骂甚至破坏，在面对一系列的问题时候，要能够立足大局提出深刻的思考和建议，引导民众向理性的一面而不是偏激感性的一面靠拢。当然，这其中的底线就是真相，一定要坚持真相不遮掩不欺瞒。这也是在网络舆论上，传统媒体和意见领袖能够保持公信力发挥出积极引导作用的最根本的条件，因为只要你欺骗一次，就再也不会有人相信你了。

B.16

河南省网络安全与监管的
现状分析与预测

李文姣 *

摘　要：

本文从网络舆情、山寨网站、网络诈骗等方面对近年来河南省的网络安全现状进行了梳理，发现河南省网络安全与监管存在的问题主要表现为地方政府和民众缺乏安全意识，并且网络安全与监管缺乏健全的法律法规，监管机构缺乏有效的联动机制，且技术水平落后。由此预测将来河南省网络安全形势将更加严峻，网络信息诈骗和移动互联网将成为重要的监管内容，新技术带来的新风险是河南省将面对的重要问题。因此，河南省应从经费投入、法律建设、构建联动机制、提高监管技术等方面提升网络安全与监管的力度与水平。

关键词：

网络安全　网络监管　现状分析　对策建议

随着互联网和信息技术的迅猛发展，河南省网民数量由 2007 年的 517 万人发展到 2013 年的 5755 万人，在 6 年间增长了 10 余倍，增速达 10.6%，居全国第六位。2012 年以来，河南省互联网呈现出快速融合发展的势态，宽带普及提速工程稳步推进，移动互联网、云计算、电子商务、网络媒体、微博等

---

* 李文姣，河南郑州人，南开大学社会心理学专业博士，中共河南省委党校哲学教研部讲师，主要从事社会风险、网络群体性事件与群体心理研究。

新兴技术服务互为促进，互为补充。河南省互联网稳定发展的同时伴随着危机和挑战，黑客攻击，网站后门、钓鱼网站、移动互联网恶意程序在这一年大幅增长，网络安全与监管面临严峻挑战。网络安全是指网络系统的硬件、软件及其系统中的数据受到保护，不受偶然的或者恶意的原因而遭到破坏、更改、泄露，系统连续可靠正常地运行，网络服务不中断，其本质就是网络上的信息安全。网络监管一般意义是指为了确保网络的安全而由监管部门对网络进行管理，避免互联网受到非法入侵，从而确保个人、企业以及国家的信息安全。随着全球网络应用的广泛深入，网络技术创新的日新月异，网络安全形势不容乐观，网络安全与监管水平不仅是深化平安建设的一项重要内容，也是维护现实社会和谐稳定的重要保障。

一　河南省网络安全现状及网络安全事件的特点

（一）河南省网络安全现状

河南省互联网应急中心于 2009 年开始在河南省通信管理局的官方网站上逐月发布《河南省互联网网络安全情况通报》，纵观数年来的统计数据可以发现，河南省互联网网络安全状况整体评价长期处于中级，省内接收到的网络安全事件报告数量省内感染恶意代码的主机绝对数量，被篡改网站数量、新发现信息系统安全漏洞数量随着互联网的发展逐年增多，总体上公共互联网网络安全态势评价指数为中级。

最新一期的《河南省互联网网络安全情况通报（2013 年第 11 期)》显示：

1. 河南省 2013 年 10 月有 37740 个 IP 地址所对应的主机被境内外木马和僵尸网络秘密控制，相比 9 月增加了 5226 个，增幅为 16.1%，占全国总量的 5.11%（见图 1），排名全国第 4 位，比 9 月上升 2 位；位于河南省的木马或僵尸网络控制服务器有 198 个，比 9 月减少了 70 个，降幅为 26.12%，占全国总量的 2.9%，排名全国第 11 位，与 9 月持平。

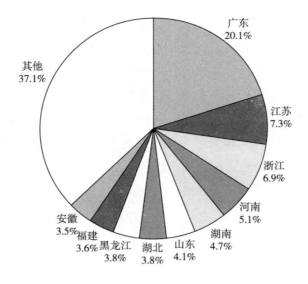

图1

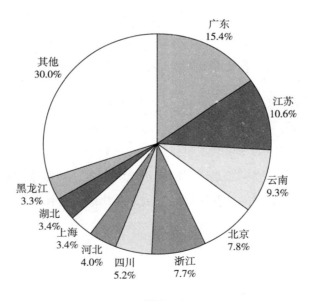

图2

2. 河南省 2013 年 10 月感染飞客蠕虫病毒的 IP 地址有 39826 个，较 9 月增加了 6033 个，增幅为 17.85%，占全国总量的 2.77%，排名全国第 11 位，较 9 月上升 1 位。

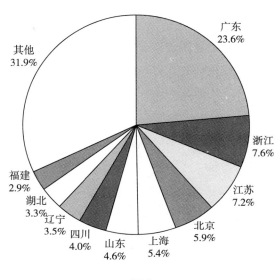

图3

3. 河南省 2013 年 10 月被篡改网站数量为 221 个，较 9 月份减少了 1 个，占全国总量的 3.02%（见图4），排名全国第 7 位。

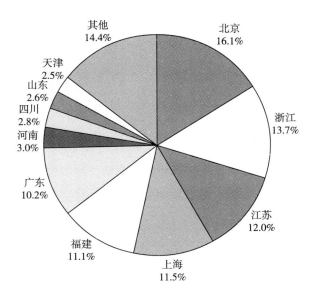

图4

4. 河南省被植入后门的网站数量达 1776 个，较上月增加了 388 个，占全国总量的 6.64%（见图 5），排名全国第 7。

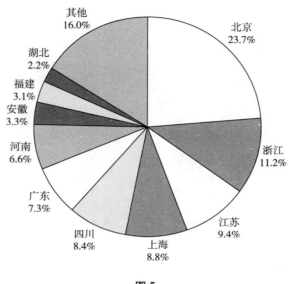

图 5

（二）河南省网络安全事件的特点及类型

虽然河南省在网络安全与监管方面已经做出了巨大的成绩，但由于互联网的互联互通性、无地域性以及易于隐藏性，给河南省的网络监管带来了极大的威胁和挑战。据统计，2010 ~ 2012 年，河南省公安机关共侦破涉网违法犯罪案件分别为 550 起、824 起、1225 起，平均每年递增 45%。互联网已成为各类违法犯罪的工具和平台，黑客攻击、网络赌博、网络色情、网络诈骗以及各类新型网络违法犯罪行为严重影响和冲击了我们的社会秩序。河南省发生的网络安全事件主要有以下几种类型。

1. 发动网络舆情，威胁电子政务

2012 年以来，针对政府的黑客攻击层出不穷，2012 年 8 月 14 日晚，郑州市工商局专业分局网站遭黑客入侵，主页被恶意篡改后添加了反动标语。2012 年 7 月 4 日上午，郑州景安互联网数据中心发现，部署在公司服务器上的延津县、获嘉县的政府网站遭黑客入侵攻击，主页被恶意篡改。据统计2010年以来，涉及河南省的网络大规模群体性聚集日益增多，网上网下互动，一旦形成网络"舆论风暴"，引发群体性上访事件，将严重影响社会稳定。代表性事件包括2010年的"6·4煽动性标语案件"、2011年的"219茉莉花革命"、"新疆艾滋病病人将毒血滴入食物"，2012年的"郑州投资担保公司客户集体上访事件"、"钓鱼岛反日游行"等，其中90%以上是通过互联网勾连策划的。随着无线网络、手机移动网络等网络新技术的推广普及，互联网已成为各种社会舆情的主要发源地和扩散地，网上网下呼应，紧密联系现实社会的突发事件往往第一时间在网上出现并迅速传播、扩张和爆发，在短时间内引发大规模群体突发事件，严重影响社会和谐稳定。

2. 假冒银行官网，盗取客户钱财

此类网站为了骗取客户钱财、信息，假冒银行官方网站或充当中间人，骗取客户账户余额，或非法收集客户信息进行倒卖。此类网站为了躲避打击，绝大多数把服务器托管在境外，在2011年之前比较泛滥，随着大家对网络安全的重视、打击力度的加大，特别是加大对搜索引擎的管理力度，迫使探索引擎提高银行官网排名，以及各杀毒、安防软件对网址过滤功能的加入，2011年后此类网站的生存空间逐渐变窄，此类案件明显减少，但也时有发生。

3. 假冒充值购物，骗取用户钱财

由于网上电信、游戏等各种充值、购物种类繁多，代理商不规范，涉及金额较小等原因，广大网民往往疏于防范，造成此类案件高发。同样的此类网站为了躲避打击绝大多数把服务器托管在境外，河南省虽然在省辖范围内暂未发现此类网站，但每年接到很多遭受经济损失的用户的报案，特别是游戏充值类网上诈骗，但由于金额多数达不到立案标准，立案较少。

4. 冒充知名网站，发布虚假信息

纵览舆情发展，发现有这么一类看似权威的机关或媒体网站，实则只是个人开办的网站，假借知名网站的名义刊登广告，发布虚假信息，收取"删帖费"，疯狂敛财。虚假网站在舆情的发展过程中起到推波助澜作用。例如，2013年嫌疑人王同章一人开办"大河在线""河南观察网""北京时讯网""中国商报网"等42家网站，这些网站均为个人购买域名开办，却冠以知名网站的名字，在网上称为某机关、协会、媒体开办的网站，在无新闻采编发表资质的情况下私自发表类新闻信息。法律无明文禁止此类网站，其存在虽然不合理，但不便打击。且此类网站在网上的基数很难摸清，河南省的开办者居多，但开办者的具体情况难以掌握。

5. 克隆知名网站，实施侵权行为

不法分子通过购买知名网站源代码，利用该源代码便可克隆出和真网站几乎一样的网页，或配合使用钓鱼软件直接骗钱，例如，克隆知名票务网站，用钓鱼软件骗取订票费；或借知名网站的经典页面提高"假网站"的知名度，如克隆"赶集网"的假"赶驴网"。针对出售知名网站源代码的现象，法律上仍存在空白，出售网站源代码并没有直接侵害网站利益，没有明确规定不允许仿造知名网站。河南省暂未发现此类钓鱼网站，但郑州市重点本地网站"商都网"有过被克隆复制的经历。2013 年 2 月 5 日发现，一名为"新家居网（网址：http：//www.xinjiaju.cc/）"的网站，盗用"商都网"页面内容。除域名及联系方式外，对商都网的排版、页面内容、备案号等全面克隆复制。此类对论坛内容复制行为，缺乏法律明文的打击依据，现阶段只能从管理角度让其停止侵权行为。

二　河南省网络安全与监管存在的问题

河南省互联网普及率和发展速度低于发达省份，且互联网网络安全机构成立相对较晚，因此在网络安全与监管方面存在一些不足和问题。

（一）地方政府和民众均缺乏安全意识

我国国家机关和重要部门普遍高度重视网络安全问题，并采取有效措施防范网络攻击，导致黑客的攻击逐步向地方政府和单位转移，据统计，2012 年河南省重要部门约百余台主机被控，失窃文件高达 20 余万件，直接和间接经济损失高达上百亿元。河南省对网络监管问题缺乏安全意识，主要表现在以下几个方面。首先，很多机关部门和企业将官方网站的管理和维护外包给网站服务商，由于很多非正规的服务商缺乏责任意识，不能及时发现客户信息外泄、网站被恶意篡改或植入木马病毒，给托管单位和企业造成无法弥补的损失。其次，有些机关和企业虽然由本单位维护和管理网站，但一般都是由本单位技术人员兼职管理，缺乏专业人才，导致安全监管技能跟不上网络发展的需要，容易给恶意攻击留下漏洞和后门，造成无法避免的损失。再次，政府机关和企事业单位普遍不重视在网络安全与监管方面的投入，建立起初步的网络安全管理制度和应急预案仅仅是为了通过网络安全等级认证，以应付上级检查，之后就满足于现状了，不再对网络安全的技术建设进一步投入更多的资金和人力，也不再进行深入的网络安全设计和维护。

公众的安全意识有所提升，主要体现在个人电脑上杀毒软件的安装与更新和及时修补漏洞的意识较 2008 年的统计有了显著的提高。但是随着移动互联网的飞速发展，手机所使用的安卓平台成为网络安全的重灾区，恶意程序在手机用户中快速繁衍和扩散，安卓平台的开放性给其用户带来了极大的安全隐患。2012 年移动互联网上的安全事件发生率呈井喷之势，并在 2013 年持续走高，个体网络安全与监管的重点已经转移到了移动互联网上，提升手机用户的网络安全意识刻不容缓。

（二）网络安全与监管的法律法规不健全

当下河南省在完善网络安全与监管相关的法律法规已经做了大量的工作，以国家发布的法律法规和规章制度为基础，结合本地实际，出台了一系列适用于河南省的法律法规。但是现行的法律法规仍然滞后于网络的发展，难以适应新形势。目前互联网的运行、使用和管理存在众多法律空白和盲点，网络安全与监管法律法规不健全虽然属于国家层面的问题，但也是各地方面临的共同问题，例如，我国《刑法》（修正案七）《治安管理处罚法》《维护互联网安全的决定》等法律法规虽然规定了对网络违法犯罪行为的处罚条例，但原则过于笼统，缺乏适用性和操作性，不能有效惩治和震慑违法犯罪分子。还有，由于立法者缺乏专业概念认知，导致几乎所有的侵犯网络信息的行为都在钻法律的空子，而免于法律的惩罚；由于保护范围平衡化问题的缺失，导致"入侵重要领域计算机信息系统"罪量刑反而轻于"入侵普通计算机信息系统"；由于缺失法定刑配置，导致重要领域计算机信息系统可能更易遭侵入；由于电子勘验鉴定机构司法许可的缺失，网络犯罪的审判工作被推向尴尬境地，等等。由此可见，制定有效的互联网安全监管制度和法律，打击利用互联网进行违法犯罪行为，是实现河南省网络安全应急管理的基础，最大程度保护用户的网络安全任重而道远。但是我们仍应认识到，虽然河南关于网络安全应急管理相关制度仍存在诸多的不足，但是现行的法律法规仍然对完善河南网络安全的管理制度和构建网络安全应急管理体系提供了基础，对河南省的网络安全应急管理提供了法律支持。

（三）网络安全与监管机构缺乏联动机制

河南省在网络安全与监管领域存在的另一问题是各个监管机构之间缺乏有效的联动机制，仍然局限在各自分管的领域进行分散式的治理。主要表现在：其一，公安机关对跨地域实施的网络违法犯罪，难以掌握犯罪证据并展开调查追踪，造成立案容易破案难的局面。其二，由于网络犯罪的社会危害性不直观，行为人的罪恶感弱化，导致该类犯罪防控难度加大。其三，"第三方支付平台"监管职能不清，催生网络交易混乱，易被犯罪嫌疑人利用，造成对虚拟社会违法犯罪活动打击不力；其四，部分网络运营商在经济效益的驱动下，忽视管理责任，缺乏对虚拟交易的控制，增加了网络监管的难度。就河南省而言，建立有效的互联网安全管理制度和机制，促使公安、工商、教育、文化传媒和众多的互联网安全管理机构实现预警共享、应急沟通和应急协作，提高网络安全防护、监管能力，是实现河南省网络安全应急管理新突破的重中之重。

（四）网络安全与监管技术落后

随着互联网的高速发展，最显著的特点是网络安全监管领域扩大了，从技术角度看，打击网络违法犯罪的根本是双方网络技术之间的抗衡。由于河南省的网络安全与监管仍处于初级发展阶段，客观层面存在基础数据库不完善、专业设备缺乏、管控技术手段更新不及时、技术力量不足以及计算机取证、痕迹提取等新兴技术欠缺等众多缺憾。主观层面存在公安民警缺乏搜集网络情报信息的敏感性、侦查技能与网络发展不匹配、工作缺乏技术含量和精确性较低等不足。因此，全面提升河南省网络安全与监管的技术水平，是保障河南省网络信息安全的重要因素。

三 河南省网络安全与监管的未来发展与预测

（一）网络安全形势将更加严峻

"宽带中国2013专项行动"在河南省的具体工作体现在实施5个工作计划，包括"宽带中原"建设计划、郑州信息集散中心和通信网络交换枢纽地位提升计划、农村宽带服务水平提升计划、创新转型发展计划、宽带普及应用推广计划。随着上述宽带发展计划的实施，河南省将呈现出移动互联网快速发展、应用终端不断丰富、信息系统云端化、资源大数据化等诸多新特点，拓展新领域。但更多的网络安全事件将随之产生，网络攻击将越来越呈现入侵渠道多、威力强度大、实施门槛低等特点。2013年《河南省互联网发展状况报告》称，未来河南省互联网面临的情况将更为复杂，网络安全形势将更加严峻。

（二）网络信息诈骗将严重危害网络安全

网络的虚拟性和监管的高成本等现实问题助长并加剧了网络信息窃取和网络诈骗，给网络用户带来巨大损失。中国互联网协会12321举报中心统计，2012年6月，该中心接到举报不良网站共9535件次，其中诈骗网站数量为1324件次，占18.77%；接到垃圾短信举报共30233件次，其中涉嫌欺诈的数量为6499件次，占21.5%；接到垃圾邮件举报共4142件次，其中欺诈类数量为107件次，占2.58%。网络诈骗已严重干扰和危害了人们的正常工作和生活。网络信息诈骗主要通过短信、邮件和网站3种途径实施，在手段上，除传统诈骗方式外，还可通过病毒、木马、钓鱼网站等方式窃取个人信息，给用户造成重大损失。河南省网民数量大、网络应用广，使得诈骗活动得以覆盖广大领域和对象，诈骗行为往往隐藏在网络的正常交往、通信和交易活动中，通过降低用户警觉性，给用户造成严重危害。2012年12月全国人大常委会通过《关于加强网络信息保护的决定》，网络信息保护立法已经步入日程，但是，法律法规细化、管理措施落实、技术手段建设等诸多方面仍有大量工作有待完善，有效防范信息窃取和网络欺诈还有很长的路要走。

（三）移动互联网将成为网络安全与监管的重要平台

《河南省互联网发展状况报告》显示，截至2013年6月底，河南省互联网用户规模为5099万户，排名全国第6位，其中河南省手机网民数量为4735万，手机网民占全省网民的比例达79.8%，高于全国平均水平1.3个百分点。河南省网民中使用手机上网的比例已经超过了台式电脑，手机成为最重要的上网终端。随着移动互联网的高速发展，人们的生活越来越多地依赖移动终端进行社交和经济活动，但同时给不法分子提供了犯罪的温床。固定互联网上原有的恶意程序传播、远程控制、网络攻击、垃圾邮件等网络安全威胁也快速地向移动互联网蔓延。这些恶意程序往往在用户不知情的情况下窃取用户个人信息，诱骗用户上当受骗，造成用户的经济损失。不法分子通过移动终端和移动互联网收集与售卖用户信息、强行推送广告、攻击移动在线支付等来获取经济利益，催生了移动互联网黑色产业链的发展。比如，基于位置的服务所收集的用户的地理位置信息被犯罪分子利用，成为他们的重要信息源；恶意程序利用二维码技术传播和扩散；软件开发商和软件平台管理留下的软件后门，被不法分子利用，安插木马病毒和恶意软件，威胁用户信息安全和造成财产损失。移动互联网已经被各种病毒、木马、恶意代码等攻击行为全面侵袭，据统计，2012年新增手机恶意软件达65227个，同比增长263%，其中有28%用来窃取用户个人信息并从中牟利。因此，对移动互联网恶意程序进行有效的防范和控制，不断提高移动智能终端的安全能力，关系到我国移动互联网的健康发展和对广大移动互联网终端用户合法权益的保护。在不久的将来，移动互联网将成为网络安全与监管的主战场。

（四）新兴技术的发展将引发新的网络安全风险

随着大数据、云平台和移动互联网等新兴技术在全省的普及，河南省数据资源正在呈现爆发性、多样性的增长态势，新兴技术的发展将引发新的网络安全风险。2011年，我国最大程序员网站的600万份个人信息和邮箱密码被黑客公开，进而引发了连锁的泄密事件。2013年2月，中国人寿80万名客户的个人保单信息发现被泄露。2013年10月，2000万开房信息被公开，个人隐私遭泄露。这些事件都凸显出在大数据时代，信息安全管理所面临的前所未有的挑战。

首先，大数据意味着大风险。数据安全管理问题，是我国应用大数据面临的最大风险。虽然将海量数据集中存储，方便了数据分析和处理，但由于安全管理不当所造成的大数据丢失和损坏，则将引发毁灭性的灾难。有专家指出：由于新技术的产生和发展，对隐私权的侵犯已经不再需要物理的、强制性的侵入，而是以更加微妙的方式达到目的，由此所引发的数据风险和隐私风险，也将更为严重。而且存储大量高价值数据的信息系统将吸引更多的潜在攻击者。其次，云平台存在各种安全隐患。越来越多的组织和个人将信息移入云平台中，一旦云平台在传输和存储信息时遭到窃取、篡改、破坏等攻击，则其影响范围将呈几何级增长。黑客将攻击隐藏在云中，在云平台上利用数据挖掘和关联分析技术盗取信息，给安全事件的追踪分析增加了困难。最后，以移动互联网为主体的多元化智能终端的发展也将为网络攻击带来更多的攻击渠道，为不法分子提供更多的手段，实施网络违法犯罪活动。因此，如何应对新技术带来的新风险是河南省网络安全与监管将要面对的重要问题。

四 河南省网络安全与监管问题的对策与建议

（一）保障经费投入，提高网络安全意识

加强对新型网络安全威胁和应对措施的研究和投入，是提高网络安全保障技术水平的基础。当下新兴的互联网技术可能引发的新问题和新风险主要包括不断翻新的木马病毒、钓鱼网站、僵尸网络、移动互联网恶意程序、安全漏洞、AP下攻击等。另外，随着网络新技术、新应用的层出不穷，为了应对飞速发展的互联网技术，运营商的网络线路每半年至少升级一次，技术更新也是网络管控面临的一大难题。应对这些问题，省财政应统一将市县两级网络安全建设经费纳入年度预算，并逐年递增，确保网络技术装备一流化、国际化，真

正达到与互联网技术发展同步。同时，各个基础信息网络和重要信息系统的所属单位也同样应加大网络安全保障投入，强化安全防护和管理，坚持做到安全防护设施的同步规划、同步建设和同步运行。在保障经费投入的基础上，应加强对政府机关、企事业单位和民众的网络安全意识和防范知识的宣传和教育。

（二）推进法律建设，提升依法管网能力

推进法律建设的重要途径就是加强网络空间立法。上升到国家层面，可以加快出台国家信息安全战略，明确应对网络攻击、网络窃密、网络犯罪和网络恐怖主义等网络安全威胁的战略目标、指导思想和方针，为维护国家网络空间安全制订整体规划。而具体到河南省的层面，就要求清晰地划分地方政府机构、重要信息系统运行单位、互联网企业等各方的责任；针对重要信息的安全防护系统，网络敏感信息的监管，个人重要信息的保护等，应分步骤出台或细化法律法规，细化网络违法犯罪的法律界定范围和量刑标准，确保取缔网络犯罪有法可依。

（三）构建联动机制，提升网络稳控能力

结合河南省实际，应整合网安、宣传、国保、反恐、情报中心等部门，建立舆情监控、引导反制、情报研判、网络侦查、公开管理、技术保障"七位一体"模式。一是舆情监控。建立市县两级互联网信息中心，强化 7×24 小时网上巡查机制，加强部门间的配合联动，打造全方位、立体网上管控体系。二是引导反制。针对网上舆情，由宣传部门牵头，责成相关单位，迅速查明真相，第一时间向社会公开，适时开展引导，尽快消除社会不良影响。三是情报研判。强化情报搜集研判，及时掌握深层次、苗头性、动向性信息，防止形成危害。四是网络侦查。建立"重大病毒疫情通报机制"，定期为郑州市互联网联网单位通报近期流行的或即将发生的重大病毒疫情，指导互联网联网单位，特别是关系国计民生的重要信息系统使用单位，及时做好病毒防范工作，避免发生重大网络安全事故。六是技术保障。学习互联网新技术、新应用，加强电子物证检验鉴定中心建设，为打击网上违法犯罪活动提供技术保障。

（四）提高监管技术，加大网络监管力度

提高网络安全监管技术需要多部门的协力合作。政府主管部门应承担起监督、管理、督促、协调的责任，监督企业落实责任，加强对移动互联网、增值电信业务运营商的网络安全的管理，督促公安部门开展针对木马病毒和僵尸网站、恶意程序、钓鱼网站、拒绝服务攻击等安全威胁的清理和稽查；协调通信行业、互联网企业、软硬件厂商等充分发挥行业优势，加强行业自律，积极配合政府主管部门，净化公共互联网网络环境。提高网络监管技术还应积极加强队伍建设，建立合理的人员培训机制、人才保障机制、奖励激励机制，提高从业人员专业技能，吸引专业技术人才的加入，建立网络安全人才库，打造一支高水平的网络安全队伍。坚持清理整治和强化管理并重，最大限度减少各类网络违法有害信息的存在空间。

参考文献

徐继承：《河南省互联网络安全应急管理问题及对策研究》，郑州大学出版社，2009。

河南省通信管理局、省互联网协会：《河南省互联网发展状况报告》，2013 年 9 月。

河南省通信管理局：《河南省互联网网络安全情况通报》2013 年第 11 期。

河南省通信管理局：《河南省互联网网络安全情况通报》2013 年第 10 期。

中国互联网络信息中心：《2012 年中国网民信息网络安全状况研究报告》，2012 年 12 月。

国家互联网应急中心（CNCERT）：《2012 年我国互联网网络安全态势综述》，2013 年 3 月。

B.17
网络舆情的政府应对能力分析

赵维泰*

摘　要：

网络舆情的政府应对能力的实质，就是政府借由网络揭示的事件，予以自我管理的问题。本文揭示了网络舆论的本质，提出了网络舆情的回应权问题，同时研究了政府应对能力的三大构成：网络舆情的政府应对应有的理念；构建全方位应对体制；规范化的应对程序和指标。从完善政府应对网络舆情的整体架构出发提升政府能力，这是重建公信力的关键。

关键词：

网络舆情　回应权　应对理念　应对体制

网络社会的兴起已经是不争的事实，它绝非简单的技术革新，它改变了社会交往形态。随着网络媒体特别是自媒体的发展，网络已经成为各种信息、诉求以及情绪的聚集地。在现实矛盾网络化的同时，传统的社会控制及管理模式已经无法适应这种变化，政府网络应对能力也成为一个大问题。掌握网络时代的特点，在共治、善治理念下改善治理方式，已经成为网络时代政府执政能力的一部分。

一　2013 年河南网络事件的属性及政府应对状况

（一）河南网络事件的类别及属性

据不完全统计，截至 2013 年 9 月，河南省网络舆情（排除重复性内容的

＊　赵维泰，河南省社会科学院社会发展研究所副研究员。

网络事件）511例。略分19大类，依次排序为：

（1）政府及官员问题182例，占35.61%。其中反映政府的72例，占此类问题的39.56%；反映官员的110例，占60.44%。（2）公检法问题124例，占24.26%。（3）安全问题25例，占4.89%。（4）学校、教育和学生问题22例，占4.30%。（5）村官问题16例，占3.13%。（6）土地问题16例，占3.13%。（7）拆迁问题13例，占2.5%。（8）维权问题12例，占2.34%。（9）环境污染问题10例，占1.95%。（10）诈骗问题10例，占1.95%。（11）社会暴力事件8例，占1.56%。（12）冤情问题8例，占1.56%。（13）黑社会势力问题7例，占1.36%。（14）社会伦理问题6例，占1.17%。

通过上述511例网络舆情的粗略类分，涉及政府及官员的问题占很大比例，如果公检法也归属政府类的话，那么，总共有306例，占总数的59.87%。如果再加上其他类别特别是诉求针对政府的网络事件，可以说，与政府及官员相关的网络事件占了相当一部分。因此，网络舆情的政府应对能力的实质就是政府自我管理问题。这种自我管理表现在三个方面：第一，通过自我管理，从源头上减少网络舆情事件。第二，完善自我管理应对网络舆情事件。第三，在自我管理的基础上依法治理网络环境。政府网络应对从某种意义上说是在民众面前呈现自身的管理能力。回应民众的问题就是加强自我管理和监督的过程，这是本文分析的主线。

（二）对政府网络舆情应对能力的基本判断

1. 网络舆情应对的技术体系已经形成

网络舆情事件频发，已经成为一个现实问题。各级政府、机构都已经认识到这一点，在建立和完善应对体系方面做了很多工作。主要表现在以下三个方面：（1）网络舆情监控体系正在健全，有的已经较为健全。（2）从省级各个部门机构到各地级市相关部门机构，从传统体制转变到新网络舆情体制，有积极整合的苗头。（3）舆情引导意识提高，其机构和机制正在完善。

2. 对网络舆情的重视程度提高，对网络舆论的认识开始明朗

网络舆论是互联网时代最重要的舆论形态。互联网改变了传播方式，实现了由垂直向平等关系的转变。随着网络的普及，网络舆论成为不可忽视的力

量，不但影响着日常生活，同时也对政府决策和执政产生了重要的影响。对待网络舆情，高层旗帜鲜明地支持舆论监督，基层组织也从恐惧、抵触、不适应转向主动面对网络舆论。对于网络舆论，政府部门也不再将其视为负面的因素，其正能量也开始被政府工作人员特别是高层所认识。河南一些地方提出"网上发现问题，网下解决问题"，挖掘网络舆论的正功能。这种对网络舆论的全面认识，正是网络时代所需要的。

3. 主动应对成为主流，政务微博逐步成为应对主力

2012年以来的政务微博形成了政府多部门机构群集化的应对方式。构成了多部门微博矩阵中联合应对的新局面。截至2012年10月底，河南政务微博总数为4071个，位居全国第二，覆盖所辖18个地市。目前，河南在新浪上开通官方微博的政府机构已经达到2789个。公职人员微博数量庞大，重视微博活动策划与舆情收集。尤其不同于其他省份的特点是，县处级以下基层政务微博达3385个，占总量的83.2%，使得关注和服务的对象更具体，与网民互动等方面发挥着更大的作用。从以微博平台问政于民、问需于民、问计于民，到2013年公开政务信息、直面舆情、展示真相，已由问政平台转变为行政办公平台。在众多的政务微博中，有的政务微博让网民称赞，有的却成为"僵尸"微博。

4. 政府应对的整体能力还有待提高

应对能力不只是建立所谓的舆情监控体系，更在于整体能力的提升。网络舆情的整体能力不但体现在技术体系的建立上，也不仅仅在于应对形式的完善，最关键的是本质内容的提升。也就是说，不仅仅要改进应对之"术"，更应改善应对之本。从垂直的管控到平等的共治，只有完成这种转变，整体的应对能力才会提高。目前，网络舆情的应对技术体系已经建立，政府对网络的重视也达到了前所未有的程度，但是，整体应对能力还有待提高。主要表现在两个方面：（1）治理理念与网络时代不相适应，"搞定"思维占据主流。不是真正地解决问题，而是搞定舆论。（2）政府应对的组织形态还是各自为政，各级政府部门、市县或者系统行业机构各自为政建立了网络舆情监测和联动应急处置机制。有的实行了网络舆情监测、研判、处置、督办等项制度。虽然提高了机构组织自身内部或者系统区域的应急处置网络舆情能力，但是，对于网络

舆情的超越地区性窜越集群形态，以至于忽现忽爆的状况，应该建立横向有机勾合与系统直联组合型的专职、专任和专权体制。

二 政府应对存在的问题和深层阻碍之分析

（一）政府应对存在的问题

1. "掩、堵、捂"状况依然普遍存在

衡量权力异化、权利不公和利益不良争夺现象的网络舆情事件占有较大比例。对此，最典型的不称职的是缺乏全力回应，或者被动选择，尤其冷落等多种政府应对状况，都是在催导着舆论爆势。尤其面对真相的沉默，则会更加激燃民众的焦虑火焰，催发众目鄙视，升情绪至亢烈，使政府形象和公信力遭到投污。

2. 政府应对客体与主体的关系被混淆

一些网络舆情出现众意势迫或者群情势态失控时，甚至导致不良后果出现时，政府方面才予以应对。这种被动于压力或者从开始拒绝到没有深度理解民意的无奈性应对表现，其影响招致和引起了民众舆论取向以及趣向的群体性非理性化、无原则性、一边倒偏激型、越加强势性倒逼、复加对峙型等网络型集体行为。此中政府应对方式中只有迎合、俯首或者无奈的妥协，致使政府主体性威信和职能呈现低能状态。政府客体与主体含义被混乱了，致使不能与众相融与民和谐。

3. 舆情问题的解决具有偶然性，缺乏体制性、普遍性的解决途径

从网络事件中可以看到，舆情的真正平息很大程度上都必须依靠上级领导。舆情中的问题只有在上级或主管机构的过问和"指示"下才能够得到切实性解决。让人以为只有造成非常大势的网络舆情，才可能解决问题。因此可见，陈陈相因之处之一，就在于为了能够得到政府重视解决，网络舆情就必须经由这样一个过程，亦即紧紧抓住关键时间空间，造成非常势大的舆论强流（这不仅启发着如何编制谣言，如何哄然四起，也为谣言蛊惑提供了借便之机），当能够与那些权力之势以及灰黑利益势力正面抗衡时，再激发正义的社会力量聚集，以便企求得到权高位重领导的问责式发话。当这样的领导一旦出

现，问题的解决也就不远了。这是目前最常见的舆情过程。因此，以无遗漏为原则的及时回应、查处和交代于民，必须成为衡量政府应对能力的重要指标之一。

4. 舆情应对缺乏依理互动的理念，依力博弈的现象突出

在应对过程中，不能完全公正公平的政府应对事例为数不少。无论处于什么样的角色都呈现着博弈意识，总是以对立之点争夺着各自的利益。有的自始至终挑剔或忌刻对方，有的为了拼命保住自己的利益而肆无忌惮地使对方沉没，包括名誉权威等。

（二）抑制政府应对能力的深层要素分析

据论，权力的第一层是凭借资源对他人实施的控制；第二层是人们能够在合作中以增进他们对第三方或者自然界的权力。因此无论多么优良的和人民赞同的网络舆情的应对制度与方法，如果遭遇到如下不正当的权力关系时，都必然或多或少地受到毁损。

1. 低下的公信力是网络舆情失常的根源

从党、政府和人民一体本源性上看，不能过于强词一些网络舆情的真实性程度问题，除了个别意在惑众臆造之外，更应该看到诸如政府以及公检法的公信力低下问题。正是某些低下的公信力才增高了民众的疑问度，使得民众事事处处不得不产生质问和摇摆，堆积性产生着群体性焦虑，一边寻找着主心骨一边对政府提供的事实不愿投以确定。公信力的普遍性提高，作为党性之根本、治国之基、政府之质应该是政府应对能力依靠的核心和矢志不渝的追求。

2. 利益及责任捆绑造成舆论对峙，使网络舆情事件不能真正平息

在网络事件中有一个非常明显的现象：事件中连带出官官、官商等利益同体关系者。尤其是官场权阀及职权之间、官权商域之间、有些财大气粗就敢于行劣者之间等，都或多或少地具备着或者被缠附着千丝万缕的牵带关系，或者勾搭成相互不良支持关系等，为了共栖于利害攸关之需要，在某要点上形成了立体式控制一方的黑灰性势力。此这种状况之下，当民众尚无聚合那些本来就有的共性力量的条件时，都是微弱的。少有主动冲击自己与人民群众之间那道官方围墙现象。有许多表面迫于舆论趋势和压力的应对作法，实质上却反而将人民极力想推翻的围墙固化得更加根深蒂固了。

3. "官员"架空了公权，也架空了政府应对能力

应该注意到，在一些网络舆情问题解决的关键点上，都或多或少地缺乏忠实于法律的现象。从2013年的某些具体事件的应对意识、观念形态、态度性向、方式方法、目的导向、价值权衡、评判取择、自我定位以及结果效用等来看，作为和谐社会深度发展的时代异常重要命脉的网络舆情，对于某些占据一定官位职权者来说，似乎没有"官民和谐"这个逻辑字眼，用"官"架空了权力的正当性、将"权"架空了职责，使职能滥用架空了政府、架空了职位伦理和架空了自我人格。这些扭曲性、膨胀着的权力性向，将网络舆情中的个体民众看作蝼蚁，使用非正道利益将权力者围集起来，官官相护和官商相勾而形成了唇齿相依围城，只顾自身利益或者袒护自我势力而与人民意志隔离开来，甚至背道而驰等状况，正是政府应对能力建设过程中必须正视的症因。

4. 宣传和舆论的强霸习性使得舆情激化

网络舆情的一种本质性关系，就是为了广泛和深度地析出真理而防止谬种流传。正是由此民众才成为强流主体。于是产生了一种不可偏废的逻辑性认识，即主流舆论并不仅仅存在于政府中，代表人民的不一定在官场中。但是主流关系的整合或趋向的确定，却在于政府主导的官民一体关系中。因此，政府必须深层上改变传统的独家管控舆论、排斥民众参与的做法，建立多元化的舆论生态和鼓励多重话语体系构成的舆论形态，尊重每一个社会成员与每一位官员的平等社会舆论话语权，目的是相得益彰，而不是互为博弈争势。政府必须以此为基，从思想意识上认识到，任何真理都可能同时存在于政府和民众之中，而不偏袒任何一方。宣传舆论的霸权习性和专权思维不仅是政府与民众的隔阂之因，还会导致同一条战壕中相互激烈博弈状况。政府只能竭尽全力对付谬误，这是需要起码的公心的。

三 网络舆情应对的应然性视角和回应权问题

（一）社会关系性质决定着网络舆情事件趋向和政府应对能力

人是社会关系的总和。党和政府的各项方针政策，依法治理和道德操

守，从政行为和发展性质等总是要接受人的实践性社会关系检验的。不同的社会关系造就了人的不同反应和认识。（1）网络舆情是民众对自己社会关系体验的反应，决定着事件的揭示还是扩散，以致形成舆论。（2）事件被揭示过程中，又再度牵涉进来的社会关系状况和程度，会更高能量地再一度起到至关重要的作用。事件或问题的性质和影响最终也要决定于当时社会关系中的权力位置和势态等因素的影响。本文从利益关系上，看到并分析了网络舆情及其事件之中，与其背后的官官关系、官民关系以及绞缠其中的各种利益关系。目前看到许多政府应对能力状况都是来自其官员自身的素质和能力，由于其社会关系都是被利益关系左右着，法制和制度关系往往被置于其次，也就是社会关系影响和决定着当前一些地方政府的应对能力。

（二）维护正义的本然性是网络舆论集体意识的出发点

网络为民众参与公共事务提供了空间，虽然有非理性因素，但主流民众的出发点却是维护正义的本然性。对正义的认识会受到立场、情绪的影响，但追求正义却是大众舆论的出发点。从党的性质出发，网络舆情已经成为必需的、最为实际的、维护正义的人的本然性要求的平台。人的本然性要求才是网络舆情始发、复发、频发、多发、众发、肆发、喷发的真正动因。人的平常性的、无异化平等是所有网络舆情的共同内核，只不过这个准则都是以"仁者见仁，智者见智"的不同立场表现着的。

（三）网络舆情疏导的主旨是将官民纳入协同共治的空间

无论什么时候，人民总是希望与党和政府的血肉关系坚不可摧。网络舆情中也普遍存在着民众要求与政府一起参与对社会治理的内在要求。这也是使某个事件不断传播以及舆情不断产生的内在驱力。及时和公正地予以有效回应和解决就是民众广泛参与的目的。如果做不到，就会使网络公众更加集中产生统一化社会情动，将单纯的网络舆情事件更加广泛扩散，使人与人之间、社会文明信心和各种集团之间的调和与和谐遭到损毁，使党与人民的血肉关系受到伤害，增添了民众苦痛。

（四）应该认真讨论网络舆情的回应权问题

网络舆情的回应权问题，没有引起太大的关注。网络事件揭示者是掌握回应权的人民群众的具体或者代表者；政府是按照人民的回应权的内涵进行全方位网络舆情应对和管理的；责任官员既是执行者又是代表民众的督促者，向政府负责和向人民群众负责并重；广大人民群众不仅是回应权最终所有者，同时也是监督和质询者。

回应权应当在各种制度形式中体现出来。必须形成公共回应制度和体制。因为政府应对之前和之后所面临的问题涉及范围广、触动利益的点面多、处理难度大，受相关权力或者势力困扰的状况层出不穷。如果没有法律效力、制度保证、管理监督、质性检测和责任追查的公权力予以昭示和支持的话，人民群众的回应权就会被那些非正当利益的权力把持者与利益相关者剥夺，使得消极怠职现象屡禁不止，有的甚至宁舍职与位而不予以应对，或为自身利益及基本官场生态不致受损而闭塞耳目地"掩、堵、捂"着。

在制定网络舆情公共回应制度和政务责任时，应该充分考虑到，诸如具体任职人的职责和不可匿名问题；后果承担方的确定问题；那些拉拢起来的权力关系网或者势力圈的状况；流于形式问题；不惜职位自保问题；根深蒂固的利益权力关系和黑灰势力的长久存在问题等。政府对网络舆情应对体制的建设及构成是其公共应对能力的关节点。网络舆情的政府回应权力要有一个完整性、全面化和透明化的法制、体制和制度形态。尤其对舆情事件中已经明显拒绝应对，或者轻描淡写，或者蜻蜓点水式的应对等，要对责任者予以专门的档案式监管和留尾巴式的标注性警告、处罚和处分，直至最严厉的处理。

四　网络舆情的政府应对能力的构成

（一）从网络舆情的本质看政府应对能力的价值旨向

虽然网络舆情有非理性的成分，但出发点却是追求正义。少部分人通过网络制造出的不良影响，可以通过公开的互动予以消除。认定民众是有理性的，是求真、求善的，这一点在政府应对中非常重要，这是共治的基础。

（1）网络舆情的社会功能及价值之一是推动政府自身建设、高效执政的重要因素。应对网络舆情的过程促使政府持续不断提高甚至转换执政意识和执政形态，是政府与人民群众实现共同一体的直接方式和主要手段。

（2）政府应对网络舆情的核心目标，就是在互动过程中，严守以人为本，主导核心意识（理念）、核心价值观与和谐利益观，将其融合于人民群众的思想落实于行动，深入日常生活之中，从而构建出鲜活和谐的社会面貌。

（3）网络舆情的根本作用是以现实民心包括培养崇高理想境界为目的的，一般方式是通过动员社会各方面关系汇集成社会自我完善的力量，使整个社会不断自我转变和持续发展。此中，政府与网络民众理想与目标高度一致，这种高度一致是政府应对能力的基础和检验标准。

（二）提高网络舆情的政府应对能力的对策及建议

1. 确定网络舆情的政府应对意识

网络舆情的政府应对意识，或者称应对理念，是网络舆情的政府应对能力之本。网络舆情的生成、演化和积聚爆发的技术性应对，也都必须行使在一定的思想意识、官民一体伦理、德治和法治制度的逻辑关系之中。政府针对网络舆情应该全面提高以下诸方面理念。

（1）确定任何矛盾都完全接受、完全容纳和完全准确处理的网络舆情的政府应对意识。（2）以网络舆情回应权在人民群众方面为根本出发点，使政府自体和各类关系服从人民主体的原则性意识。（3）构建能够与民众高度一致并能恰当融合与适度解决社会矛盾和问题的应对实践理念。澄清当前一部分官员对网络舆情持有的各种模糊意识观念。（4）将出自实践的网络舆情应对经验规律具体意识化，以实际提高政府的应对能力。（5）无论任何状态下，都必须高度忠实于保持和提高公信力的需要。（6）在网络信息流动中让政府权力转变成社会基层及更多阶层的权利，最终融合成高度和谐的官民共用权力的理念。（7）将网络舆情作为常态化的建构主流价值与引领社会共识的职责意识。（8）有关网络舆情的政府应对客体和主体的辩证性运动关系的方法论及方法的运用意识。（9）应对过程中不允许主体间失和及损害群众利益的任何状况的警戒性意识。

2. 构建全方位政府应对体制

面对日渐高发网络舆情事件，需要强大的系统应对链和多立体组合式应对能力。就是全方位的网络舆情需要全方位应对体制的全方位应对措施和手段。

所谓全方位政府应对体制，就是政府多机构部门和地区的衡向与系统性的紧密型联合组织体制，能够全方位关注，任何一点都能够迅速及时回应、多立体配置、系统性把关、协作性制衡和快速性机制的应对网络舆情状态。是一个专门性、专职化、专责体的从平面到立体都完整的网络舆论应对系统性体制机制和体系链。

全方位政府应对体制，是依靠体制的多面性能力而不是依靠单个机构及个别官员，做出随时掌握舆情，随时关注和即时统计，对舆情定性定理定量定情分析、判断、确定价值、标定准则、提出合理化建议、做出方案和规定措施、共同反应、原则一致、进退一致、合力排除难点、共同控制、及时解决不搁置等，是与民众无时间、无空间距离回应的体制。还要成为干预和问责机制，用网络舆情检验政府、作为政府具体部门的评价机制。

此外，全方位政府应对体制还必须注意两个方面：一是建立专门的网络舆情社会科学研究体制。网络舆情主体的多元存在，需要体系全面、层次多元的应对理论建设，需要使用社会科学研究方式和方法；二是建立网络舆情应对的民间组织力量。

B.18
网络社会背景下河南省农民工
网络意识与行为研究[*]

蒋美华　杨林芳[**]

摘　要：

　　随着我国公民上网率的普遍提高，农民工成为使用网络的一个
重要群体。我们可以看到，当前农民工在使用网络方面有很多
特点，也有很多值得肯定的地方：如网络主体意识较强、网络
使用范围较广、网络休闲充分介入、网络交往逐步拓展、网络
道德多能遵从等。当然河南省农民工的网络意识与行为也存在
很多问题，如农民工与网络的弥合不够、网络安全意识较差、
网络规范意识不成熟、网络学习意识与行为尚待开发以及网络
公民意识与行为尚未形成等问题。这些问题的产生受到多重因
素的影响，需要从不同角度提出相关对策建议，如国家应建立
健全网络使用的相关法律法规、政府应加强对农民工理性网络
行为的引导、社会应合力为农民工创造良好的网络环境、农民
工应积极提升网络意识和网络运用能力等。希望在各方的共同
努力下，推进农民工更好地利用网络新媒体，推进整个网络社
会的有序发展。

关键词：

　　网络社会　农民工　网络意识与行为

---

* 本文为 2010 年教育部人文社会科学研究项目"网络意识对女性网民行为的影响研究"（项目批
准号：10YJA840016）和 2013 年河南省社会科学规划决策咨询项目"当前社会道德领域存在的
突出问题及对策研究"（项目批准号：2013D018）的阶段性成果。
** 蒋美华，博士，郑州大学公共管理学院教授，硕士生导师；杨林芳，郑州大学公共管理学院
2011 级社会学研究生。

随着我国公民上网率的普遍提高，农民工成为一个使用网络的重要群体。本文拟对河南省农民工的网络意识和网络行为进行研究，希望能够在把握现状和探究相关因素的基础上，提出切实可行的对策建议，进而推进农民工更好地利用网络新媒体，推进整个网络社会的有序发展。

一 数据资料来源与调查基本情况

（一）数据资料来源

本文的数据资料来自教育部人文社会科学研究项目"网络意识对女性网民行为的影响研究"的前期有关河南省农民工的调查数据以及其后对河南省农民工进行的追加调查数据。调查从 2011 年 10 月起，前后分两个阶段进行，至 2013 年 10 月结束。调查结束后，全部问卷数据由调查员核实后进行编码录入，然后用 Spss17.0 统计分析软件进行数据分析。

（二）调查基本情况

调查显示，河南省农民工网民在性别分布、年龄分布、文化水平等方面都具有当代中国农民工群体的普遍特征。

从性别分布来看，在 506 个有效调查样本中，河南省农民工中女性为 184 人，所占比例为 36%；男性为 322 人，所占比例为 64%，呈现出男性多于女性的特征。这符合农民工这一群体的整体性别分布特点。

从年龄分布来看，河南省外出务工本省籍农民工呈现出年轻化趋势，其中，18~25 岁的农民工所占比例为 51.2%；26~43 岁（70 后）农民工占33.8%；44 岁以上的人所占比例为 15%。可见，河南省农民工网民在年龄分布上趋向年轻化，而这些人也成为网络的主要使用者。

从文化层次来看，在调查的 506 份有效问卷中，农民工的教育程度基本集中在初中及高中中专，初中层次的占 44%；高中或中专为 20.4%；大专和本科及以上的分别为 9.5% 和 12.4%；小学以下占 13.5%。由此可知，调查对象中的文化程度偏高和偏低的比例都比较小，与过去的农民工相比，当代河南省农民工呈现"受教育程度较高"的特征。

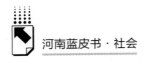
二 河南省农民工网络意识与行为现状分析

为了全面深入了解河南省农民工在网络社会背景下的网络意识与网络行为的特点，本研究从网络使用意识与行为、网络安全意识与行为、网络休闲意识与行为、网络失范意识与行为、网络学习意识与行为、网络经营意识与行为、网络道德意识与行为、网络公民意识与行为以及其他网络意识与行为等9个方面进行了调查。下面从正负两方面分析当代河南省农民工网络意识与行为呈现的特点和存在的问题。

（一）河南省农民工网络意识与行为特点呈现

农民工作为一个新兴的网民群体，他们对于网络的认识和使用呈现出很多特点，这些特点从正面佐证了当代河南省农民工对于网络的使用存在很多值得肯定的方面，也说明了当代河南省农民工随着社会的进步而进步的客观事实。

1. 网络主体意识较强

通过调查发现，河南省农民工在个人意识层面能够认识到网络是人们生产生活的工具，而社会上任何人群都可以成为网络的使用主体。农民工自己能够拥有较强的网络主体意识，他们已经意识到利用手机上网浏览网页、聊天和看视频的联络和休闲功能，他们也知道如何利用电脑和无线网络等资源充实自己的生活。调查显示，33.9%的人有1～3年的网龄；37.6%的人有1年以下的网龄；19.8%的人有3～5年的网龄。这说明，近几年河南省农民工群体对于网络主体意识逐渐觉醒和增强，农民工并没有被社会边缘化，他们也在努力使用社会变迁和科技发展带给他们的新技术。

2. 网络使用范围较广

统计数据显示，河南省农民工对于网络的使用范围比较广。调查显示，70.3%的调查对象都开通了微博，49.4%的人会偶尔使用网上银行进行网上购物，85.4%的人有QQ号码。其中，河南省农民工对于网络聊天和娱乐休闲使用的范围最广，熟练程度也最深；对于网络经营、网络学习等其他领域，河南省农民工也有一部分涉及和使用，只是比率较小。可见，河南省农民工对于网络的使用虽然参差不齐，但他们对于网络的使用范围还是比较广泛。

3. 网络休闲充分介入

调查发现，在众多的网络工具领域，河南省农民工用的最熟练和最频繁的是聊天和娱乐工具，QQ、视频播放器等是他们业余生活的主要消遣板块。河南省农民工对于网络休闲介入较充分。他们上网选择的休闲方式中，看电影占46.0%，玩游戏和听歌的都分别占20%左右。此外，55.4%的农民工经常登录空间（包括QQ空间、人人网和博客等），他们登录空间最主要的目的分别是娱乐消遣（29.3%），展示自我（10.6%），分享交流（18.5%）等。这也说明河南省农民工对于网络休闲工具的使用介入较充分。

4. 网络交往逐步拓展

如果将河南省农民工的网络行为分为几个阶段的话，第一个阶段是他们初识网络阶段，这一阶段农民工开始接触网络，他们使用最多的就是QQ聊天工具和视频播放器，这一阶段的主要特征就是他们利用网络休闲；第二个阶段，当农民工对网络熟悉到一定的程度，就开始利用网络结交新朋友，拓展他们原有的社会关系网络。调查显示，很多农民工在网上愿意结交"爱好兴趣相同"的朋友（32.4%），也有人表示愿意结交"帮助提升学习和生活的人"（28.6%），愿意结交"同龄人"和"跟自己在一个地方或圈子里的人"的分别为14.8%和17.4%。这表示农民工在网络社会中的交往开始拓展了。

5. 网络道德多能遵从

据调查，河南省农民工对于网络道德大多能够遵从。现实生活中，农民工大多具淳朴憨厚的本质。在网络社会中，农民工大多具有网络道德意识，大多能遵从网络道德规范。数据显示，73.6%的农民工认为在网络上讲究网络安全与道德文明非常重要；54%的农民工认为对不文明使用网络的情况应该加强管理，清洁网络环境；74%的农民工对于网上谩骂持非常讨厌和有些讨厌的态度；62.9%的农民工表示自己在使用网络过程中都遵守网络道德规范。

（二）河南省农民工网络意识与行为问题分析

河南省农民工群体作为网络使用者，对于网络的使用除了存在以上较为乐观的特征之外，也存在着很多值得注意的问题，主要表现在以下几个方面。

1. 显性问题

（1）农民工与网络弥合度不够。农民工对于网络使用的广度，与自身的客观条件相比基本可以，但是与社会其他阶层相比，他们使用网络的领域就显得狭隘。随着社会的发展，网络政治参与、网络民意表达、网络经济导航等各种现实生活中的活动在网络中不断开展，而农民工如果长期只是利用网络进行娱乐休闲，必然会影响他们对网络社会功能的全面使用。此外，农民工对网络要求太低，只希望从网络中获得一些娱乐性的东西，这导致他们的网络安全意识、网络公民意识等也较弱，说明农民工与网络弥合度不够，远不能发挥网络促进自我发展的功能。

（2）网络安全意识较差，规范意识不成熟。据调查，农民工的网络安全意识不高，对于很多病毒和其他网络中的安全隐患也没有清楚的概念和心理准备。调查样本中只有17%的人了解过网络安全的相关知识，非常了解"千年虫"等电脑病毒的比例仅为2.3%。另外，在公共场合，农民工网民也没有注意保护自己的各种信息，在公共场所上网后偶尔检查登录账号和密码的占40.2%，从不检查的为29.6%。

调查还显示，河南省农民工对于网络上相关违规网站和网络资料，辨别力和抵抗力都存在一定的问题。他们在比较明显的网络低俗资料面前大部分能保持在现实社会中的规范不去僭越，但是对于新鲜的低俗资料，由于人的天性及好奇心驱使，他们有时会在这些资料面前动摇，这说明农民工在使用网络时，网络规范意识尚不成熟。

（3）网络学习意识与行为尚待开发。河南省农民工利用网络进行学习的情况，调查数据显示并不乐观。在调查样本中，经常上网查阅资料的仅占21%；关于付费的网上学习资源，69.9%的人都没有用过；60.1%的人认为网络学习不会代替课堂学习；28.2%的人表示说不清网络学习能否代替课堂学习；65.5%的人认为，上网有利于自己同外部世界的接触。可见，对于河南省农民工来说，网络领域的学习意识和网络学习行为亟待加以开发。

（4）网络公民意识与行为尚未形成。河南省农民工的网络公民意识不甚乐观。调查显示，很多农民工对于公民意识这个概念本身，并没有什么了解，对于"网络公民意识"更是了解甚少。调查样本中有69.3%的人对于什么是

"公民意识"还不是很清楚，甚至完全不了解；对于网络上关于公民意识的内容，只有2.3%的人表示会非常关注，40.5%的人表示偶尔会留意，还有57.2%的人表示没兴趣，从来没有留意过。这说明，目前河南省农民工网民的网络公民意识与行为尚未形成，有待加强。

2. 隐性问题

（1）无法形成利益团体向社会发起诉求。使用网络的农民工虽然人数比较多，范围也比较广，但是他们没有意见领袖。意见比较散乱和无法成章，无法形成利益团体。利益团体是从准团体中产生的，团体成员已经清楚地意识到与其地位相联系的利益，并通过组织化程序结合起来，具有明确的组织结构以及自己的目标、宗旨和行动纲领。[1] 因此，农民工的很多诉求无法为社会知晓，他们利用网络的能力也有待提升。如果他们的利益和矛盾长期得不到解决，那么随着时间的发展，会引发更严重的社会问题。

（2）网络安全意识关系生活安全问题。据调查，农民工的网络安全意识并不强，对于很多病毒和其他网络中的安全隐患也没有清楚的概念和心理戒备。另外，在公共场合，农民工网民也没有注意保护自己的各种信息，这样很容易被不法分子盯上，并且利用这些信息做一些不道德的事情，偷盗信息拥有者的财务或者对其亲人进行敲诈勒索。这些都是网络安全意识不强的潜在后果。

（3）网络环境与社会环境的和谐互构问题。调查显示，农民工运用电脑的技术不娴熟，网络安全意识、网络道德意识和网络公民意识等都有待提高。由于农民工已经是当代中国社会一个数量庞大的群体，如果农民工的网络安全意识比较高，网络道德意识也比较强，同时也愿意积极做一个好网民，他们的行为必然对构建一个和谐有序的网络环境大有益处。相反，如果他们的行为是相反的，必然会影响网络环境的正常运行，也会进一步波及现实社会的和谐构建。

三　河南省农民工网络意识与行为的影响因素

在网络社会迅速普及的今天，河南省农民工对于网络的使用也受到诸多因

---

① 贾春增：《外国社会学史》，中国人民大学出版社，2000，第278页。

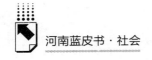

素的影响，这些影响因素既包括社会环境、技术环境和政策环境等宏观因素，也包括农民工个人素质和交往特点等微观因素。

（一）宏观因素

1. 社会环境影响河南省农民工的网络意识与行为

随着社会的开放性和现代性特征的展现，农民工也拥有更强烈的自我表达、群体展示和求职就业等需求，而这些需求，在当代网络社会背景下，都能够通过网络渠道得到满足。因此，当代社会这一大环境是影响河南省农民工网络意识与行为的主要因素，社会环境不仅影响着农民工对网络的使用意识与动机，也影响着农民工对网络使用的方式和结果。

2. 技术环境影响河南省农民工的网络意识与行为

网络社会的到来，新媒体的产生和发展，是科技大发展的表现和结果。它为农民工提供了较具自主性的表达平台，相对于空间有限、管制严格、以城市精英和中产阶级为主要受众诉求的传统媒体，网络这种新媒体无疑为农民工提供了"另类"媒体资源，成为了河南省农民工打破媒体封闭、增强自身社会与文化资本的重要平台。相较于传统社会，当代河南省的农民工已可以利用手机上网、电脑上网等新媒体手段听歌、聊天和看电影等，可见，技术环境是影响河南省农民工网络意识与行为的一个重要因素。

3. 政策环境影响河南省农民工的网络意识与行为

作为新生事物，社会上不同人群对于网络进行各种尝试，在这一过程中难免出现一些对网络使用不当的现象，比如人肉搜索和网络诽谤等问题的出现。河南省农民工对网络的使用也存在着类似的问题。社会政策和法律法规的制定和运用在很大程度上影响着河南省农民工对于网络的使用状况。为了更好地引导河南省农民工正确运用网络，亟须进一步完善网络运行政策环境。

（二）微观因素

1. 婚姻状况影响河南省农民工对网络的使用

婚姻状况是影响河南省农民工对网络使用的一大因素。调查显示，结婚前，河南省农民工对于网络的使用尤其是手机上网依赖性相当高，有的甚至连着几个通宵上网。这样通宵上网，白天又从事较重的体力工作，对农民工的身体造成极大损害。而已婚农民工内心相对成熟，有了家庭的责任感，因此对于网络的使用比较节制。需要注意的是，无论结婚与否，河南省农民工对于网络的使用都存在不足之处。

2. 教育程度影响河南省农民工对网络的使用

作为农民工，由于整体上文化程度较低，加之在职场上缺乏相关的职业培训，河南省职场竞争力较弱，只能被动地从事体力劳动。因此农民工对于网络的使用也处于比较低的层次，他们只会使用比较简单的 QQ 聊天工具、电影播放器等普通软件，对于收发邮件、网上学习等很少涉猎。因此，较低的教育程度成为影响河南省农民工使用网络的一个重要影响因素，也是造成农民工在网络使用过程中产生不少问题的内因。

3. 工作特点影响河南省农民工对网络的使用

河南省农民工从事的工作多属于服务业和制造业等对教育程度和专业技术要求较低的行业。这些行业的主要特征就是劳动时间长、劳动强度大、劳动收入低、劳动生活单调。劳动时间长和劳动强度大，导致农民工没有多余的时间利用和学习网络等新媒体的运用技术和知识；劳动收入低导致农民工对新媒体使用的时间较短、层次较低，有偿学习消费多不涉猎；劳动生活单调，使得农民工对于网络的使用仅限于聊天和看视频等娱乐消费。因此，河南省农民工的工作特点也是影响他们在网络社会使用新媒体的一个重要因素。

四 河南省农民工网络意识与行为合理发展的相关对策建议

为了进一步促进河南省农民工网络意识与行为合理发展，需要从以下一些方面加以努力。

（一）国家应建立健全网络使用的相关法律法规

网络社会的有序发展需要有行之有效的法律法规加以规范和保障，但现有的法律法规尚需进一步完善。一方面，随着社会的发展，网络中出现了很多新问题和新情况，与此相应的法律法规还未出台，这就需要政府出台新的法律法规来规范目前网络上出现的新行为和新事件；另一方面，已经出台的法律法规对于违规行为并没有适当的惩罚，这样只会不断削弱法律在公民心目中的权威，也会对构建和谐的现实生活环境造成影响。因此，出台相关的网络行为规范的法律法规对于构建和谐的网络环境和现实环境显得尤为重要。

（二）政府应加强对农民工理性网络行为的引导

如果用韦伯的社会分层理论来分析中国的农民工，他们是处于社会较低位序一个群体。河南省当代农民工不仅具有传统农民工的一些特点，同时还带有时代赋予他们闯荡社会、接纳新事物的特点。如果政府和社会能够很好地引导农民工合理利用网络新媒体，引导农民工正确使用网络中的各种休闲娱乐以及生活生产流通消费等功能，那么农民工的生活质量会得到很大改善，也会带动整个社会建设的发展。

（三）社会应合力为农民工创造良好的网络环境

网络安全和网络环境的构建，不能只靠政府，也要靠社会各个领域。目前，道德教育的弱化也是网络环境恶化的一个重要原因。因此，应进一步加强对网络主体的监管力度，网络上的各种参与主体都应从自身做起，将社会道德力量融入虚拟的网络生活中，合力为农民工创造良好的网络环境，使农民工在匿名和不匿名的情况下都能以社会良知和社会道德界限规范自己的网络言行，达成个人健康成长与社会有序发展的良性互动。

（四）农民工应积极提升网络意识和网络运用能力

农民工应积极提升自我的网络意识和网络运用能力。首先，农民工应积极提升网络道德意识、网络公民意识、网络学习意识等网络意识，让自己能运用正确的价值理念和认知理念去规范自我的网络行为，提升自我的网络运用能力。其次，农民工应通过多种渠道积极提升自我的计算机使用技能，使自己不仅能在网络上进行娱乐休闲，还能利用网络方便自己的生活，进行有效的学习，甚至会利用网络进行合法营利等。最后，农民工还应强化自我网络辨别是非的能力，认识到什么行为在网络上是不应该和不允许的，什么行为是被认可和鼓励的，以此来提升自己的网络主人翁意识，积极参与网络社会的文化建设。

总之，在网络席卷全球和人类生活各领域的今天，作为网络使用的主体，河南省农民工的网络意识与网络行为呈现出了属于这一群体的一些特点。虽然目前河南省农民工的网络意识和网络行为还存在一些不足，但是随着网络社会的向前发展，在国家、政府、社会以及农民工自身的努力下，相信河南省农民工的网络意识与行为会向着科学合理的方向进一步发展，他们的生产和生活也将会因为网络社会的到来而更加丰富多彩和充满活力。

参考文献

郑也夫：《后物欲时代的来临》，上海人民出版社，2007。

黄少华：《网络空间的社会行为——青少年网络行为研究》，人民出版社，2008。

曼纽尔·卡斯特：《网络社会的崛起》，夏铸九等译，社会科学文献出版社，2006。

韩小红：《网络消费者行为》，西安交通大学出版社，2008。

贾春增：《外国社会学史》，中国人民大学出版社，2000。

中国互联网络信息中心：《中国互联网络发展状况统计报告》，http：//www. cnnic. net. cn/index/OE/00/11/index，htm.

陈韵博：《新媒体赋权：新生代农民工对 QQ 的使用与满足研究》，《当代青年研究》2011 年第 8 期。

周葆华、吕舒宁：《上海市新生代农民工新媒体使用与评价的实证研究》，《新闻大学》2011 年第 2 期。

胡庆亮：《新生代农民工网络政治参与的困境与出路——以深圳龙岗为例》，《广州社会主义学院学报》2011 年第 3 期。

张林、王超恩：《新生代农民工网络成瘾的危害及社会干预——基于 ERG 理论的分析》，《福建行政学院学报》2011 年第 1 期。

社会治理篇

Report on Social Self – organizing

B.19

2013 年河南省十大社会
热点问题分析

冯庆林*

摘　要：

　　党的十八届三中全会刚刚胜利闭幕，全面深化改革的号角已经吹响。改革应该从何处着手，关注社会热点问题为深化改革提供了思路。为此，本文精选了殡葬改革、弃婴救助、保障房建设、谣言治理、环境污染治理、城市交通拥堵治理、吃空饷治理、政府应对热点问题的策略、社会诚信、如何激发公众参与公益活动的热情十个方面的问题来进行简要的评析，以期对进一步深化改革提供有益的借鉴。

关键词：

　　2013 年　河南　社会热点问题

---

* 冯庆林，河南省社会科学院社会发展研究所助理研究员。

2013 年，处于经济社会转型期的河南涌现出了许多热点事件和问题，这些问题涉及社会生活的各个方面，反映了社会公众的普遍关注。鉴于事件与问题本身的复杂性，笔者经过梳理与筛选，并征求专家意见，精选出10 个问题进行分析，分别是殡葬改革、弃婴救助、保障房建设、谣言治理、环境污染治理、城市交通拥堵治理、吃空饷治理、政府应对热点问题的策略、社会诚信、如何激发公众参与公益活动的热情。当前，社会热点问题越来越成为党和政府了解把握社情民意的重要途径和手段，通过对热点社会问题的成因、对策进行简要的评析，以期达到推动政府改进工作的目的。

热点问题一：周口平坟事件表明殡葬改革需要稳步推进

2012 年年底，互联网上针对河南省周口市平坟事件展开了激烈讨论，其中对政府在平坟复耕运动中的目的和具体做法质疑声最多。认为政府平坟的主要目的在于申请土地的增减挂钩指标，置换建设用地，并且在平坟过程中，漠视群众权利和传统习惯，强制推进，行政公权力的边界被无限放大，无法可依，严重伤害了群众的感情。事件虽然已经逐渐淡去，但其引发的究竟该不该平坟、应该如何平坟、如何推进农村殡葬事业改革等问题，却值得我们思考。

随着经济社会的发展，河南地少人多的供需矛盾日益突出，经济要发展，建设用地、工业用地等刚性需求指标越来越难以满足。此外，随着农业现代化的不断推进，农村土地开始大规模流转，遍地坟头的现实确实不利于大规模的机械化耕作。从这个意义上来说，周口推行平坟复耕运动顺应了时代发展的要求，其出发点值得肯定。但是，殡葬改革是一项牵涉到改变千百年来形成的殡葬习俗的系统工程，绝不可能一蹴而就。因此，在实施过程中切不可盲目冒进，更不能借助行政权力粗暴执行，而是要加以积极的宣传和引导，尤其是要加强公益性公墓的建设力度，提升公益性公墓的建设水平，并落实各项殡葬补助等惠民政策，使老百姓真正得到实惠，主动自愿接受殡葬改革。

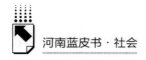

热点问题二：兰考火灾事件折射弃婴救助体系亟待完善

2013 年 1 月 4 日，河南兰考县一收养孤儿和弃婴的私人场所发生火灾，7 名儿童遇难，事件经媒体报道后，立刻引起人们的高度关注。舆论关注的焦点除了对袁厉害的收养目的提出质疑外，更多的是对当地政府在处理事件中的不当回应方式和在孤儿救助上的缺位和监管不力提出批评。质疑也好，批评也罢，一场大火已经夺去了 7 个孩子的生命，如何在事件发生之后建立起完善的弃婴救助体系，防止此类事件的再次发生，才是我们更加值得追问的事情。

目前，我国的弃婴救助体系主要有政府承办的儿童福利院等社会福利机构集中养育、合法社会组织的救助收养、正规的家庭领养以及社会公民自行救助收养四条途径。从河南省的弃婴收养情况来看，据初步推断，河南省每年大约有几千甚至上万名弃婴，而经合法途径收养的仅有约 2000 人，剩余的都被"消化"到社会的各个角落。①面对如此庞大的弃婴群体，首先，我们应该从源头上进行治理。弃婴大多数是因为有一定的疾病或先天性生理缺陷才遭到遗弃，因此，这就需要我们从提高出生人口素质和出台新生儿大病救助政策方面来建立完善的弃婴预防体系，并建立严格的弃婴追责制度，从源头上封堵弃婴现象。其次，要尽快建立完善的弃婴救助网络，从弃婴的发现、报案、移送等环节规范弃婴救助的程序，以达到对弃婴更加及时有效的救助。最后，从财力和政策上完善弃婴救助的输出途径。加大力度建立各县（市、区）的儿童社会福利机构，全面提高政府收养弃婴的能力；出台政策鼓励民间慈善组织、社会资本参与儿童社会福利事业；修订完善相关法律制度，进一步鼓励民间收养，对民间爱心人士或爱心机构主动收养弃婴的，民政部门要积极主动履行监护责任。总之，弃婴需要政府、社会以及公民个人的共同关注，唯有如此，才能使弃婴和正常儿童在同一片蓝天下茁壮成长。

---

① 《官员：问责袁厉害不人性，若换救助体系完善值了！》，中国新闻网，2013 年 1 月 9 日。

热点问题三：郑州"房妹"事件揭示
保障房建设必须公开透明

2013 年元旦前后，郑州"房妹"事件再度将公众的视线引向保障房这一热点民生工程方面。随着事件的深入调查，经济适用房开发建设环节、销售分配环节的黑色交易被一一揭露。[1] "十二五"期间，河南保障性住房建设的任务是 210 万套，为此，河南省专门出台了《关于加快保障性安居工程建设的若干意见》，来加强保障性住房建设。[2] 截至目前，时间已经过半，保障房如何建设好、分配好的课题随着"房妹"事件的曝光日益引起人们的关注。

保障房作为实现"住有所居"的重大基础性民生工程，不仅不会给政府带来直接的经济效益，而且还需要政府投入大量的财政资金。这就需要政府在建设过程中，真正克服消极应付的心态，把保障房建设当作一项重大的"民心工程"来抓，保质保量完成任务。此外，要全面贯彻落实《关于加快保障性安居工程建设的若干意见》，加大对违反各项规定的处罚力度，斩断保障房建设、分配环节中的黑色利益链。对《意见》中需要探索或完善的事项，要组织力量进行研究，尽快完善保障房建设的法律法规体系。最后，建立保障房建设、分配的信息发布公示制度，对保障房的项目立项、审批、完成、分配等情况，定期进行信息发布，将各种信息置于阳光之下，只有这样才能从根本上铲除腐败滋生的土壤。

热点问题四：《南风窗》不实报道事件
凸显谣言治理需要多策并举

2013 年 9 月 2 日，河南三门峡市因《南风窗》的一篇新闻报道被置于舆论的风口浪尖，以《村支书性侵村民留守妻子：村里一半都是我的娃》为标

---

① 《"房妹"是怎样"炼成"的？——郑州"房妹"事件折射的经适房黑色利益链》，新华网河南频道，2013 年 1 月 11 日。
② 《河南："十二五"将开工建设保障性住房 210 万套》，《河南日报》2011 年 12 月 2 日。

题的新闻迅速被大小网站热转。面对舆论压力，三门峡市沉着应对，正面回应，立即成立调查组对所报道的事件进行核查，用大量的调查事实指出报道的失实之处，并通过主流媒体发布权威信息。直到9月8日《南风窗》发来致歉信，该事件才告一段落。① 风暴虽已过去，但该事件所反映出来的如何治理谣言问题，却值得我们深思。

谣言是指没有相应的事实基础，却被捏造出来并通过一定手段推动传播的言论。就目前来看，谣言产生的途径主要有两种：一种是新闻媒体记者的不实报道，也即虚假新闻，此种谣言因通过正规渠道发布，受众对其认可度很高，因此所造成的社会危害就越大；一种是经由"网络水军"、"微博大V"、网络名人等自媒体人，利用网络论坛、微博等新兴媒体恶意制造或传播的网络谣言，其背后都有一系列的利益链条，是有组织、有预谋的违法行为，严重扰乱了正常的网络环境。当前我国正处于社会转型期，各种社会问题集中暴发，谣言制造者正是抓住这一时期典型的社会心态和社会舆论来造谣生事，再利用网络时代"人人都是麦克风"的特征，以及网络信息传播极为便利的条件，从而使谣言广为传播。

鉴于谣言产生及传播的复杂性，治理谣言必须多策并举，方可使谣言输在起跑线上。首先，要强化新闻从业"正规军"的职业伦理，严厉打击有偿新闻、有偿不闻、新闻敲诈等不法勾当，捍卫新闻媒体的职业道德；其次，要以法治谣，尽快完善互联网立法，加大对恶意造谣者的处罚力度；最后，要积极倡导中国互联网大会发出的倡议，即全国互联网从业人员、网络名人和广大网民，都应坚守"七条底线"（法律法规底线、社会主义制度底线、国家利益底线、公民合法权益底线、社会公共秩序底线、道德风尚底线和信息真实性底线），传播正能量，营造健康向上的网络环境。②

热点问题五：河南"雾霾"来袭，环境污染治理备受关注

自2012年冬季以来，持续的"雾霾"天气越来越引起民众对环境污染问

---

① 《一场网络声讨的7天逆转》，《人民日报》2013年9月12日。
② 《中国互联网大会倡议共守"七条底线"》，新华网，2013年8月15日。

题的广泛关注。据河南省环保厅通报，2013 年前三季度，全省 18 个省辖市环境空气质量优良天数百分比为 79.7%，同比下降 11.4 个百分点，下降一成多，作为省会城市的郑州，情况更为严重，全省空气质量排名倒数第一。① 另据河南省环保厅发布的数据，2013 年 10 月前 29 天，郑州空气质量达标天数只有 2 天，其余 1 天严重污染、15 天重度污染、6 天中度污染、5 天轻度污染。环保部公布的 74 个城市空气质量指数排名中，2013 年前三个季度，除 3 月、8 月和 9 月外，其余 6 个月郑州均在倒数十名之列。② 面对日益严峻的环境问题，"雾霾"带来的思考不仅仅是环境如何治理的问题，它还拷问着我们的经济发展方式和生活方式，在当前倡导建设生态文明、实现美丽中国的新形势下，如何处理好经济发展与生态环境保护之间的关系，如何改变不适当的生产生活方式，值得我们思考。

首先，要摒弃先发展后治理的理念。该观点认为在经济发展到一定的阶段时，不得不忍受环境污染，只有当经济发展到一定的水平以后，才可能有效地去治理。当前，有些地方政府为了发展地方经济，盲目地引进一些有可能带来污染的项目，或者为了税收，对一些污染企业不闻不顾，给当地环境带来严重的损害。从历史上看，国外的环境治理在工业化过程中都走过一条"先污染后治理"的道路，但其治理的成本代价高昂。考虑到目前河南省综合经济实力以及当前环境十分脆弱的现实情况，河南省已没有"先发展后治理"的资本，必须走一条以降低资源能源消耗为核心的新型工业化道路，唯有如此，环境污染问题才能迎刃而解。其次，要加大对环境污染事件的查处力度。2013 年 6 月 19 日，最高人民法院、最高人民检察院发布的《关于办理环境污染刑事案件适用法律若干问题的解释》开始施行，扩大了污染物的范围，并降低了入罪的门槛，标志着国家对环境污染案件处罚力度的加大。③ 此外，各级环保部门要切实负起责任，破除地方保护主义思想，设立群众举报电话，加大查处力度。再次，要加快经济结构调整，促进经济发展方式转变。为此，要充分发挥市场机制作用，加大财政支持和奖励力度，完善并落实有关政策，加速淘

---

① 《前三季度空气质量郑州垫底》，《河南商报》2013 年 10 月 21 日。

② 《靠风雨除霾，这次又让您失望了》，《东方今报》2013 年 10 月 31 日。

③ 《"两高"联合发布环境污染刑事案件司法解释》，《人民法院报》2013 年 6 月 19 日。

汰落后产能。最后，要倡导绿色健康文明的生活方式。坚持绿色健康的生活方式，养成低碳生活习惯，贵在以身作则，从小事做起。为此要加大力度普及宣传绿色环保理念，在衣食环保上倡导节约、简约，日常生活中提倡节能低碳，促进废物循环利用。

热点问题六："郑堵"现象引发"畅通河南"思考

城市交通拥堵作为一个社会热点问题越来越引起人们的广泛关注。交通拥堵不仅给出行者造成时间上的延误和经济上的损失，还给整个社会造成了巨大的资源浪费和环境污染。

2013 年，省会郑州为治理交通拥堵，全市共有 246 项各类道路建设项目列入在建或即将开工，再加上地铁施工造成的道路影响，未来两年郑州道路交通将进入"阵痛期"[1]。其实，郑州市治理市区内交通拥堵问题从未间断过，从最初的"四桥一路"，到京沙快速通道，以及快速公交建设等，一系列的重大工程在一定程度上缓解了市区的交通压力，但并没有从根本上解决市区的交通拥堵问题，并且随着城市规模的不断扩大，城市人口的不断增加，交通拥堵问题越来越趋于严重。究其原因，从表面来看是汽车保有量不断增加与道路交通资源缺乏之间的供需矛盾，但从深层次来看，政府对城市道路交通缺乏长期规划确是不争的事实。虽说城市交通拥堵问题是世界各大城市的通病，但政府在道路交通方面有详细的规划总比没有规划更能缓解交通压力。好在郑州市及时发布了《畅通郑州白皮书（2012～2014）》，从推进公共交通优先发展十项举措、实施畅通郑州十大工程建设、落实综合交通管理十项措施、优化和疏解中心城区功能、提升全民文明出行素质等 5 个方面对"畅通郑州"建设进行了阐述。[2]

城市交通拥堵不是一朝一夕就能解决好的问题，随着城镇化的不断发展，城市规模将不断扩大，道路交通拥堵问题也将越来越严重。为此，建议郑州市

---

[1] 《打造"畅通郑州"进入阵痛期，求解"围堵"之困》，人民网河南分网，2013 年 3 月 25 日。
[2] 《畅通郑州驶入快车道》，《郑州日报》2012 年 12 月 20 日。

及全省其他城市，在更为凶猛的交通拥堵到来之前，要未雨绸缪，破除先堵后治的怪圈，提前准备好应对之策，全力打造"畅通河南"，为市民提供一个更为方便快捷的出行环境。

热点问题七："吃空饷"事件反衬 "把权力关进制度笼子"的紧迫性

据周口市纪委监察局通报，自 2013 年 6 月 1 日至 8 月 20 日，河南省周口市在全市公职人员长期不上班"吃空饷"问题治理中，共查出各类"吃空饷"人员达 5731 人，按每年每人平均工资 2 万元计算，仅此一项开支已超过 1 亿元。[①] 此消息一经报道，立刻在互联网上引起广泛关注和讨论，讨论的焦点主要集中于"吃空饷"现象产生的原因，以及如何治理"吃空饷"等问题。

"吃空饷"之所以成为一种普遍现象，其中既有体制内的制度因素，也有世俗文化的深层诱因。从制度上看，对单位一把手的权力缺乏制约和监督是造成"吃空饷"现象的主要原因。任何单位的"吃空饷"，无论是个人吃还是公家吃，如果没有一把手的默许很难办成。另一方面，单位编制、人事、财务信息不透明，干部人事管理制度存在漏洞，官员问责机制缺位，以及缺乏有效的群众监督机制等因素，又会促成单位一把手权力的滥用。从世俗文化角度来看，无论是官员还是普通民众对"吃空饷"现象似乎都持一种默认或事不关己的态度，认为吃空饷吃的是国家财政资金，对本单位或个人来说毫发无损，甚至有的单位还利用吃空饷者的财政资金建立小金库，为本单位职工谋福利，在利益面前，吃空饷问题自然不会被揭露，也只有当自身利益受到损害的时候，才有可能被曝光。

"吃空饷"实质上是公职人员利用权力在榨取纳税人的血汗，不仅践踏了国家的法律法规，违背了社会的公平正义，而且还造成国家财产的严重损失，给政府的公信力带来极其恶劣的影响。对症下药治理"吃空饷"，首先要将权力关进制度的笼子，用制度的藩篱来约束和监督一把手的权力。如建立信息公

---

① 《周口查出各类"吃空饷"5731 人，下一步查教育卫生》，大河网，2013 年 8 月 22 日。

开制度，将单位的人事和财务信息公开；建立举报奖惩制度，向社会公开公布举报渠道，接受社会公众的监督；建立合理的干部问责机制，及时追究单位领导放任"吃空饷"的责任，促使政府官员能够合法、正当地行使手中的权力；完善干部人事管理制度，规范人事管理工作程序，严格按照程序管理干部队伍等。所以说，只有把权力晒在阳光下，"吃空饷"者才能"见光死"，公权力才能不敢越雷池一步。

热点问题八："诸多社会事件应对不当"
警示政府应学会正确发声

2013 年，河南省涌现了许多热点社会问题和事件，政府在应对方式上的表现引发了媒体和网民的广泛关注。主要表现如下：一是选择"不发声"，缺乏与媒体和网民的有效互动。如周口"平坟事件"和"吃空饷事件"，两起事件均起源于周口市的正面宣传与报道，新闻一经报道，立刻在互联网上引起广泛的质疑和讨论，由此形成网络舆论热点事件。在事件的后续发展中，周口市缺乏有效及时的跟进，没有抓住舆论的制高点，致使出发点本来为好事的艰难改革推进事件演变为负面事件。二是"发声不当"，引发官民对立情绪。如针对河南兰考火灾事故的新闻通报，新华网发文指出通报会在相当程度上成了领导的功劳簿，通篇稿子难觅当地政府对残弃儿的责任担当，却历数自愿献爱心20 多年的公民袁厉害的三个不符合收养条件。[1] 再如，针对义昌大桥坍塌事故的新闻报道《连霍高速义昌大桥发生垮塌事故，省市组织抢险救援》[2]，有媒体评论说千字新闻稿提及 16 位领导，质疑其文风。[3] 作为政府发言人及官方主流媒体，面对热点事件的发声，一定要慎重，否则就会把本来是积极应对突发事件的正面新闻变成了负面报道。三是"迟发声"，发声避重就轻问题。如针对"郑州房妹事件"，随着爆料不断推进，质问持续深入，相关部门的回应一次次被证不实，整个事件几乎都是在爆料、相关部门辟谣、爆料被证实这样

---

① 《兰考火灾事故通报的文风怪诞》，新华网，2013 年 1 月 6 日。
② 《连霍高速义昌大桥发生垮塌事故，省市组织抢险救援》，大河网，2013 年 2 月 1 日。
③ 《千字新闻稿提及 16 位领导》，《新京报》2013 年 2 月 4 日。

的步骤中层层推进，严重损害了政府的公信力。① 此外，政府在应对热点问题时也有好的表现，如三门峡市在应对《南风窗》不实报道事件中，回应及时迅速，并充分利用主流媒体发布权威信息，给地方政府如何打赢舆论主动仗提供了宝贵的经验。

面对日益增多的舆论热点问题或事件，政府应该如何理性回应，已成为当前各级政府的"必修课"和"基本功"。首先，政府要敢于直面问题本身。在对事件回应中要明确对问题一查到底的信心和决心，充分赢取媒体和网民的信任与支持，在此基础上，力求从客观事实的角度还原事情的真相。是政府自身的问题，要敢于承担，决不推脱责任；对于虚假信息和谣言，要学会拿起法律的武器捍卫自身利益，对造谣者决不心慈手软。此外，还要注意新闻通报的措辞，谨防出现新闻报道中的媚上心态，切实转变文风。其次，回应要及时迅速，防止出现不回应、迟回应等懒政思想。最后，要善于利用媒体进行宣传，抢占舆论阵地制高点。除继续发挥传统媒体的优势打好"阵地战"外，更要充分利用新媒体优势，打好"运动战"。通过主动设置议题，引导网上舆论，用主流媒体的声音对付网上不良舆论。②

热点问题九："诚信鸡蛋哥"用行动诠释诚信正能量

郑州一家粮油店因临街商铺整顿被拆迁，店主任庆河担心拿着店里鸡蛋票的顾客找不到店家着急，每天带着鸡蛋在店铺旧址上等顾客来兑换，一等就是3 个月。这个看似平常的等待，引起众人的广泛关注和赞誉，他也因此被网民称为"诚信鸡蛋哥"，并先后荣获央视"3·15"晚会贡献奖和第四届全国道德模范提名奖。③"诚信鸡蛋哥"用普通的行为，诠释了言而有信的经商理念和做人准则，传递了社会正能量。

诚实守信是中华民族的传统美德，无论是做人还是做事，都需要秉承诚信为本这一优良传统。然而，伴随着经济社会发展进入转型期，人们的思想观

---

① 《揭出"房妹"事件背后的利益链》，《经济参考报》2013 年 1 月 11 日。

② 《一场网络声讨的 7 天逆转》，《人民日报》2013 年 9 月 12 日。

③ 《郑州诚信鸡蛋哥守店仨月还蛋，获习近平接见》，《河南商报》2013 年 10 月 30 日。

念、价值取向日益多元化，"金钱至上""重利轻义""享乐主义"等各种不良社会思潮严重侵蚀了社会道德底线，也催生了诚信失范行为的发生，如商业领域频繁出现的坑害消费者事件、食品安全事件、制假售假事件、合同诈骗事件等，严重扰乱了正常的商业秩序。如何提高公民的思想道德素养、营造良好社会风尚已成为摆在我们面前的一项重要课题。首先，要在全社会弘扬诚实守信的良好风气，树立道德标杆和楷模，引导人们主动自觉践行诚实守信行为。其次，应加强行业自律组织建设，通过自律组织来营造良好的市场环境。再次，要完善市场机制和法律体系建设，用制度和法律来约束和打击"不诚信"的行为和商家。

热点问题十：　"雷锋哥"和"炯炯族"激发公众公益热情

2013年11月，中央电视台《新闻联播》节目连续两次播报了郑州的两则民间公益活动新闻，引起人们的广泛关注。其中一则是中央电视台11月2日以《河南郑州"雷锋哥"：寒冷街头免费送万件衣》为题，报道了"雷锋哥"孙德坤通过收取市民捐赠的衣物，并把衣物免费送给贫困市民、外来务工人员、环卫工、流浪人士等的感人事情。[①] 另一则是中央电视台11月4日以《炯炯族：用行动传递正能量》为题，播报了郑州爱心公益团体炯炯族为帮助遭遇困难的果农一家，发起"梨缘行动"，买了1000斤梨送给交通协警和环卫工的事情。[②] 两则新闻都彰显出民间社会对公益活动的渴求，也正是因为这两起活动顺应了社会主流价值观，所以才得到了社会的认可和肯定。其实，近年来河南一直在不断涌现热心公益的爱心人士，从几年来一直坚持给农民工免费送水的"送水哥"李老发，[③] 再到持续资助了15名贫困生的"校园送水哥"许谐等，[④] 他们以自己特有的方式一直在默默进行着公益活动。然而，一个人、一个团体所进行的公益活动还远远不能满足社会对公益事业的需求，如何

---

① 《郑州"雷锋哥"引央视关注，市民欲捐款1万元他不敢收》，《东方今报》2013年11月4日。
② 《央视报道郑州"炯炯族"，发起人是个美女》，《郑州晚报》2013年11月6日。
③ 《"送水哥"上央视新闻》，《郑州日报》2011年8月8日。
④ 《校园"送水哥"4年为贫困学子免费送水近万桶》，《郑州晚报》2013年10月9日。

激发公众参与公益活动的热情，使人人都成为公益活动的主体，值得我们思考。

　　首先，必须在全社会倡导友爱互助、扶弱帮贫的社会风尚，培育公众的公益意识和社会责任感，使公益行为真正成为自觉行动。新闻媒体要主动承担起宣传任务，尤其是要利用 QQ 群、微博、微信等新兴媒体的凝聚力和号召力，开展公益文化宣传，营造公民积极参与公益活动的良好环境。其次，公益组织必须加强自身建设，建立科学、规范、透明的管理制度，增强公益组织公信力，吸引公众参与公益活动的热情。最后，单位要积极组织员工开展公益活动，通过提升组织内部的公益文化内涵，来影响员工参与公益活动的积极性。

B.20

河南省社会治理体制状况分析[*]

罗英豪[**]

摘　要：

现阶段，"少一些管控，多一些治理"已成共识。近年来，河南
不断完善社会治理体制，治理模式日益多元，治理机制逐步健
全，取得的成效显著，但仍存有不足，与社会治理体系现代化
的目标尚有一定距离。为此，根植于本土实践，发挥传统优势，
借鉴西方社会治理的成功经验，通过政府、市场、社会和民众
等多元主体互构共建，创新治理方式，夯实治理根基，强化制
度保障，建立健全社会治理的参与、服务机制，推进社会治理
体系现代化，实现善治，是社会治理体制建设的未来走向。

关键词：

社会治理体制　现状分析　趋势展望

近年来，主张通过社会合作来管理公共生活、实现善治的"社会治理理
论"正在得到确立并逐步推广，"少一些统治（管控），多一些治理"已成全
球共识。现阶段，跟随国际发展步伐，河南省与全国一道，大力推进社会治理
体系与治理能力现代化，形塑现代治理理念，创新治理方式，夯实治理根基，
强化制度保障，建立健全社会治理的参与、服务机制，治理模式日益多元，治
理机制逐步健全，政府、市场、社会和民众等多元主体互构共建、协商合作管
理公共事务的社会治理新格局初步形成，社会治理正在走向善治。

---

[*] 本文是国家社会科学基金项目"社会学理论的流变与方法论意义研究"（12CSH002）的阶段性
成果。

[**] 罗英豪，河南省社会科学院社会发展研究所助理研究员。

一　河南省社会治理体制建设成效显著

河南省委、省政府历来高度重视社会治理，通过制度建设、政策支持等诸多举措推进社会治理体系现代化，治理模式渐趋多元，治理机制日益健全，党建覆盖面不断扩大，治理能力逐步提升，初步形成了政府、市场、社会（组织）与民众等多个主体共同参与的社会治理新格局，全省社会治理稳中有进，取得了显著成效。

（一）创新"小网格"，网格化治理有序推进

近年来，河南大力加强创新社会管理，着力推进社会管理体制改革，努力创新"小网格"，社会力量和居民纷纷参与社会管理服务，广大民众在网格化编制成的"便民网""平安网""民意网"与"和谐幸福网"中工作、生活。

郑州市大力推行网格化管理，"全覆盖、无缝隙"网格化管理体系日益完善。全市在网格化管理服务实践中，注重当好贴心人、为民谋福祉，不断深化、规范和提升网格化管理，如郑州市食品药品监督管理局创新监管模式，形成了"四个一"工作模式，即"一张笑脸、一枚探头、一套设备、一张大网"，有力推进了履责常态化，群众获益匪浅；新郑市完善社会治安视频监控系统，农户技防覆盖率达到98%；荥阳市对200名三级网格长进行集中培训，以提高服务能力。自2012年以来，依托网格化管理，郑州市累计排查矛盾问题28多万条，办结率高达97.9%，[①]"小网格网住了大民生"，新机制显示出强大生命力。

安阳市文峰区创建"1＋3＋N"包格工作模式，[②] 以精细信息化支撑网格化管理，实施网格化管理、信息化运作、组团化服务、责任化落实，社区管理服务日益全面、精准和精细。将全区63个社区、42个村划分为600个网格，每个网格组建一个党支部（"1"），由社区干部（任网格长）、街道工作人员和民警各1名负责（"3"），同时吸纳党员、物业管理者、志愿者等参与网格管理（"N"）。建立社区管理服务数据库，完善网上信息一体化建设，增强服

---

① 李颖：《网格化助力郑州大发展》，《郑州日报》2013年4月15日。
② 任国战等：《网格织出古城春——安阳市文峰区网格化管理的实践与启示》，《河南日报》2013年7月8日。

务针对性，落实精细化服务，工作效率和质量大大提高。

如今，全省18个地市基本都实现了"工作机构下设、工作重心下移、工作力量下沉，人财物向基层倾斜"，网格化治理稳步推进。

（二）治理模式渐趋多元，社会治理稳中有进

全省各地市基于本区域实际，借鉴其他地区成功经验，积极开展创新实践，形成了具有地域特色的社区治理模式，全省社会治理稳中有进。

（1）焦作创建"社区复合共治"模式。焦作市解放区创建"四位一体"社区管理体制，其一，社区组织主要由社区党工委、居委会、公共服务中心、社会组织服务中心组成。其二，推行扁平化管理、网格化服务。将全区划为226个网格，一个网格配1名网格管理员、2名协管员，负责收集信息、排查矛盾、处理问题。其三，加快社工队伍建设，推进社区服务信息化。通过教育培训、学习、考察等方式，提高社工职业化、专业化水平；运用"社区在线"、居民服务热线（0391—2975000）等平台，做好服务工作。

（2）洛阳创建"四位一体、两级网格"管理模式。[1] 洛阳涧西区建立"四位一体"社区管理组织体系，由社区党委、工作站（3~5人）、居委会（3~4人）、综治办（4~6人）组成，其中社区党组织是核心，四方协同服务，推进居民自治。"两级网格"即"片区为网""楼栋为格"，每千户设一网格，居委会成员任网格长，每百户设一楼栋长，由志愿者担任，工作任务、工作人员、工作责任都细化到具体网格中，服务日益精细化。人力、经费下沉至社区，政府投入2000多万元，54个社区聘请1900名楼栋长，服务水平明显提高，居民满意度、安全感大增。

（3）安阳市"殷都试验"创新管理服务模式。[2] 殷都区通过搭台、扩员、建制、授权、激励等举措，力推"争当十大员"[3] "诚信殷都建设""十佳标

[1] 孙小蕊：《涧西区全面推行"四位一体、两级网格"的社区管理体制》，《洛阳日报》2013年1月11日。
[2] http://bbs.dahe.cn/read-htm-tid-8018553.htm.
[3] "所谓十大员"是指群众中的骨干，如社会问题调研员、社会问题信息员、民间问题调解员、法律政策宣传员、公共财产维护员、公共事务评比员、党政工作监督员、卫生秩序协管员、社会治安巡逻员、扶贫解困服务员等。

兵"评选活动，形成了社会矛盾"大调解"工作新格局。目前，全区 5 万多名"十大员"反映意见 3000 多条，矛盾化解率高达 97%，义务巡逻 12000 余人次；从 23 个方面评选"十佳标兵"，引领民风；建立诚信档案 100 多类、180 多项，构建全方位诚信网络，全区稳定有序、和谐发展。

（三）治理机制日益健全，基层社会治理新格局逐步形成

河南在加强创新社会管理过程中，注重强化基层社会管理服务体系建设，不断健全社区治理机制，初步形成了基层社会治理新格局。

郑州市以网格化管理为载体，建构网格化管理运行体系，即条块融合、职责明确、联动负责、逐级问责、网格覆盖；开展"万名干部蹲基层"活动，[①]与基层建立对口工作联系，"人往基层走，物往基层用，钱往基层花，权往基层放，劲往基层使"的局面逐步形成。

三门峡市用群众工作统揽信访工作，创造了义马群众工作经验、渑池信访评估模式、群众工作日等好做法、好经验，基层网格化服务管理体系日益完善。以群众工作为载体，以信息技术引领创新，构建高效的公共服务管理体系、矛盾掌控体系和"四调联动"[②] 矛盾调解机制；健全社会风险评估机制。2013 年，义马强力推进为民解难、干部下访活动，加强领导接访工作力度，提升工作人员素养，[③] 群众信访工作不断深化。

农村社区治理机制不断完善，服务水平稳步提高。南阳力推"四议两公开"工作法，[④] 目前已覆盖全市所有行政村，推广至 370 多个城市社区，并延伸到乡镇、街道等领域，有效破解了民生难题；全省社保水平不断提高，农村低保年标准原则上不低于 1800 元；农村敬老院管理服务水平不断提高，2013

---

① 徐建勋等：《郑州推行网格化管理纪实 创新"小网格"破解大课题》，《河南日报》2013 年 2 月 4 日。

② "四调"即人民调解、行政调解、司法调解、仲裁调解。

③ 毛凤仙：《义马市委群众工作部："四项措施"深化群众信访工作》，《三门峡日报》2013 年 4 月 11 日。

④ "四议两公开"即"4 + 2"工作法，在农村所有村级重大事项都必须在村党组织领导下，按照"四议""两公开"的程序决策实施，"四议"：党支部会提议、"两委"会商议、党员大会审议、村民代表会议或村民会议决议；"两公开"：决议公开、实施结果公开。

年各地农村五保供养对象集中供养率达47%,① 成功调解村务管理纠纷8351件,② 农村社会一片和谐。

如今,全省城乡社区管理、服务与自治实现了有效衔接,三种管理③彼此融合、互为支撑,基层社会治理新格局业已形成并逐步完善。

(四)党建覆盖面不断扩大,全省社会治理能力初步走向现代化

在社会管理服务中,河南高度重视党建工作。以党组织为核心,建立健全社会组织体系,以党建带动社会建设;在网格中、"两新组织"及非公有制组织中发展党员,建立基层党组织,壮大党员队伍,不断扩大党建覆盖面,增强凝聚力;强化顶层设计,立足河南实际,系统总结各地经验,进行提炼升华,形成了具有河南特色的党建模式。如文峰社区创造的"文峰模式"④,以基层党建创新引领社会管理创新,将党的政治、组织优势转化为管理、服务优势,用来引领、组织、管理和服务社会,党群、干群关系日益密切,734个基层党组织、1.3万多名党员入"网"进"格",成为强化社会管理服务、化解矛盾的有效载体,基层组织建设整体效能不断提升,"单位建党"将逐步走向"区域建党"。焦作市解放区以党的建设统领社区建设,坚持党建统领、联合共治、居民参与的复合共治原则,不断创新社区建设体制机制,稳步推进社区管理走向社区治理。此外,鹤壁市山城区推行党员中心户制度构筑社区和谐,郑州市上街区实施特色非公党建实现双赢,等等,都充分发挥了党组织、党员的引领作用,全省社会治理能力初步走向现代化。

二 河南省社会治理体制建设中
存在的主要问题与面临的挑战

近年来,河南有序推进社会建设,社会大局稳定和谐,全省社会治理取得

---

① 李红:《河南居民低保底线划定》,《河南日报》2013年4月16日。
② 《河南统计年鉴(2013)》。
③ 三种管理即政府行政管理、居民自治管理、社会组织自我管理。
④ 任国战等:《网格织出古城春——安阳市文峰区网格化管理的实践与启示》,《河南日报》2013年7月8日。

显著成效，但也存有问题，与日益多元化、复杂化、动态化的治理环境不相适应，面临着一些新挑战。

（一）社会治理理念落后，管理主体与手段方式单一

其一，长期以来，受传统因素影响，河南社会管理理念落后，较多注重政府管理和经济建设，轻视社会管理。管控思想盛行，"全能型、管制型、权力型"政府主导着社会管理，公共服务意识较为薄弱；部分政府干部习惯于居高临下，"管""卡""压"并用；一些地方政府热衷于经济增长，较少关注民生建设，对弱势群体的组织关怀缺失。

其二，管理主体单一。"政府是社会管理唯一主体"由来已久。一方面，政事不分，政府包揽一切，经常出现"越位""错位"现象，管了一些"管不了也管不好"的事，出力不讨好。另一方面，监管不到位，社会管理领域出现空白。有些事情没人去管，政府和其他管理主体均缺位，致使一些群体的合理利益得不到有效保护，容易引发矛盾。

其三，手段方式单一。政府主要采用单一行政干预手段进行管理，多为事后处置、被动应付；矛盾调处解决手段单一，纠纷解决机制渠道不畅，民众"信访不信法""信闹不信理"现象较为严重；重刚性管理，缺少柔性的道德教化与沟通协调，对传统管理资源挖掘不够，未能有效借鉴利用，简单管理甚至粗暴管理现象依然存在。

（二）社会治理体制滞后，法规制度、专业人才缺失

首先，河南的社会治理体制经历了单位制、街区制和社区制的发展历程，管理体制总体上较为滞后。计划时代实施的"单位制"，权力高度集中，政社合一，整个社会管理高度组织化，全能型管理方式导致治理成本过高、社会活力不足等。街区制存在资源、权限与职能不符，"看得见，摸得着，管不了"的怪现象不时出现。社区制采用"两级政府、三级管理、四层网络"的治理结构，一定程度上提高了管理效力，但未能从根本上改变科层制的垂直治理结构，扁平化的治理网络未能建立，社会自治不力。

其次，法规制度不够健全。社会管理涉及领域较多，任务繁重，对法规的

需求不断扩大，有关社会管理法规建设相对滞后，一些领域还存在着法律空白。如目前尚无专门的社会组织管理基本法律，已有文件、条例数量有限，层次偏低，配套缺失，可操作性不强，致使有关优惠政策落实不力，影响社会组织的发展壮大和协同治理作用的发挥。在规范信访行为、引导社会舆论、利用新兴媒体等方面，也缺乏位阶较高、效力较大的法规。

最后，专业人才较为缺失。社会管理专业性强，需要专门人才，但河南管理服务队伍数量有限，结构不尽合理。全省社区居委会干部有22371名，社会团体56526个，从业人员49.08万，① 从事社工的有10多万人，志愿者24万多人，② 但河南人口高达1亿，贫困人口1000多万，农村集中供养五保人数199445，60岁以上老年人口1200多万，残疾人口700余万，残疾人工作者仅有8743个，③ 管理服务人员占总人口比例偏低。培育的社工人才不少，但对口工作难找，占70%的毕业生被迫转行，造成教育资源、人才浪费；社工大多为40～50岁转岗人员，女性较多，新生力量不足。

（三）社会治理域境日益复杂，治理难度加大

21世纪以来，全省的社会治理处于日益复杂、动态、多元的环境中，治理难度大大增加。

第一，社会由整体型、统一控制型走向多元化、自主决策型。改革开放以来，市场经济快速发展，社会日益多元化，政府、市场、社会、个体等多个主体并存，两新组织不断兴起；各个主体的主体意识增强，自主性凸显；社会自主决策能力提升，统一控制逐步弱化，整体社会趋于瓦解，要使整个社会服从于统一决策，过程复杂、代价高昂，达成社会共识、实现集体行动由此面临挑战，需要建构新的协调机制以整合日益多元化的社会主体。

第二，社会由低风险阶段进入高风险阶段。改革开放的过程也是风险增多的过程。一是市场风险。生产者与消费者均面临着市场经济发展衍生的市场风

---

① 《河南统计年鉴（2013）》。
② 《河南省志愿服务事业五年发展规划纲要（2011～2015）》。
③ 《河南统计年鉴（2013）》。

险，并利用风险追逐利益。二是技术风险与生态风险。经济的快速发展是通过投入大量自然资源实现的，并生产、排放了大量污染物，造成重要自然资源短缺和生态恶化。三是制度风险，产生于制度的改革与重建，市场制度是制度风险的新来源，国家管调社会经济的制度不能有效应对新问题则是制度风险的主要来源。四是风险具有国际性和全球性，这是不断扩大开放、全面深化改革、全球化进程加快的必然结果。科学有效地应对各种风险成为新时期社会治理的重点和难点。

（四）社会进入可持续发展型、消费型阶段，治理面临新挑战

现今社会进入可持续发展型、消费型阶段，对社会治理提出了更高要求，但为社会普遍遵守的社会规则体系尚未建立，社会失范、无序状态较为严重，社会治理面临一些新挑战。

第一，社会由经济增长型转为可持续发展型。改革开放后，片面追求经济高速增长一度盛行，粗放型经济增长模式产生的一些负面后果，如破坏生态环境、拉大收入差距等，致使我们今天面临着生态环境不能支撑经济发展、公平公正受到质疑等现实挑战，人与自然之间、代际之间和谐共存已成共识。因而，如何有效转变发展方式，走集约型发展道路，实现社会可持续发展，是社会治理面临的重大挑战。

第二，社会由生产型社会进入消费型社会。消费产品日益大众化、普及化，消费的个性化、精致化、流行化凸显，消费者的主体性不断发展，自我认同日益强化，过度索取、利用资源，生态环境不断恶化；个体拥有的财富不断增多，各主体间的利益关联不断强化。为此，在社会治理中，建构人与人、人与自然间的和谐关系，有效协调财富拥有者间的合作等都面临新挑战。

第三，国家与社会的关系进入新阶段。近年来，社会组织快速发展壮大，自组织能力不断提升，参与社会治理的要求日益增强。为此，国家在主导社会治理时，必须为社会提供较大发展空间，如何通过制度建设、资源调整、机制改革等，创建现代社会治理体系，在国家与社会之间形成制度化的良性互动关系是新时期社会治理面临的新课题。

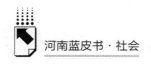
三 河南省社会治理体制建设趋势展望

当前，推进社会治理体系现代化是我们全面深化改革的总体目标。提高社会治理效能，完善公共服务体系，建设服务型、法治型政府，实现善治是社会治理的终极诉求。河南作为发展中的大省，迫切需要科学高效的社会治理，同时，对具体的治理方式、体制又有特殊要求。因此，推进河南社会治理体系现代化既面临良好的发展机遇，又面临一些新挑战。

第一，河南地处中原，社会管理具有悠久的传统，在不同时代、不同历史阶段，形成了许多优秀的社会管理思想和方法，如上下贯通、双轨政治等；现今，全省经济快速发展，平安河南建设稳步推进。这为河南社会治理体制创新提供了"本土之根"，营造了有利的环境。

第二，党的十八届三中全会将推进国家治理体系和治理能力现代化作为新时期全面深化改革的总目标，为河南社会治理体制创新提供了政治保障和方向指引；社会主义经济体制采用循序渐进的改革路径，取得了举世瞩目的成就，获得世人认可，这为今天的社会治理体制创新奠定了坚实的物质基础，提供了有益的思路和启示。

第三，一些发达国家和地区经历了较长时期的城市化进程，形成了相对成熟的城乡社区管理模式；近年来我国广州、上海、北京等城镇化进程较快的城市不断探索适合本地域的城市社区管理模式，具有地域特色的城市社区管理体制正在推广中。这为河南社会治理体制创新提供了经验和模式参照。

同时，创新社会治理体制、推进治理体系现代化也面临着一些严峻挑战。长期以来，在河南，管控思想盛行，政府包揽过多，社会组织发育滞后，民众权利意识较为淡薄；社会服务体系相对薄弱，法规制度、专业人才缺乏；同时，治理对象与治理环境日益多元化、复杂化和动态化，治理难度不断加大。因此，推进社会治理体系和治理能力现代化任重道远。

四 推进河南省社会治理体制创新的路径选择

新时期，推进河南社会治理体制创新，应形塑现代治理理念，创新治理方式，夯实治理根基，强化制度保障，建立健全社会治理的参与、服务等机制，加强顶层设计，建构全省社会治理新格局。

（一）形塑现代治理理念，建立社会治理新格局

理念是行动的先导，因而，创新社会治理体制，首先应形塑现代治理理念。要借鉴古今中外优秀的社会治理思想与做法，如老子主张"循规律""尊民意""惠民生""廉政风""惜生态"的善治理念。国外一些国家政府与社会组织合作治理的模式值得我们借鉴。实行柔性治理，以民众为本，树立为民服务的从政观，政社分开，还政于民，将民众置于社会治理的中心，完善利益诉求表达机制，推崇公共精神。转变政府职能，建构有限政府、责任政府和法治政府，培育向善、诚信、法制理念，合理确定政府、市场、社会、民众的职责，政府放权于市场、社会、基层政府，注重引导、控制和规范市场、民众行为，发挥市场在资源配置中的决定性作用。建构和谐官民关系，加快建设创新型、服务型政府，"寓管理于服务中"，不断完善服务体系，提高基本公共服务水平。建构政府与社会平等、合作的伙伴关系，培育发展社会组织，提高社会自治能力和自我服务能力，培育居民自治能力，扩大居民参与面，建立起政府、市场、社会、民众合作共治的社会治理新格局。

（二）创新治理方式，完善社会治理参与体制

社会治理参与体制应与时俱进。一要不断创新参与方法，丰富参与形式。综合运用法律、经济、行政、教育等手段，借助现代信息技术，建构高效、便捷、透明的立体化、多样化的参与网络，激发民众参与激情，使民众在参与中形成相互理解、信任、支持、认同的网络系统。二要搭建平台，拓展渠道。广泛开展公民教育，提升民众素养和参与能力；着力发展民间组织，培育公民社会载体，建立社区论坛等；引导好、利用好（网络）媒体；创新官民互动的新载体、新形式，通过领导在线访谈、开通微博等方式，促进民众诉求表达与政府回应的互动机制，做到事前预防、主动掌控。三要健全民主制度，完善民众参与机制。完善基层群众自治制度，赋予社区内部事务决策权和财务自主权，逐步实现社区自治，建构扁平的多元权力合作型治理模式，使政府、社区

和民众彼此合作，共同管理公共事务；扩展社会治理网络，推进协商民主广泛多层制度化发展，逐步推进执行、监督领域的公民参与，激发社会组织、民众的参与热情，调动他们的积极性、主动性、创造性，使多元主体在参与中实现良性互动、同构互生和互构共赢。

（三）夯实治理根基，健全社会治理服务机制

一应优化制度结构。优化的制度结构能够有效处理事务、解决问题，因此，应不断优化政府组织结构，创新行政管理方式，增强政府的公信力、执行力。其一，优化社会结构，构建橄榄形社会，使发展成果更多更公平地惠及全体人民；建立健全普惠的、公平的、可持续的社会保障制度，多渠道筹集社保基金。其二，深化理念，建立政府、社会（组织）、民众均为社会治理主体的理念，注重提高各个主体的素养，以共同应对风险，促进和谐发展。

二应大力发展社会组织。要从法律上肯定社会组织的地位，确保其权益不受侵犯；强化制度建设，保障社会组织的独立性；培育专业人才，提高社会组织从业人员素养；提供政策、资金等支持，引导社会组织健康发展，增强自组织性；完善政府购买服务机制，如签约、付费等。社会组织要不断强化自身建设，提升自治能力，合法、有序、理性地反映民众诉求，为政府决策提供参照，提高决策的民主性、科学性、透明性，二者形成共生共长、良性互动关系，充分发挥社会组织在社会治理服务中的协同作用。

三应完善现代公共文化服务体系。在一定意义上，文化可视为一个交错着权力、资源、意义、认同、真理等的争夺场域。政府及其他公共机构是"文化治理"者，社会、个人是"文化权利"拥有者，二者之间的互动使得文化资源与权力的配置日趋复杂，文化意义诠释与审美观念逐步多元，"文化治理"由此成为社会治理的重要部分，因此，应强化文化管理，科学、合理、有效利用文化资源，增强文化在社会治理服务中的软实力。

（四）强化制度保障，推进社会治理体系现代化

第一，应完善城乡社区治理体系。社会治理体系现代化必须由国家主动推进，通过运用政策工具、提供发展资金等措施引导城乡社区自治，通过法规监

督社区自治主体行为；城乡社区在政策引导下整合资源，回应政府与居民的需求，依法行使自治权，增强居民归属感、凝聚力，提升社区自治能力，形成政府、社区、居民良性互动、合作共赢的社会治理体系。

第二，应健全社会协同治理机制。政府要发挥主导作用，搭建参与平台，畅通沟通渠道，并逐步走向制度化；赋权予社会，支持、培育社会（组织）健康成长，发挥其自主治理、参与服务、协同管理作用；尊重社会的主体地位和运行规律，通过法律、市场、行政等多种手段，强化、改革和建设制度，形成制度合力，从而建立起"政府主导，社会协同，共建共享"的社会治理新格局。

第三，应完善法规制度建设。应确立法治思维，树立法治信仰，运用法治方式，预防和化解矛盾纠纷；建立法治国家、法治政府与法治社会，营造良好的法治环境，真正实现依法办事、依法监督；出台相关法律法规，明确政府、市场、社会、民众各自的职责；完善社会组织法律体系，制定社会组织管理基本法，提高法律位阶，增强法律效力；实施诉讼和信访相分离制度，将涉法诉讼信访纳入法治轨道，依法维护民众权益。

第四，应完善人才制度建设。要深化干部人事制度改革，在干部选用上完善干部提名推荐方式；改进干部信息采集标准，强化道德权重，不断完善考评机制，形成科学、高效、廉洁的干部队伍。建立健全集聚人才的体制机制，优化人才管理机制，以"服务人才"为主；以需求为导向，完善人才培养、流动、激励、监管机制。

（五）完善顶层设计，提升全省社会治理能力，走向善治

在新时期的社会治理中，党要发挥领导核心作用，加强顶层设计，不断进行组织创新和制度创新。一要加快形成科学高效的社会治理体制，深化党建制度改革，强化民主集中制，逐步完善党的领导体制，优化执政方式，逐步由权力主导型、党治主导型转向权威主导型、法治主导型，提高"科学执政、民主执政与依法执政"水平，推进决策科学化。二要注重发挥经济体制改革的牵引作用，培育国际经济合作竞争的新优势。总揽全局，在较高层次上通过政策调节、法规制定、财政支持等完善宏观调控体系，实施科学管理，统筹协

调，均衡配置公共资源，健全城乡发展一体化的体制机制，逐步实现城乡基本公共服务均等化。三要做好整体谋划与推进工作，优化组织设计，建立健全系统完备、科学规范和运行有效的制度体系，实现政治、经济、社会、文化、生态等领域的制度创新。四要抓好督促落实工作，运用制度管权管事管人，加快构建"决策科学、执行坚决和监督有力"的权力运行体系，从而使政府、市场、社会相得益彰、互构共赢，最终实现善治。

参考文献

《中共中央关于全面深化改革若干重大问题的决定》，《人民日报》2013 年 11 月 16 日。

郁建兴、任泽涛：《当代中国社会建设中的协同治理——一个分析框架》，《学术月刊》2012 年第 8 期。

杨雪冬：《走向社会权利导向的社会管理体制》，《华中师范大学学报》2010 年第 1 期。

张敏杰：《西方发达国家社会管理的新趋势及其启示》，《浙江社会科学》2011 年第 6 期。

龚维斌：《我国社会管理体制存在的主要问题》，《理论视野》2010 年第 1 期。

河南省社会治理模式研究报告

—— 以新郑、三门峡、安阳、灵宝四市为例

刘晓玉 *

摘 要：

本文以新郑、三门峡、安阳、灵宝四市为例，梳理、总结了各地社会治理模式，在此基础上分析当前河南省社会治理工作中存在的问题与不足，并对进一步提高和加强社会治理工作提出建议和措施，以期对未来河南省社会治理工作提供理论参考和决策依据。

关键词：

河南 社会治理创新模式

一 河南省社会治理的有益探索

（一）新郑市"统筹城乡发展公共服务均等"的城乡一体化管理模式

1. 整合资源，强化政府公共服务职能

新郑市政府在强化部门社会治理职能的基础上，积极整合各职能部门的行政资源，以解决城乡公共产品和公共服务供给总量不足、质量不高以及行政成本较高等难题。这其中主要是通过"一办十中心"平台的打造，以深化对"十类人群"的服务管理，以实现市、乡、站、村四级行政机构更直接有效的

---

* 刘晓玉，女，河南省委党校哲学教研部，博士。

垂直管理，以及政府各职能部门的对接与协调，从而使社会治理体系更好地为广大城乡群众服务。这种联动化的综合治理机制，强化了党委的领导和控制力，凸显了政府的执行力以及工作效能，以整合调动整个社会资源为前提，将整个公众参与纳与其中，是新郑市整个社会治理的基石。

2. 发展民生，推进城乡公共服务建设

第一，坚持教育优先发展。积极推进城乡学校布局调整和校舍安全改造工程；推进城乡教育改革，新郑在全国率先启动和推行了"给初中分配名额、为高中均分生源"的中招制度改革；推进普通高中阶段免费教育计划；加强对青少年的法制教育，在每个乡镇建立"留守儿童之家"和"情感驿站"，加强对农村留守儿童的文化教育和法制教育。第二，着力抓好就业服务工作。实施积极的就业政策，多渠道创造就业岗位，加强基础设施建设，促进城乡居民充分就业，出台相关政策，扶持全民创业，实施扶持弱势群体就业的帮扶政策；建立职业培训体系，切实提高劳动者素质。第三，加强医疗卫生保障服务。扩大城乡基本医疗保障覆盖面，加强公共卫生服务体系建设，基本实现城乡居民"小病不出村（社区）、大病不出市"。

（二）三门峡湖滨区融多元于一体的"网格化"管理模式

1. 推行"网格化管理"，促进社区治理精细化

湖滨区根据村（社区）范围、分布情况、人口数量、居住集散程度、群众生产生活习惯、产业特点等情况，科学划分责任网格。

在城区每个网格以 300 户、人口 1000 人左右进行划分设定，在农村每个自然村为一个网格，规模大、人口多的行政村可以按区域情况划分若干网格。10 个乡（街道）选定 10 个村（社区）划分了 43 个网格，搭建精细化管理平台，逐步形成"人在格中，事在网中"的管理格局。

2. 开展"流动式服务"，畅通民意诉求渠道

村（社区）每个网格由一名乡（街道）或村（社区）干部担任网格格长，单位网格由其单位综治负责人担任网格格长，每个网格至少组建 1 支"流动式服务"团队，流动服务团队队长担任网格副格长。"流动式服务"团队成员由公安干警、流动调解员、流动暂住人口协管员、治安巡防队员、社会

法庭法官、检察联络员、公益岗位人员、农村"六大员"、群防群治"五大员"等组成。团队主要职责是开展矛盾纠纷、治安隐患、安全事故隐患、重点人员排查管理，并对排查出来的情况进行分类梳理，合理解决民意诉求，开展便民为民服务，构建民意诉求和利益协调机制，及时将社会公共化服务延伸至网格内的每个楼院、每个单元。

3. 加强"规范化运作"，确保工作开展有序

一是开展"走访式"服务。依托流动调解四级工作网络，通过流动调解员主动走访、集中走访、预约走访三种形式，及时掌握网格内重大事项和重点人员思想动向，及时化解基层群众的不满情绪，第一时间化解矛盾纠纷、处置问题。二是落实"菜单式"服务。将法律咨询援助服务、家政服务、代理中介服务、居民应急服务、家电维修服务、代办服务等服务内容告知网格内居民，向服务对象提供个性化的服务"菜单"。三是落实"民事代办"服务。由网格的民事代办员，进户"访民揽事"，对一些行动不便、年老体弱人员，上门宣传政策、征求个人意愿、收集填写材料，并提供代办服务。

4. 强化"制度性保障"，健全工作规范体系

通过"规范一块牌子、建立一套制度、办好一个公示栏、制作一本工作手册、安装一部电话、设置一个民意箱、记好一册民情日记"的"七个规范"和完善服务管理制度，为推进网格化管理提供强有力的制度保障。重点建立健全四类信息，即网格人员的基本信息、网格矛盾纠纷数据档案、治安隐患数据档案和重点人员数据档案。严格工作流程，针对走访中发现的问题和群众的服务需求，各网格能立即处理解决的，立即处理解决，不能处理解决的，第一时间逐级上报。乡（街道）对接收到的信息进行汇总整理，及时将任务分解到相关责任科室处理，或提请区创新办协调政法、民政、计生、教育、卫生、文化、团委、妇联、人社等部门处理。各责任部门按照交办的任务，迅速协调处理，将结果在规定时间内以文字形式反馈，并将办结事项归档立卷，确保"事要解决"。

（三）安阳市殷都区"依靠群众参与"的管理模式

安阳殷都区采取"依靠群众参与"的管理模式，创新了群众工作平台——政治文明"三大举措"。"依靠群众参与"就是把群众组织起来，以群众为主体，依靠群众来开展工作。政治文明"三大举措"，即"争当十大员，为民促发展"① "诚信殷都建设"② 和"十佳标兵"③ 评选活动。工作实践中，殷都区将这一方式运用到全区工作的各个方面。

1. 开门搞党建

针对"就党建抓党建、闭门抓党建、群众参与少"的问题，殷都区积极让群众参与、监督党建工作，提出了"四个60%工作法"，即发展党员时，群众赞成票低于60%的，不能确定为发展对象；党员评议时，群众满意票低于60%的，视为不合格党员；党支部、村委会换届时，群众信任票低于60%的，不能列入候选人，并且实行创业承诺、廉政承诺、辞职承诺"三诺合一"，全面接受群众监督；对干部进行信任度测评时，群众满意度低于60%的，不能评先。2013年，50248名群众代表参与了对7320名党员、1014名干部的投票测评，有3名党员因群众满意度低于60%被认定为不合格党员。

2. 建立干部联系群众制度

针对干部脱离群众、长期不接触群众、对群众没有感情的倾向，他们开展了干部联系群众活动，提出了"让全区每一户群众在区里都有一个亲戚、朋友"的口号。90多名正科级干部每人联系500多户群众，每个一般干部联系30~50户群众，公布姓名、身份、手机号码、电话号码，累计达到5万多户，

---

① "争当十大员、为民促发展"活动，就是通过动员群众报名参加社会问题调研员、社会问题信息员、民间问题调解员、法律政策宣传员、公共财产维护员、公共事务评比员、党政工作监督员、卫生秩序协管员、社会治安巡逻员、扶贫解困服务员等"十大员"，建立"十大员"反映问题直通车——《每日民情》（已达340余期），让群众有名分、有权利、有渠道去参与和管理社会事务，从过去各项工作的旁观者、抱怨者甚至对抗者，变成参与者、建言者、献策者。目前，殷都区发展"十大员"近4万名，在"十大员"队伍中建立党组织188个、工青妇组织360个。

② 殷都区以现有的政策、法律、法规为标准，依托诚信协会、"十大员"组织，采集不诚信记录，建立了涵盖政务、行业、公民三个层面共108项行业群体的不诚信档案，在各类企业、各类单位、各类门店等各行各业和干部、法官、教师、工人等各类人群中建立了诚信网。

③ 殷都区严格按照"群众推荐、代表决议、三级评选、层层表彰"的原则，普遍建立了"十大员"骨干参与的基层评选委员会120多个，每年评选涉及十佳环卫工人、十佳农民、十佳教师等26个方面数百个先进典型人物，坚持每年召开千人大会进行公开表彰，定期不定期地召开巡回汇报会。

做到了全覆盖。通过活动，累计解决群众反映的各类问题 6000 余个，转变了干部作风，密切了党群、干群关系。

3. 群众自主搞拆迁

建立"家园改造委员会"或"众资公司"。家园改造委员会由每个村（社区）的群众每户委托产生"户代表"，每 10 户委托一名"小组长"，每 10 名"小组长"委托一名"委员"，通过层层委托产生群众组织。"众资公司"是由群众以宅基地入股成立的公司。入股群众是公司的股东，由股东选举产生董事会，代表入股群众的利益。

群众自己的事情自己做主，由城市建设中的被拆迁对象变成了拆迁改造的主人，保护群众切身利益的同时，解决了群众和政府、群众和开发商以及群众间的矛盾。因此，不再发生上访告状闹事的情况。目前，殷都区新型城市化"两改"工作涉及的 37 个村、17 个社区已全部成立"家园改造委员会"或"众资公司"。

4. 依靠群众处置非法集资

殷都区是安阳市非法集资的"重灾区"，全区共涉案 30 多起，涉及金额约 30 亿元、群众近 5 万人。殷都区在处置工作中，依靠群众构建了层层代表体系。在每起案件的每 10 名群众中推选 1 名"代表"，每 10 名"代表"中选 1 名"委员"，每 10 名"委员"中再选出 1 名"常委代表"，"常委代表"组成处置非法集资委员会，让"委员会"与政府成立的工作组一道工作，全程参与案件办理，赢得了群众的高度信任和支持。截至目前，该区没有发生一起因非法集资而上访的群体事件。全市的第一个处置非法集资工作现场会也在该区举行。

与此同时，人大、政协、城管、教育改革、文化、社团管理、信访、低保审批、计生等工作，都依托"依靠群众参与"理念和政治文明"三大举措"来推进，这里的干部和人大代表、政协委员与群众亲如一家，城管人成为摊贩眼中"最可爱人"、居民主动"退保"、孩子愿意学习、社会组织发挥着正能量、信访代理员帮助左邻右舍上访等，各方面工作都焕然一新。

（四）灵宝市构建"五大体系"的管理模式

1. 创新便民服务机制，构建为民"大服务"体系

社会治理的重点在基层，难点也在基层。灵宝市坚持服务为先、基层在先的原则，坚持社会治理服务进农村、进社区、进企业，大胆探索基层资源整合，积极打造市、乡、村三级便民服务网络，着力构建便民服务和民生保障大服务体系，把社会服务管理的触角延伸到社会末梢，从源头上、根本上、基础上搞好社会治理。一是提升乡镇社会治理服务中心的服务质量和水平。加强乡镇与上级有关部门的有效衔接，市行政审批中心进一步健全了工作制度，规范了工作流程，明晰了便民事项，拓宽了服务功能，简化了办事程序，最大限度地方便群众办事。二是推行建立村级（社区）社会治理服务站。为延伸服务功能，进一步方便群众办事，在全市建成50个行政村（社区居委会）社会治理服务站，下设综合治理办公室、矛盾调解室、便民服务室，成立矛盾调解和治安巡逻队伍，开展代办、领办、代理等便民服务活动。三是试点建立企业社会治理服务站。在金源矿业公司鑫灵分公司等3个企业试点建立社会治理服务站，下设综合治理办公室、职教服务中心、矛盾调解中心，整合企业内部安全保卫、视频监控、巡逻护厂（矿）、企业工会、青年团及妇联群团组织等力量资源，形成工作合力，提高管理水平，培育企业文化，帮扶困难职工，化解企地矛盾，实现最大效益，积极履行社会责任，增强服务社会能力。

2. 创新矛盾化解机制，构建社会矛盾"大调解"体系

根据当前社会矛盾多元化的特点，积极探索推行多元矛盾化解机制，切实把矛盾纠纷化解在基层，努力做到小事不出村、大事不出乡、矛盾不上交、难事不出县。一是推行社会法庭化解矛盾机制。投入专项资金10万元，从退休教师、退伍军人、老党员、老模范、老干部等干部群众中选任社会法官409名，常驻法官45名；依托乡镇社会治理服务中心，建立15个社会法庭服务窗口；依托村级民调组织，建立287个社会法庭联系点；在重点行业和部门、矛盾多发地成立了函谷关国家4A级旅游景区社会法庭、豫灵镇回民社会法庭、产业集聚区社会法庭、交通事故和土地纠纷等5个特色社会法庭，形成了"一乡一庭""一村一点"及特色社会法庭模式。二是推行跨村连片调解新机制。跨村连片调解就是将相邻的若干个行政村划分为一个片，设立连片人民调解委员会，调委会主任由大家推选。连片人民调解委员会每月组织片内各村人民调解委员会开展一次矛盾纠纷集中排查，对排查出来的纠纷信息进行分类汇总、建立台账。目前，全市共设立连片调委会72个，连片调委会委员420人，

2013 年调解民间纠纷 1600 余起，调解率和调解成功率分别达到 100% 和 98% 。三是推行行业矛盾调解机制。在国土、住建、人社、卫生、环保、公安交警等部门建立行业性行政（仲裁）调解中心，选聘专职调解员，着力解决土地资源权属、劳动争议、医患纠纷、住房拆迁、环境污染、交通事故等突出矛盾问题，使大量行业性矛盾在本系统内部得以调处化解。

3. 创新治安管控机制，构建社会治安"大防控"体系

在全省县级公安机关率先组建情报信息中心。下设"三队一室"即情报信息中队、网上作战中队、视频侦查中队和综合办公室，有正式民警 17 人，各队各室分工负责，相互协作，为案件突破提供精确有力的信息技术支撑。着力构筑"五化"城乡社区警务室。先后投入 300 余万元，以打造"现代化、规范化、特色化、信息化、民调化"社区警务室为目标，在辖区 17 个乡镇（管委会）建设高标准警务室 31 个，形成了以信息化为支撑，以扁平化服务为核心的社区警务模式，实现了警务室与社区无缝对接和城乡服务全覆盖。把人口管理、信息收集、调处矛盾、打防管控和服务群众五大职责作为社区民警第一要务。

4. 创新平安联创机制，构建边界"大协作"体系

根据地处豫晋陕三省交界，与陕西省洛南县、潼关县，山西省芮城县、平陆县毗邻接壤，人流物流密集，治安形势复杂的特点，主动发起与相邻县市的平安边界联创协作。2012 年 10 月 12 日，在灵宝市召开了首届豫晋陕"三省五县"平安边界联创协作联席会议，相邻五县正式签订了《平安边界联创协作约定书》，明确了信息共享、严打整治、缉捕追逃、司法办案、巡逻防控、禁毒、反恐、跨界纠纷联调等 8 项协作内容，推动了边界地区社会治理，建立了边界联创协作新机制，探索了平安边界建设的新路子。

5. 创新教育管理机制，构建重点群体"大管理"体系

依托相关组织，发挥各职能部门的作用和社会各方力量，对重点人群综合施策，强化教育。提高服务管控能力。加强重点青少年群体服务管理。启动了创新青少年学生教育帮扶工作计划，实行学校、家庭、社会"三位一体"教育管理无缝对接，落实单亲家庭子女、残疾青少年、困难学生的帮扶措施，依托市技工学校和灵宝职专解决失学失业青少年的再教育再就业问题。加强刑释解教人员的服务管理。建立刑释解教人员个人档案，搭建综合服务平台，实行安置帮教"无缝对接"，建立监所、家庭、单位、社区"四位一体"的帮教管理机制，最大限度地预防和减少重新违法犯罪。探索建立廉政风险防控机制。以检察机关为依托，在全市率先建立廉政风险防控机制，梳理权力清单，编制职权目录，有针对性地开展权力运行风险、制度机制风险、外部环境风险排查，按等级进行廉政风险评估，实行集中规范管理，有效防范各类腐败问题的发生。

二 当前河南省社会治理存在的问题

随着实践活动的不断深入推进，近年来河南省各地社会治理工作取得了良好的效果。但是，任何体制机制的改革创新都不是一劳永逸、一蹴而就的，由于受到旧有习惯以及客观环境的制约，目前河南省社会治理工作仍然存在一些需要关注和进一步解决的问题。概括来讲，主要表现为两个方面。

（一）城乡基本公共服务发展仍不均等

多年形成的偏向城市的供给政策使城乡居民在享受公共服务方面存在着严重的不均等现象。改变这种不均等状况，努力缩小差距，是当前社会治理工作的目标和重点任务之一。当前河南省各地也都着力解决这一问题，并采取了相应的措施，但在具体的操作和现实效果上仍存在很大的问题。比如，没有区分对待城乡居民对基本公共服务的差别性需求，只追求表面的均等化、平均化。以 GDP 为刚性指标的干部政绩考核，导致干部对发展农村基本公共服务事业并不真正重视，制定一些政策缺乏深入的调查研究，只是流于形式和应付上级检查，难以取得长效。

（二）社会组织的协同功能未能充分发挥

新的社会治理格局中的"社会协同"任务，主要是由各类社会组织承担的。从各地的社会治理实践中可以看到，社会组织协同社会治理的能力不强、部分群众参与社会治理的主观能动性未能充分调动。目前，河南省的社会组织存在的主要问题表现为：社会组织多由政府部门创建，自主发展和自我管理能力不高；一些社会组织内部制度不完善，管理分散，导致运转不力，缺乏有效的第三方监督机制；目前成立的社会组织缺乏专业化的社会工作人员，距离专业化、职业化的要求还有相当大的差距。之所以出现这种局面，主要是由于法律法规不健全、监督约束机制的欠缺以及政府权力的过度介入，导致社会组织"无论是其结构还是功能都还没有定型"①。

三　对河南省社会治理工作的展望

（一）进一步推进城乡基本公共服务均等化

进一步推进城乡基本公共服务均等化，要从城乡发展的现实情况出发，尊重差异性，要建立健全城乡基本公共服务体系和体制机制保障，努力实现城乡基本公共服务的均衡发展。具体可以从两个方面着手：其一，要突出强化政府的主导作用。政府要更新社会治理理念，转变职能，要把基本公共服务的供给作为政府的第一要务，强化政府在公共产品供给中的职责，确保公共财政对新农村建设的支持和倾斜力度。其二，要不断完善新型公共服务供给体系。在政府主导的前提下，充分发挥社会和市场的力量，构建多元化的供给新格局。不断提高基本公共服务的供给质量，提升公共服务的运作效率和专业化水平。

（二）进一步发挥社会组织的协同作用

新的社会治理格局是国家就各种社会治理主体在社会建设和社会治理中的地位作用、相互关系及运行方式做出的制度安排，构建齐抓共管的社会治理格局是加强和创新社会治理的基本保证，所以完善社会治理必须进一步激发社会组织的活力。首先，要处理好政府和社会的关系。实现社会组织的自我管理和自主发展。其次，要完善社会组织的自律体系和监督管理体系，建立健全对社会组织的评估体系，全面开展对社会组织绩效的评估工作，促进其健康良性运

---

① 俞可平：《中国公民的制度环境》，北京大学出版社，2006，第24页。

转。在这里，政府更多的是发挥组织、协调、引导、监督、服务的功能。最后，要加强社会工作者的专业化和职业化建设，推进社会工作教育的本土化，要重视理论与实践相结合，形成社会工作队伍的培养、评价、使用、激励等长效机制，不断提高社会组织协同政府管理的能力。

（三）进一步提高网络舆论引导能力

进一步做好网络舆论引导工作，坚持正确舆论导向，加强主流媒体和新兴媒体建设，形成舆论引导新格局。主要从两个方面着手：其一，要改变舆论引导观念。政府部门可适当制定相应的激励措施，强化媒体人将社会主义核心价值观引入到积极文化建设中去；同时要提倡公众参与管理，激励网民对网络舆情进行监督，引导参与者更加理性地发表言论；要根据网络关注焦点的变化，实时传递主流声音，减少网络群体事件的发生。其二，要健全网络舆论引导机制。相关部门必须将网络舆情监管作为日常工作的一部分，要有一整套批转、办理、反馈、监督的健全机制，实现政府与网民的制度化交流和互动，将正确的舆论导向和畅通的社情民意统一起来。

B.22
河南省政府购买社会工作
服务的现状与问题分析

何汇江 *

摘　要：

本文对河南省政府购买社会工作服务的现状与问题进行了分析。河南省政府购买社会工作服务处于起步阶段，目前只有郑州金水区的试点以及河南省民政厅实施的"三区"社会工作人才支持计划。从试点情况来看，政府、社工机构以及岗位社工三个方面都存在一些问题。针对政府购买社会工作服务的问题，本文提出了要积极总结试点经验，并尽快在全省推行政府购买社会工作服务的工作；就试点中出现的问题，提出了相应的对策建议：准确定位政府购买社会工作服务中的政府职能、切实保障政府购买社会工作服务的经费支出、积极扶持社工机构的发展、规范社工机构的运行、科学设置社工岗位和工作任务、建立社工服务的标准化规范、稳定社工人才队伍等。

关键词：

政府购买　社会工作服务　社会工作

随着我国经济的快速发展，人们的生活水平不断得到提高，但是还存在着经济增长与改善民生之间不协调的问题。政府需要把更多的财政资金投向公共服务领域，需要通过深化社会体制改革，创新社会管理，提供更完善的公共服务，更好地保障和改善民生。

---

* 何汇江，中原工学院政法学院副教授。

政府购买公共服务作为一种新型的政府提供公共服务的方式，同时也是一种社会管理的创新。政府购买公共服务是指政府将由自身承担的为人民日常生活和社会发展提供的公共服务事项交给有资质的社会组织来完成，通过服务合同的形式，由社会组织提供公共服务产品，政府按照一定的标准进行评估履约情况来支付服务费用。2013年7月31日国务院总理李克强在国务院常务会议上指出，要推进政府向社会力量购买公共服务工作。这表明国家正逐步建立和完善政府购买公共服务制度。

一　河南省政府购买社会工作服务的现状

社会工作提供的也是公共服务，政府购买社会工作服务是政府购买公共服务的一种形式。政府购买社会工作服务，是由政府出资，在服务单位设置社工岗位，向社工机构购买社会工作服务的一种方式。

政府购买社会工作服务的政策及实施，一定程度上推动了政府的职能转变，有助于建设服务型政府。通过市场化的方式，将部分公共服务交由具备条件、信誉良好的社会组织、机构以及企业等承担，调动社会力量，引入竞争机制，可以有效地解决一些领域公共服务产品短缺、质量和效率不高等问题，可以使服务对象得到更多的便利和实惠。

2012年11月，财政部和民政部联合下发了《关于政府购买社会工作服务的指导意见》，各级政府是购买社会工作服务的主体。按照"受益广泛、群众急需、服务专业"的原则，重点围绕城市流动人口、农村留守人员、困难群体、特殊人群和受灾群众的个性化、多样化社会服务需求，组织开展政府购买社会工作服务。民政部门具体负责本级政府购买社会工作服务的统筹规划、组织实施和绩效评估；财政部门具体负责本级政府购买社会工作服务规划计划审核、经费安排与监督管理；各有关部门和群团组织负责本系统、本行业社会工作服务需求评估，向同级民政部门申报社会工作服务计划并具体实施。

（一）河南省政府购买社会工作服务的政策背景

早在2009年，河南省政府就出台了《关于加强和改进社区服务工作的意见》，《意见》指出：将积极探索通过政府"购买服务"以及项目管理等形式，调动社会组织参与社区服务的积极性，促进公共服务社会化。并提出了在大力推进社区公共服务体系建设的过程中，要充分发挥社区各类组织、企业及个人在社区服务中的作用，培育社区服务民间组织、动员社区内各类组织、驻社区单位参与社区服务，通过政府购买的形式提供更加优质、高效的公共服务。

2007年，郑州市金水区被民政部批准为第一批社会工作人才队伍建设的试点地区。民政部门是社会管理和公共服务的重要职能部门，民政工作也是社会工作的主要领域。社会工作人才队伍建设先行在民政系统进行。金水区民政局相继制定了政府购买社会工作服务的一系列政策，结合工作实际，以强化社区建设和社区服务为切入点，着重在社会救助、社区建设、社区服务、志愿服务、公益类民间组织等领域开展社会工作人才队伍建设，在建立健全社会工作人才的培养、评价、使用和激励机制等方面进行了一系列探索和实践。

2012年9月，河南省民政厅为落实国家社会工作发展规划，推进河南社会工作事业发展，发布了《河南省社会工作专业人才队伍建设中长期规划(2011~2020年)》。这一中长期规划确立了社会工作发展"党政主导、社会运作、公众参与"的基本原则，即由党管人才，政府主导，履行政策引导、资金投入、监督管理等方面职责，培育民办社会工作服务机构，发展社会工作行业自治组织，加强公益服务事业单位建设。《规划》明确提出，2015年每个省辖市建立1个民办社会工作服务机构孵化基地，2020年全省民办社会工作服务机构争取达到1000家。制定政府购买社会工作服务政策，引入竞争机制，规范购买程序，开展综合绩效评价。

2013年10月，河南省民政厅、省财政厅联合下发了《河南省政府购买社会工作服务实施办法》。河南省将重点围绕城市流动人口、农村留守人员、困难群体、特殊人群和受灾群众的个性化、多样化社会服务需求，组织开展政府购买社会工作服务。该办法对购买方式、购买内容和购买程序都提出了明确要求，对服务承接方的评估等级、社会公信力和公益项目运营管理能力、从业人员素质等提出了详细要求。鼓励社会工作专业人才创办民办社会工作服务机构，并有财政资助、税收优惠等支持措施。在购买方式上，主要通过公开招标

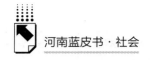

的方式进行，辅以邀请招标、竞争性谈判方式购买。将有助于规范政府购买社会工作服务，推动社会工作的发展。

（二）河南省政府购买社会工作服务的实践探索

河南省政府购买社会工作服务还处于试点阶段。这一阶段的发展战略是，以点带面，实现突破，总结经验，逐步推广。目前有郑州市金水区的试点以及河南省民政厅为实施的社会工作人才服务边远贫困地区、边疆民族地区和革命老区的"三区"计划而购买社会工作岗位的试点。

1. 购买岗位。2011 年，郑州市金水区作为全国首批社会工作人才建设试点单位，在河南省内率先开展了政府购买社工服务岗位。2011 年首批政府购买了 26 个社会工作岗位，2012 年增加到了 50 个社会工作岗位，每个岗位每年 5 万元。这些岗位覆盖了婚姻咨询、居家养老、慈善公益、志愿服务、学生心理辅导等多个方面。由政府提供财政支持购买优质的社工服务，这在河南还是首例。

2. 购买项目。2013 年 10 月，郑州市金水区又开始对 2014 年的社会工作服务项目进行招标，投入 150 万元，实施 3 类服务项目，购买了不少于 22 个专业社会工作的社会工作服务。这 3 类项目分别是"特定群体养老助老社会工作服务项目""低保家庭救助社会工作服务项目"和"社区服务中心社会工作服务项目"，每个项目又分了 2～3 个标段，共有 7 家社会工作机构分别中标，由这 7 家机构提供相应的社会工作服务。

3. 2013 年 5 月，河南省民政厅主持的河南省"三区"社会工作人才支持计划进入实施阶段，购买社工岗位。河南省"三区"社会工作人才支持计划是河南省落实中央的重要决策部署"边远贫困地区、边疆民族地区和革命老区社会工作专业人才支持计划"的实际行动，是引导社会工作人才到急需紧缺地区和基层一线提供专业服务的重要内容，同时也是河南省落实《河南省社会工作专业人才队伍建设中长期规划（2011～2020 年)》的重要内容，是支持"三区"社会工作发展的重要举措。这是省级政府购买社会工作服务的尝试，此次购买了 20 个社会工作相关人员岗位，这一举措有助于推动社会工作在全省的普及，有利于促进社会工作在城乡的均衡发展。

二 河南省政府购买社会工作服务的问题

河南省政府购买社会工作服务只有郑州市金水区处在试点阶段，目前还没有在郑州市金水区以外以及全省范围实施。河南省制定了社会工作人才发展的中长期规划，现在处于规划实施的初期阶段。这一阶段的特点不仅是发展不均衡，而且是经验与问题并存。

（一）河南省政府购买社会工作服务总体发展水平低

河南省政府购买社会工作服务总体上比较落后，不仅与发达地区比较差距巨大，而且与周边省市相比，也处于较为落后的位置。

上海在全国最早开始购买社会工作服务的尝试。2004 年，在上海市政法委的强力推动下，3 家有政府背景的机构成立，分别以禁毒社会工作、社区矫正以及青少年事务为主，建立社工队伍，提供社会服务。此后上海购买社会工作服务投入逐渐加大，2006 年上海浦东新区政府委托社会组织承接公共服务项目的资金近 6000 万元；2007 年又将 30 多个公共服务项目委托给 100 余家有资质的社会组织、中介机构承接。

深圳是广东省最早开始政府规模购买社会工作服务的城市。2007 年，深圳市的 6 个区政府分别与 9 家民间专业社工服务机构签订了社工服务购买意向书，开始实施政府购买社会工作服务的政策，此后深圳每年都购买社会工作服务，并且几乎每年都在提高购买社工服务的标准，2010 年为每人每年 6.6 万元，2011 年提高到 7 万元，2012 年又提高到 7.5 万元。仅在 2011 年、2012 两年深圳用于政府购买社会工作服务的资金就超过 1.5 亿元。

广州市政府购买服务社会工作服务的发展迅速，投入巨大。广州市 2008 年开展政府购买服务社会工作服务试点时投入了 100 多万元，2009 年陡增 10 倍达到了 1000 万元。此后每年都不断增长，2012 年达到了 1.4 亿元。2012 年广州市政府购买社工服务总共投入了 2.64 亿元，由市财政直接支付 1.18 亿元。广州市周边的一些城市，如东莞、顺德、佛山、中山等也都借鉴深圳或广州的做法，积极推进政府购买服务社会工作服务政策的实施。2009 年广东全

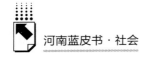
省用于购买社会工作服务的资金为 8893 万元，2012 年全省用于购买社会工作服务的经费投入达到 5.7 亿元；2009 年全省民办社会工作服务机构仅 58 家，到 2012 年 10 月就已达到了 298 家。

北京也是比较重视开展政府购买服务社会工作服务的城市。2010 年，北京市出资 1 亿多元向社会组织购买民生领域 300 项服务。2013 年，北京市通过政府向社会工作服务机构以及公益慈善类社会组织等购买服务的方式，每年购买 500 个社会工作岗位。购买的社会工作岗位，选派社会工作专业人才到有需要的群团组织、事业单位、城乡社区和社会组织中开展社会工作服务。

2013 年，武汉市财政投入 200 万元，在 7 个市直试点部门的社会工作领域购买 10 个服务项目。4 个社工试点区每个区每年最少投入 50 万元购买服务项目。试点区选择 3~5 个街道建立社会工作服务中心，每个中心配备 5~8 名专职社工。2013 年武汉市政府共投入 400 万元购买社会工作服务。

济南市在 2009 年由政府购买了 5 个社会工作岗位作为试点。2010 年政府购买的社会工作岗位又增加了 17 个。到 2011 年，济南市政府出资 300 万元，面向应届大学毕业生等又招聘、购买了 100 个社会工作岗位，在民政、卫生、残联等领域为居民提供社会工作服务。

（二）河南省政府购买社会工作服务试点中的问题

郑州市金水区在政府购买社会工作服务政策实施过程中也存在一些问题，需要引起重视并加以完善解决。

第一，对于政府来说，政府是社会工作服务的政策制定者、服务购买方，也是这一政策的推动者，政府的责任重大，政府主要面临如何发挥主导作用的问题。

首先，政府购买服务面临如何监管的问题。这种监管既包括对社工机构的监管，又包括对岗位社工的监管。既不能不管，也不能管得过死，把握适当的度，才能有利于这一工作的顺利开展。目前的情况是，政府对社工机构以及岗位社工的监管过多，管了一些可以不管的事情，不但浪费了行政资源，而且妨碍了社工机构以及社工积极性的发挥。

其次，政府购买服务面临购买的有效性问题，就是说，如何有针对性地确定社会工作服务领域，确定所购买的服务是必要的，对于政府以及服务对象来说是有意义的，这涉及社工岗位的设置与工作任务的制定。设置必要的社工岗位以及有效的工作任务不仅可以提高服务对象的满意度，而且可以提高社会工作的知名度，增加社会对于社会工作者的认同。实践中，有些社工岗位设置的意义不大，对社工完成年度工作任务的考核有些偏重形式化，而有些需要社工服务的群体却没有相应的岗位社工，得不到相应的服务。

再次，政府还面临保证购买服务的连续性问题。政府购买服务需要制度的保证，需要建立长效的发展机制，还需要政府财政资金的持续投入。必须把购买服务资金纳入政府的财政预算，同时随着生活成本的增加也要建立财政投入的增长机制。由于郑州市金水区政府购买服务只是处于试点阶段，对于未来能否在全市乃至全省推广还难以确定，这也是政府购买服务是否具有连续性的问题。

第二，对于社工机构来说，面临如何在确保社工机构自身存在与发展的同时，既能完成政府购买合同的服务内容，又能提供服务对象满意服务的问题。

首先，社工机构与政府的关系具有矛盾性。从社工机构的成立来看，郑州市社工机构的成立实行行政审批制度，而不是登记注册制度，虽然国家层面对于社工机构的成立今后要逐渐放宽，要从行政审批向登记注册过渡，但是这一发展趋势目前并没有在政策层面得以实施。实行行政审批制度，关键需要政府主管部门即当地民政部门批准才能成立，而且成立社工机构的手续繁杂，相关管理部门众多，缺少任何一个管理部门的批准都无法成立。这种行政审批制度对于社工机构来说，其意义也有两方面：一方面，民政部门批准了社工机构的成立，一定程度上意味着主管部门认可了这一机构，而主管部门对机构的认可至关重要，因为社工机构作为一种公益组织，成立之初及成立以后，都需要主管部门的扶持，尤其是社工岗位和项目的申请，如果没有主管部门的支持，社工机构就无法存活。另一方面，主管部门对社工机构的严格控制，混淆了政府和社工机构之间的界限，社工机构俨然成了政府的附属机构，不利于社工机构的正常发展。这也就导致了目前的社工机构数量不多，质量不高，市场竞争机制难以形成。

其次，社工机构缺乏盈利能力，社工机构收入渠道单一，自身缺乏持续发展能力。政府部门批准成立社工机构以后，机构运营主要依靠政府购买社工岗位的资金，另外就是依靠申请公益项目拨付的资金。这两个渠道获得的资金中属于社工机构能够支配的管理费用都非常有限。政府购买社工岗位的资金中，只能有20%可以用于机构管理，并且政府的资金往往是延迟拨付的，政府资金未到之前，社工机构需要垫付社工的工资。而公益项目拨付的资金中，是没有人员工资这一项的。而且公益组织的相关制度规定，社工机构不能把盈利用于投资人的收益，只能用于机构发展。社工机构只能依靠政府的财政投入，缺乏盈利能力以及难以盈利使得社工机构难以吸引到社会资金的投入，社工机构难以形成规模，制约了社工机构的可持续发展。

最后，社工机构管理不规范。目前郑州市金水区大多数社工机构由于规模小，盈利能力低，资金投入少，发展时间短，都存在着机构管理不规范的问题，从而使得机构难以发展壮大，并且也影响到社工对机构的信任。

第三，对于机构社工来说，面临如何有效完成岗位的工作任务，增加职业吸引力以及提升职业发展空间的问题。

首先，岗位社工的行政化倾向。郑州市金水区政府购买的岗位在不同的服务单位中，单位往往把社工看作单位的"临时工"，会给这些社工分派一些额外的工作任务，或者把这些社工当作勤杂工对待，尤其是遇到人手不够的时候，就安排社工顶替。这些岗位规定社工本身有年度的工作任务，这些工作任务在政府购买合同中都有明确的要求，政府对社工的监管也依据社工年度工作任务的完成情况，而社工一旦承担了过多的单位行政工作，必然占用社工的工作时间，不利于社工年度工作任务的完成。虽然岗位社工要完成年度工作任务离不开所在单位的支持，需要所在单位协调相关关系、提供相应资源等相关的支持，但是，社工的工作又是相对独立的。

其次，岗位社工的工作任务设置不科学，有些指标脱离现实需要。岗位社工年度工作任务指标制定有过于形式化倾向，有些指标与所在岗位相关性不强，导致有些社工难以完成年度任务，或者单纯为了完成年度任务而作假、追求量的要求而忽视质的标准。比如，差不多各个岗位每个年度都需要完成一些个案工作，但是一些社工对其服务对象的总体不了解，有时单纯为了完成指标随意选取个案工作对象，或者选取的个案工作对象不合适，或者选取的对象不需要服务，而有些真正需要服务的对象社工又不能解决帮助其解决问题，这些情况都不利于社工未来的发展。目前的社工在社会上的认知度不高，社工只有提供服务对象真正需要的服务才能得到社会的认同。

最后，社工岗位的人员流动性大。社工有一定的职业流动是正常的，但是目前社工职业流动率普遍较高，岗位社工对未来职业发展心存疑虑，社工流动性过大。在社会工作职业化发展初期，人员流动性过大必然影响社工未来的发展。调查表明，郑州市金水区政府购买服务的岗位社工，一方面认为社工工资不高，福利待遇偏低，而工作任务又偏重；另一方面普遍对未来能否持续发展感到忧虑，担心下一年这个岗位是否还会存在，因此很多人在工作中表现出短期行为倾向，同时也认为社工职业的未来发展空间狭窄，难以获得进一步上升的机会。结果导致机构难以吸引优秀社工人才从事社工工作，更难以留住社工人才。

政府向社会组织购买社会工作服务是社会工作服务社会的主要形式，也是社会工作专业人才就业的主渠道。从国外以及港台社会工作发展的实践来看，有80%左右的社会工作者在民间组织任职，通过政府购买的间接形式为社会提供社会工作服务，另有剩余部分的社会工作者直接服务于政府机构。目前，国内政府和学者中，对于社会工作者应该是直接服务于政府还是间接服务于政府的看法是矛盾的，可以说有较大争议，这也是政府购买社会工作服务在国内推动困难的内部阻碍因素之一。因为这两种形式各有利弊，直接服务的形式，也是传统的公共服务方式，一般认为，这种方式主要弊端，一是提高了政府行政的成本，政府要增加编制、增加财政拨款。二是服务的效率低、质量差，因为政府体制内的人员提供服务是垄断性的，缺乏竞争激励机制。而间接服务的形式主要是社会认同度低，社会工作者的职业稳定性差，职业发展空间有限，社工机构难以吸引到优秀社会工作人才。另外，目前相关的政策、制度不健全，财政资金缺乏稳定性保障，社工岗位的职责不清，职业岗位的待遇偏低等因素都制约着政府购买社会工作服务的发展。

三　解决政府购买社会工作服务问题的对策建议

可以预测的是，未来专业社会工作的发展应该有两个趋向：一是为社会提供基本的社会福利服务，这是面向普通居民的社会工作服务，也是能够容纳最大量的社会工作人才的最主要渠道。二是为特殊群体提供专门的服务，走向更加细分的专业化道路。比如，为特殊需要儿童、问题青少年提供矫治服务，为空巢老人、失独家庭提供特殊照顾等。除了政府是社会工作服务的主要购买者以外，部分社会工作服务也应该走向市场，企业和个人也可以成为购买者。

河南省政府购买社会工作的试点和探索，不仅提高了政府部门的办事效率及服务质量，促进了社工机构的发展，也使学习社会工作及相关专业的毕业生有了工作的机会和岗位。郑州市金水区及其他单位的试点经验应该及时推广，政府应该在全省范围内开展政府购买社会工作服务的前期工作，为大规模实施做好准备，并积极推动这一工作。

政府购买社会工作服务是政府提供公共服务的一种新方式，因此需要在实践过程中不断加以完善。针对目前郑州市金水区政府购买社会工作服务实践中的问题，提出如下对策建议。

第一，准确定位政府购买社会工作服务中的政府职能。在政府购买社会工作服务中，需要正确界定政府和社工机构之间的关系。政府是购买方，政府是根据购买合同向社工机构购买社会工作服务的，政府与社工机构之间是平等的契约关系，政府与社工机构之间是彼此独立的、相互平等的市场主体，政府与社工机构之间的边界要清晰，社工机构不是政府的附属单位，政府购买社会工作服务不能对机构附加合同之外的义务。同时政府也要积极履行监管职能，不能放弃对社工机构以及社工的监管，尤其是对提供服务的社工机构的监管。监管的依据是购买合同，政府更应该履行合同的承诺。

第二，切实保障政府购买社会工作服务的经费支出。政府应将购买社会工作服务的经费纳入财政预算体系，以保障购买经费的及时足额拨付。通过制订政府购买各个社工服务的标准和内容，核定政府购买服务所需的经费，从而建立相应的预算保障机制。还应该建立政府购买社会工作服务经费的增长机制，保证在物价水平上涨或社会经济发展的情况下，保障社工的收入水平不降低，并且有不断上升的空间。另外，政府应该按时拨付经费，不能随意拖欠经费。

第三，积极扶持社工机构的发展。可以借鉴外地相关经验，政府要发挥社工机构的孵化功能，培育和发展社工机构。社工机构属于公益组织，在目前的情况下很难实现盈利，难以吸引社会资本的投入，而且社工机构承接政府转移的职能，所提供的社会福利服务是政府职能的一部分，因此需要政府的支持。只有社工机构达到一定数量了，社工机构之间有效竞争的局面才能形成。可以将政府对社工机构的监管后移，从入口审批过渡到运行监督。对于社工机构的监管，也需要引入市场竞争机制，实行优胜劣汰。

第四，规范社工机构的运行。政府对社工机构的监管，应该集中在两个方面：一是政府对购买服务款项的使用情况进行监管，要保证政府用于购买社工岗位的经费落实到社工待遇中，确保社工的工资和权益。二是对社工提供服务的数量和质量进行监管，确保服务内容按照合同规定完成，避免出现社工为了完成工作任务指标而随意选择服务对象和降低服务质量的情况。另外，随着社工机构财力的增加和日益发展壮大，政府要监督社工机构逐步完善制度，走上规范化管理道路。

第五，科学设置社工岗位和工作任务。政府在设置社工岗位和制定社工工作任务时，既要从社工职业特点出发，又要符合服务对象的状况。社工岗位的设置要从实际需要出发，所设置的社工岗位既要有必要性，又要使社工能够发挥专业所长，确有必要提供服务的才设置相应的社工岗位。同时制定社工的工作任务要合理，不能过重，也不能形式化，要在社工有效完成工作任务的同时，能够切实改善服务对象的社会福利。

第六，建立社工服务的标准化规范。虽然社工面对服务对象的问题各不相同，但是社工解决问题的基本技能有其共同之处。为了提高社工服务的水平，应该通过建立个案工作、小组工作、社区工作以及社会行政等社工服务的标准化规范作为指导。这在一定程度上可以弥补社工督导力量的不足，帮助社工提高专业技能，提升其解决问题的能力。社工服务的标准化规范应该包括服务对象的选择标准与解决问题的服务方案两个方面，这种社工服务的标准化规范可以为社工的工作任务完成提供具体指导。

第七，稳定社工人才队伍。在工作中，社工面临更加复杂的人际关系，他们既是社工机构的人员，又是购买岗位单位的工作人员。他们的工作压力很

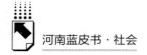
大，而且职业不稳与待遇偏低也困扰着他们，在当前社会对社工认同度不高的情况下，更应该关心社工，给予他们更多的支持。一是要保障社工的工资待遇。保证社工的工资待遇要高于当地平均水平，在此基础上还要逐步提高社工的待遇水平。二是要确保社工职业的稳定。社工职业稳定的前提是政府要推动购买服务的持续发展，这需要政府的政策支持和相应的财政投入。三是要建立社工职业晋升制度。要提升社工职业进一步发展的空间，为社工发展提供更多机会，吸引优秀社工人才，促进社工人才发展。

B. 23

河南省殡葬制度改革研究

——由周口平坟事件引发的思考

杨旭东*

摘　要：

河南省于 1986 年出台《殡葬管理暂行办法》，开始在全省推行殡葬制度改革。但是，由于各地的公共墓地、骨灰堂等配套设施建设长期严重滞后，再加上传统丧葬习俗的影响，不少地方存在丧事大操大办、火化后二次装棺土葬、耕地中间留坟头等现象。河南省先后两次修改 1999 年出台的《殡葬管理条例》，进一步推动殡葬改革。虽然在殡葬设施与公共墓地建设、火化率、殡葬管理制度、殡葬用品市场管理等方面取得了显著进步，但存在的问题仍不容忽视，一些地市推行的平坟复耕政策在执行上存在某些问题，成效不尽如人意，亟待制定切实可行的政策措施，进一步扩大殡葬改革的公益覆盖面，发挥民间力量的作用，积极倡导绿色生态安葬，稳步有序地推进殡葬制度改革。

关键词：

殡葬制度改革　火葬　土葬　公共墓地　绿色生态安葬

千百年来，中国人有视死如生的传统，奉行入土为安的观念。人的死亡，不仅有一套完整的礼俗制度指导葬礼，而且对于逝者的安葬也非常重视，装棺土葬，保留坟头是很多地方的丧葬习俗。从 20 世纪 80 年代中期起，国家开始推行火葬制度，河南省开始在有条件地区陆续推行火葬制度，土葬方式在一些

---

* 杨旭东，河南省社会科学院助理研究员，博士。

地区继续保留，但火葬之后二次装棺土葬留坟头现象普遍存在，各地市也先后出台政策进行管理和规范，但始终没有得到有效解决，成为河南省长期存在的一个社会问题。2012 年，周口市强力推进平坟复耕，引发了不少问题，也因此引起国内媒体的广泛关注，一时间将周口市推到舆论的风口浪尖，饱受各种质疑和批评。由此，也引发了我们对河南省殡葬制度改革的回顾与思考。

一　河南省殡葬制度改革的回顾与分析

我国的殡葬改革可以追溯到 20 世纪 50 年代，毛泽东等老一辈无产阶级革命家带头签名倡导"死后火化"，此后火葬虽然没有在全国范围内大规模地推行，但火化逐渐被城市居民接受，即使是在非常时期，火葬制度也在向前推进，"从 1966 年到 1976 年，殡仪馆（火葬场）建设得到超常规发展，数量增加很快"①。到了 20 世纪 80 年代，随着《国务院关于殡葬管理的暂行规定》的出台，我国的殡葬改革开始走向正规。国务院先后于 1985 年公布了《国务院关于殡葬管理的暂行规定》，1997 年颁布了《殡葬管理条例》，2012 年修订了《殡葬管理条例》。河南省在 1986 年颁布了《河南省殡葬管理暂行办法》，1999 年正式公布了《河南省殡葬管理办法》，2004 年、2012 年先后两次修改了这一办法。

（一）第一次修改

1986 年颁布的暂行办法是河南省首次公布有关殡葬管理的法规，基本处于探索阶段，条例细则制定得相对比较笼统，政府职能部门职责不明确，1999 年颁布的殡葬管理条例对 1986 年的殡葬管理暂行办法进行了较大幅度的修改。

1. 政府职责更加明确。除了要求各级政府要加强领导、协调之外，明确了由民政部门具体负责殡葬改革，同时要求土地、建设、卫生、公安、交通、环保、工商行政、民族事务等有关部门应当依照各自职责，配合民政部门共同

---

① 南阳纠风办、民政局联合调研组：《南阳市殡葬改革工作调研报告》，南阳纠风网，www.nyjfw.com。

做好殡葬管理工作。文化宣传部门也要配合民政部门，采取多种形式，与民政部门共同做好殡葬改革、移风易俗的宣传教育工作。

2. 土地节约、环保意识更强。突出强调了殡葬改革对节约土地资源、保护环境的重要性。这一条较之 1986 年的条款，对于土葬制度的弊端在认识上更加深刻，因此对于土葬地区提出了更加严格的要求，而且第二十九条明确提出"土葬区的人民政府应制定推行火葬的具体规划，创造条件，逐步推行火葬"。

3. 丧葬管理更加规范、严格。与 1986 年相比，更加重视丧葬设施的建设与管理、火葬管理更加规范、土葬管理更加严格。火葬区"提倡骨灰寄存、以树代墓、撒散的方式以及其他不占或少占土地的方式处理骨灰。禁止将骨灰装棺土葬"。土葬区则要求必须入公墓，"实行平地深埋、不留坟头、不立墓碑的葬法"。

4. 增加内容更适应时代要求。从殡葬改革推行以来的实践经验看，虽然火葬在不少地方得到了切实执行，但是火葬之后的丧葬习俗活动继续保持，殡葬用品市场由原来的不成规模和偷偷摸摸，开始转向公开，丧葬用品市场日益形成规模。1999 年的管理条例废除了"改革丧葬习俗"一章，增加了"丧事活动和殡葬用品管理"一章。新增章节反映了在暂行办法执行的 10 多年间丧事活动及丧葬用品的管理成为一个突出的社会问题，及时出台法律法规对此予以规范。取消"改革丧葬习俗"一章，弱化了殡葬改革的最终目标。殡葬改革的核心就是改革丧葬习俗，养成文明丧葬的行为，而习俗是一种带有惯性的民间文化，具有相当的群众基础，不是一朝一夕就能改变，需要主管部门长期坚持贯彻执行，长期宣传教育，长期加强监督。

5. 法制意识更加强烈。1986 年的暂行办法还带有明显的人治色彩，寄希望于部门、群众之间互相监督，通过合理的奖惩措施来推进殡葬改革，1999 年的条例明确了相关部门、个人的法律责任，将其中一些不当行为上升到法律层面来追究责任。但两者之间的改动幅度并不大，而且基本上仍以经济处罚手段为主，既没有更加严厉的法律层面问责，也没有其他行之有效的措施出台，这给实际操作过程中的问责与执行都留下了很多规避或者变通的空间。

（二）第二次修改

2004 年 11 月 26 日，河南省第十届人民代表大会常务委员会第十二次会议根据《中华人民共和国行政许可法》的规定，决定对《河南省殡葬管理办法》作如下修改：删去第三十六条和第四十条。这次修改主要是对制造、销售殡葬用品的经营活动进行了规定。修改幅度不大，基本上沿用了 1999 年公布的管理办法的主要内容，但在某种意义上体现了法规制定者更加尊重传统、尊重民意，制度更加人性化。过去一直把制造、销售殡葬用品视为封建迷信活动，但在实际生活中长期存在，也是民众寄托哀思，表达感情的一种手段。

（三）第三次修改

国务院 2012 年 11 月 17 日修改了《殡葬管理条例》第二十条的内容，将原来的"应当火化的遗体土葬，或者在公墓和农村的公益性墓地以外的其他地方埋葬遗体、建造坟墓的，由民政部门责令限期改正；拒不改正的，可以强制执行"，修改为"将应当火化的遗体土葬，或者在公墓和农村的公益性墓地以外的其他地方埋葬遗体、建造坟墓的，由民政部门责令限期改正"。河南省也于当年的 11 月 29 日审议通过将《河南省殡葬管理办法》第三十七条中的"违反本办法，具有下列行为之一的，由民政部门责令限期改正；拒不改正的，可以强制执行，所需费用由丧事承办人承担。强制执行时，当地街道办事处、乡（镇）人民政府和死者生前所在单位应当协同处理"，修改为"违反本办法，有下列行为之一的，由民政部门予以制止，责令改正"。将第四十条中的"具有下列行为之一的，由民政部门责令改正；拒不改正的，强行迁出或平毁，所需费用由责任人承担"，修改为"有下列行为之一的，由民政部门予以制止，责令改正"。删除了可以强制执行的条款，政策变得更加柔性，也减少了行政执法部门在执法过程中行为不当的发生。

二　河南省殡葬改革的现状

河南省是全国粮食主产区，承担着维护国家粮食安全的重任，同时，人口众多，耕地资源非常有限。为了节省土地资源，除了一些偏远山区长期实行土葬之外，大多数地方殡葬改革起步很早。特别是2012年前后，一些地市陆续加强殡葬改革，开始平坟复耕，但除了周口、洛阳、开封、南阳等地强力推进之外，多数地方没有太大变化。概括起来说，河南省的殡葬改革实施早，贯彻落实情况不尽如人意，各地推行力度不平衡，具体表现在以下几个方面。

（一）殡仪馆、火葬场建设基本完善

河南省的殡仪馆数量在1986年开始实行火葬之初，还远不能满足火化需求，两个或者多个县市共用一个殡仪馆的现象长期存在，部分县市直到最近几年才陆续建成殡仪馆。2002年，全省殡仪馆总数为91个，到了2009年，省民政厅的统计数据显示，全省殡仪馆数量已经达到108个，18个地市城区所在地至少有一个，平均每一个县市区拥有一个殡仪馆（或火葬场），基本满足了城乡的火化需求。

（二）火化率不稳，出现下滑现象

全省的火化率2001年年底为25.4%，2002年年底提高到37%。[①] 南阳市的殡葬改革走在全省的前列，其统计结果也印证了这一趋势，"2000~2003年，（南阳）全市各级民政部门把推行火葬、提高火化率作为殡葬管理的重点，不断加大工作力度，全市火化率不断提高。2004~2007年艰难维持，2008年以后同全省、全国一样火化率不断下滑。2007年全市共火化遗体43041具，火化率为66.9%，比2000年火化率提高39.7百分点，同全省火化率持平"[②]。

（三）城市公墓建设稳步推进，农村公墓建设缓慢

除了郑州、开封、洛阳、南阳等大中型城市有两个或者两个以上公共墓地以外，各县市一般仅有一处公共墓地，墓地供求关系紧张。到2012年，河南省有114个殡仪馆，1万多个公益性公墓，144个经营性公墓。[③] 农村公墓建

① 韩磊：《河南省火化率已达37% 我省殡葬改革平稳向前推进》，《大河报》2002年4月4日。
② 南阳纠风办、民政局联合调研组：《南阳市殡葬改革工作调研报告》，南阳纠风网，www.nyjfw.com。
③ 李红：《我省专项清查殡葬服务和殡葬用品价格》，《河南日报》2012年3月27日，第4版。

设进度缓慢，政府财政投入很少。仍以南阳为例，2011年的统计显示共建殡仪馆（包括火葬场）12个，经营性公墓15家，村级公益性公墓1294个。而河南省民政厅2009年的统计为，全省有129处市县公墓，其中南阳市18个，二者数据有较大出入。市县一级的统计数据尚且如此，村级公墓的统计更值得怀疑。即使这一数字准确，也是把农村自然形成的公墓统计在内，或者是近两年突击修建的公墓。

（四）丧葬用品市场进一步得到规范

1986年颁布的暂行办法中对于丧葬用品已经明令禁止，但丧葬用品在民间始终有较大市场。2004年修订了殡葬管理条例之后，殡葬用品的生产、销售得到许可，但殡葬用品市场混乱、价格高的问题日益凸显。国家发改委、民政部2012年出台了《关于进一步加强殡葬服务收费管理有关问题的指导意见》，针对殡仪馆的用品、服务进行分类管理，分为政府定价的基本殡葬服务，包括遗体接运、存放、火化、骨灰寄存等；选择性殡葬服务，包括遗体清洗、整容、防腐、悼念等内容，实行政府指导价；个性化、特殊化服务，完全市场化运作。

（五）各地市免除特殊困难群众、城区居民基本殡葬服务费用

基本殡葬费用主要包括：普通殡仪车遗体接运费（限市区城乡范围内）；普通平板式火化机遗体火化费；普通冷藏柜遗体存放费（限3天）；尸体装袋费；一年内骨灰寄存及卫生费（限在市殡仪馆寄存骨灰）。各地免除基本殡葬服务费用的数额不等，"截至2012年2月底，河南省共有68个县（市、区）实施了不同内容的惠民殡葬政策。特别是郑州、洛阳、焦作、商丘、南阳、驻马店、济源7市，辖区大部分县（市、区）出台了惠民殡葬政策，为群众省去了500～810元不等的火化等基本殡葬费用"[①]。个别县市已经将惠民范围扩大到全体城乡居民。

（六）新的殡葬、祭祀方式得到宣传推广

随着殡葬制度改革的深入推进，生态安葬理念逐渐得到群众的支持，各种

---

① 李红：《今年低收入群体将免除基本殡葬费》，《河南日报（农村版）》2012年3月15日。

绿色环保的殡葬方式得到宣传推广。壁葬、树葬、草坪葬等一系列绿色生态葬，既节约用地，又保护生态，同时，完全免费也解决了部分困难群众的殡葬费用。政府与媒体、陵园合作，在每年清明节举行此类绿色生态安葬的仪式，向全社会进行推广。网上祭祀也成为近年来政府大力倡导的文明行为。

（七）殡葬管理制度日趋完善

制度上，各地市也先后出台法规，下发文件，规范本地的殡葬活动，先后对殡葬用品市场、殡仪场所、公共墓地、管理部门的权限等方面进行了明确的规定。组织上，各地都成立了专门的殡葬改革领导机构，整合各个部门的力量，形成各相关部门联动的工作机制。

三 当前殡葬改革存在的问题及原因

河南省殡葬改革推行 30 多年来，火葬观念得到了全面普及，火化率也维持在一定水平，火葬已经成为全省大多数地区的殡葬方式。虽说河南省取得了一定的成绩，但与全国其他省市相比，存在的问题同样令人担忧。从周口平坟事件来看，最根本的原因在于地方政府长期没有很好地贯彻落实殡葬改革条例，疏于引导和管理，现在希望"毕其功于一役"，方法简单、方式粗暴。从全省来看，主要存在以下问题。

（一）殡葬改革时断时续，缺乏长效机制

据各地政府网站显示，周口并非是最早提出平坟复耕口号的地市，早在 2002 年焦作市的政府工作报告中就提出"广泛开展移风易俗活动，推行殡葬改革，实施平坟扩耕"①。而许昌市于 2009 年 5 月提出在全市范围内深入开展平坟扩耕活动，并为此出台了《许昌市城市规划区平坟扩耕工作长效管理意

---

① 媒体报道和官方文件中有两种提法：平坟复耕和平坟扩耕。实际上，各地存在的坟头以及村落自然形成的墓地原本都是耕地，已经统计在耕地总面积中，平坟并不能增加耕地面积，只是恢复耕地的原有功能。因此，应该统一使用"平坟复耕"一词，至少可以从字面上消除对平坟动机的质疑。

见》，说是"长效"，实则提出之后并没有开展大规模的平坟行动，至少没有像周口那样引起广泛关注。南阳市"从2009年开始，不再把殡改工作纳入对各县市区的目标考评内容"。一旦不列入考评内容，那么任何所谓的"长效意见"都变成"短效"甚至"无效"。各地施政上的差异反映了地方政府对于这项工作缺乏长效机制，只是喊口号，定计划，没有把殡葬改革当作一项长期任务来抓，也没有制定长期规划来推进，往往是在舆论压力或者领导压力下推进一段时间，风声过后一切照旧。

（二）工作思路和工作运行机制存在严重缺陷

工作思路上，从各地推进殡葬改革过程中出台的一些措施来看，以资金奖励推动工作是各地普遍存在的工作思路，贯彻执行国家法律法规属于政府职能部门的职责，现在却变成必须以经济利益来刺激工作积极性，宁肯拿出一部分资金奖励单位和个人，却不能把资金投入到殡仪馆、火葬场的建设维护，特别是农村公益性墓地的建设上，这导致参与殡葬改革的政府人员在工作中以经济利益为导向，有利益就主动些，无利益就消极些，甚至利用政府的公共殡葬设施"赚死人钱"。

工作运行机制上，从上到下没有形成一套长期运行的工作机制，往往由长官意志决定工作的力度和进度。周口市2012年的1号文件中明确提出："市委、市政府决定商水县作为全市殡葬改革试点县，全面启动平坟复耕，发挥示范带动作用。其他县市区各确定1~2个乡镇开展平坟复耕试点，探索路子，总结经验，推动全市殡葬改革平坟复耕工作深入开展。"由于周口市的此项工作得到了省市领导的批示和肯定，该市当年的第38号文件《市委办公室、市政府办公室关于建立健全殡葬改革工作长效机制的意见》又明确要求"为深入贯彻落实《中共周口市委、周口市人民政府关于进一步推进殡葬改革的实施意见》（周发〔2012〕1号），按照市委、市政府确定的农村公益性公墓建设9月底前全部完成、年内实现火化率100%和基本农田内无坟头的目标要求"。工作目标前后变化如此之大并且因此引发了一系列问题，不仅仅暴露出地方政府群众观念淡薄，工作方式简单，工作方法粗暴，更深刻地反映出政府工作机制中长期存在的置法律法规于不顾，以长官意志为工作指向的人治弊病依然严重。

（三）公共墓地建设严重滞后，二次装棺长期存在

造成这一现象的根本原因是政府公共墓地建设长期严重滞后。刚刚开始推行火葬阶段，基本没有二次装棺现象，但骨灰堂、配套的公共墓地始终没有跟上，火化之后骨灰长期无处安放。再加上，乡村自然形成的集体公墓依然保留，为二次下葬创造了条件。针对这一现象，民政部门仅仅依靠强制管理和取缔棺材销售等手段杜绝二次装棺，但农村地域广阔，监管困难，棺材市场的取缔并不能有效遏制二次装棺。最重要的是公墓、骨灰堂的配套建设仍然没有跟进，二次装棺逐渐成为新的丧葬习俗。南阳市纠风办、民政局联合调研组的调查结果发现："在179份调查问卷调查中，有69.3%的调查对象认为存在装棺土葬的现象，就连新野县①的绝大部分尸体火化后也是装棺土葬，这既增加了群众负担，又没有达到节约耕地的目的，违背了殡葬改革的初衷，也引起群众的不满。据不完全统计，2008年以来，我市装棺土葬数达31011人，占火葬总数的45.1%。"②

（四）坟头分散凌乱，严重影响机械化生产

一些农村基层政权长期不作为，对自然形成的公共墓地缺乏管理，也没有新的墓地规划，在原有公共墓地无法满足需求的情况下，二次装棺的安葬地点成了问题，农民多将骨灰安葬在距离村庄较近的自家耕地中，并堆起坟头，导致不少地方的耕地中坟头分散凌乱。虽然经过一段时间的自然侵蚀，坟头逐渐趋于平坦，但是逢年过节的上坟祭祀又会再次拢起，即使耕地调整之后，耕地责任人更换，出于乡情与对风俗的基本尊重，这些坟头也依然保留，这给机械化程度日益提高的农业生产带来了诸多不便。近年来，河南一些地方进行土地流转，发展规模农业，由坟头造成的纠纷时有发生。

---

① 新野县曾经是河南省唯一的殡葬改革先进县，也是河南省第一个火化县，火化率曾达到95%以上。
② 南阳纠风办、民政局联合调研组：《南阳市殡葬改革工作调研报告》，南阳纠风网，www.nyjfw.com。

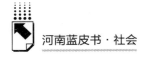
（五）殡葬行业垄断经营，殡葬费用成为农民的负担

近几年，"死不起"成为网络热议的话题，火化费用不断增长已经成为死者家属的一项经济负担。造成这一问题的重要原因在于殡葬行业的垄断经营，虽然2012年民政部门出台了政策规范殡葬服务、用品市场，但是一家独大，缺少竞争的殡葬行业很难将消费价格下降到合理水平。实际上，对于农村地区而言，除了明码标价的殡葬收费之外，还有一些额外费用的支出，也加重了死者家属的经济负担，比如为了能够将遗体火化透或者火化繁忙时不用排队，往往还需要以烟酒、现金等形式打点殡仪馆的工作人员。另外，二次装棺之后按照传统习俗安葬的各项开支，包括棺材、寿衣、烟酒、请唢呐班、吃喝等费用，一项都没有减少。这样下来，等于在原来丧葬费用的基础上，额外增加了火化的所有费用。

（六）绿色生态安葬的接受尚需时日

绿色生态安葬方式对农村而言还是空白，主要面向城市居民。一方面，城市可利用的土地资源有限，公共墓地日趋紧张；另一方面，城市居民文化程度较高，思想观念相对开放。例如，焦作市先后推行壁葬、树葬、草坪葬、花坛葬等一系列绿色生态葬；郑州市民政部门积极推广树葬、花葬、撒藏等各种生态环保的安葬方式，清明节举行集体树葬仪式。从实际效果看，绿色生态安葬方式的推广目前还处于宣传、推广阶段，市民对此的接受程度还很低。以郑州市为例，到2013年，此类活动已经连续举办了六届，仅有711位逝者的骨灰回归自然。此外，政府的文明祭祀、网上祭祀扫墓等倡议也未得到广泛响应，春节、清明节、中元节等传统祭祀时间，城市去往墓区道路拥堵的现象已经常态化。

（七）政策模糊不稳定，殡葬法规十分落后

全省18个地市出台的政策、法规大同小异，基本上以省的法规为蓝本，做小幅度修改。这样的政策法规没有很好地结合地方实际，职责权限模糊，可操作性不强，给管理者和执法者留下了较大的权力支配空间，这也是一些地方

为了迎合上级，追求政绩，强行掘坟火化、强制平坟等行为发生的深层原因。为了进一步指导、规范公益性墓地建设，各地出台了详尽的指导意见，对墓地的审批、规模、资金、管理等方面作了细致规定，但是由于政策的不稳定，不连续，甚至前后冲突，基层干部群众落实起来相当困难。法规内容的滞后也已经成为当前殡葬改革面临的突出问题，"违法土葬如何执行，个体和民间从事遗体收殓、殡仪等服务项目如何规范"等问题均无法可依，亟须新的殡葬管理法律出台。

造成这些问题的原因，可从以下三个层面来认识。

1. 政府及职能部门层面

（1）思想上对殡葬改革的认识不到位。首先是对殡葬改革的长期性认识不足，人们思想观念的转变是一个长期的过程，需要不断进行宣传、教育、引导，循序渐进推行改革；其次是对殡葬改革的文化性认识不足。殡葬改革既是一个社会问题，也是一个文化问题，还是一个感情问题。千百年来形成的丧葬习俗，既有糟粕也有精华，完全摒弃传统礼俗文化的做法已经证明是错误的。尽管社会在急剧转型和快速发展，但伦理、亲情始终是中国社会普通老百姓的道德、情感底线，殡葬改革触动的是人们内心深处的情感，挑战的是人们的伦理底线。各级政府特别是民政部门应该充分认识殡葬改革的文化性，尊重人们的情感和底线。

（2）财政投入太少，历史欠账太多。可以说，今天群众为殡葬改革付出的代价某种程度上是在为地方政府的长期不作为"埋单"。长期以来，各级政府财政投入很少，骨灰堂、农村公益性墓地建设基本停留在文件层面，火化之后骨灰无处安放，导致了二次装棺出现并逐渐演变成新的丧葬陋俗。2012年以来，一些地方加速建设公益性墓地，但面临资金短缺，老坟迁移难，群众短时间内接受难等问题。

（3）政策与制度长期落实不到位。从1986年算起，河南省有关殡葬改革的法规、通知、意见等文件虽然不多，但加上各地市出台的地方条例与文件，数量也不在少数，却长期落实不到位。地方政府的工作千头万绪，但职能部门的分工相对明确，殡葬改革工作中出现的各种问题有许多是由于民政部门没有积极落实殡葬改革的法规，只做表面文章，重视火化率，忽视公益性墓地、骨灰堂建设，移风易俗的宣传工作严重不足。

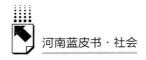
2. 村级组织层面

（1）村级组织衰落，公共事务无人管理。由于人口大量外流，村级组织几近衰落，组织领导能力严重下降，行政村内部的公共事务长期无人过问。原来人们尚能自觉进入集体公墓安葬，这些年已经失控，村民随意在自家责任田留坟头。针对这些情况，基层干部大多碍于乡情、亲情，对于明显违反殡葬管理办法者听之任之，或以罚代管，助长了农村丧葬的不正之风。

（2）农村文化建设落后，乡村社会风气恶化。农村社会转型时期，人们的思想观念发生了很大变化，孝道观念日趋淡化，拜金主义思想盛行，导致乡村社会风气恶化。农村文化建设落后，"厚养薄葬"的观念无人倡导，讲排场，比阔气，丧事办得热热闹闹，喜气洋洋，"活着不孝，死了胡闹"成为当下农村殡葬的真实写照。村级组织与干部面对这样的风气几乎无所作为，甚至也加入其中。

3. 农村群众层面

（1）传统观念根深蒂固。所有这些殡葬陋习的存在与广大农村群众的传统观念根深蒂固有着密切的关系，这些传统观念包括风水地气、入土为安、保留全尸等。新中国成立60多年来，人们的封建迷信思想已经逐渐减弱，但是具体到自身时，又很难克服传统思想的束缚。为了表达最后对逝者的心愿，逝者家属往往会遵照传统习俗，尽其所能完成葬礼的各个环节。在这种观念的驱使下，土葬地区对火葬的抵触情绪依然较大，火葬地区虽然火化率较高，但是火化之后还是要按照土葬的习俗办理丧事。

（2）生态环保意识淡薄。在工业欠发达地区，农村整体的自然生态环境较好，农民生态意识还很淡薄。对于火葬场设备落后带来的空气污染缺乏感性认识；土葬或者二次装棺造成土地资源的浪费相对于建立起与逝去亲人联系的纽带而言不足为道，给生产带来的不便属于共同性问题，互相包涵成了群众之间的默契；至于燃放鞭炮、焚烧冥币等在农村基本不构成污染，可能带来的火灾隐患，在平原地区更无人在乎。

四　推进河南殡葬制度改革的建议

通过以上分析，结合2012年以来各地开展平坟复耕的经验教训，我们认为殡葬改革是一项长期而复杂的工作，它关系到农业生产，关系到社会风气，关系到人们的基本情感，政府长期不作为已经留下了很多隐患，急躁冒进的措施也会带来新的问题。要积极稳妥地推进殡葬制度改革，可以着重从以下几个方面入手。

（一）制定切实可行、公开透明的长中短期政策

殡葬改革中制定了不少法规，下发了不少意见、通知，最后之所以难以落实，就在于很多政策并不切实可行。因此，政策制定上首要的原则是切实可行，符合实际。目标可以分为三个层次：长期目标是全部火化，生态安葬，形成新的丧葬文明；中期目标是尽快建设公益性墓地、骨灰堂，加强殡仪馆的维护管理；短期目标持续推进火化，维持殡葬改革的已有成绩，对新亡人员严格落实殡葬管理制度。要获得广大群众的支持，制定的政策必须公开透明，政策制定前要深入调查研究，广泛征求意见，政策制定后应该及时向群众公布，多做宣传解释。

（二）坚持并扩大殡葬改革的公益性质

殡葬改革是一项涉及家家户户的民生工程，政府应适度加大财政投入力度，进一步扩大殡葬改革的公益性，逐步让殡葬管理部门脱离经营性活动，转变为纯粹的服务性机构，所有的商业运作交由社会力量去完成。2012 年，全省 18 个地市基本免除了特殊困难群体、城市居民的基本丧葬费用，但除了个别县市外，尚未涵盖广大农村地区，应尽快推出覆盖全社会的殡葬惠民政策。河南省人民政府办公厅下发的《关于加快推进全省殡葬改革的通知》中明确提出全省要在"十二五"末实现全覆盖。河南农村人口多，存在的问题也多，一旦实现全覆盖，受惠人数也多。城乡收入差距的不断拉大要求政府应该适度加快进度，用政策优惠促进农村的殡葬改革步伐。

（三）区别对待旧坟新丧，化解当前殡葬改革中的难题

在公益性墓地尚未建成之前，每一个行政村应该有过渡性的措施安置骨灰，避免出现新的二次装棺，同时，对于已经大量存在的旧坟，可以采用奖励

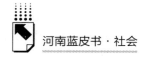

主动迁坟，严禁立碑拢坟，祖坟地绿化且严禁扩大，分散的坟头靠风雨侵蚀让其自然平坦等做法。这样一来就将旧坟新丧进行了有效区分，让旧的问题在一定的时间内自然化解，新的问题坚决避免再次发生。

（四）注重发挥民间力量的作用

各地推出的政策中不少提到"红白理事会"，按照政府的设想，红白理事会就是村落内部专门负责处理红白喜事的民间组织，这种组织在丧葬活动中能否真正发挥作用不得而知。但是政府可以按照这一思路，进一步发挥民间力量的作用，按照"民间事民间办"的原则，由村民自己制定村规民约规范丧葬活动。同时，在殡葬用品的生产、销售以及殡葬服务上，引入民间资本，完善殡葬服务体系。

（五）加强管理队伍建设，提高管理、服务水平

当前的殡葬管理服务队伍，多隶属于地方民政局，人员素质参差不齐，职业荣誉感不强。因此，队伍建设不仅仅是增加人员编制，提高福利待遇，而应该向更科学、更文明的目标努力，不断提高业务水平和职业修养，了解和学习殡葬管理、服务领域的前沿问题，为人民群众提供多样化的服务。

（六）大力倡导绿色生态安葬

河南省统计局的数字显示，近五年来，全省每年平均有 66 万多人死亡，随着老龄化社会的到来，这一数字将会持续增加，墓地紧张的问题依然突出，尽早采取措施，鼓励、引导逝者亲属实施绿色生态安葬，应该是今后工作的重点。

B.24 河南省社会组织发展现状研究报告*

陈江风　闻　英**

摘　要：

创新社会管理体制、改进社会治理方式需要大力发展社会组织。近年来，河南省社会组织发展取得了较大成绩，但也存在不少问题。培育和发展河南省社会组织需要解决三方面问题：社会组织发展的路径问题；社会组织发展的环境改善；社会组织自身的能力提升。

关键词：

社会组织　社会管理　社会治理

社会组织是社会管理的主体之一，社会协同就是指在社会管理体制中应充分发挥各类社会组织的协同作用。本文讨论的社会组织是指根据现行法律法规，在各级民政部门登记注册的社会团体、基金会和民办非企业。随着社会建设和社会管理创新的推进，河南省的社会组织近些年得到了快速发展，在社会经济发展过程中发挥了重要作用，同时也存在不少需要解决的问题。

一　河南省社会组织发展的现状及措施

（一）河南省社会组织发展的现状

河南省社会组织是伴随着河南社会经济的发展而发展的。近些年社会组织的发展情况如表1所示。

---

* 本研究是河南省教育厅人文社科重点研究基地项目"社会建设背景下社会工作机构的功能分析及培育发展研究"的阶段性研究成果，项目编号：2011 - JD - 021。

** 陈江风，湖南宁乡人，郑州轻工业学院社会发展研究中心教授，研究方向为文化社会学；闻英，河南汤阴人，郑州轻工业学院社会发展研究中心教授，研究方向为非营利组织、社会工作与社会政策。

表1　河南省社会组织发展状况

年份	合计（个）	社会团体		民办非企业单位		基金会	
		数量（个）	比例（%）	数量（个）	比例（%）	数量（个）	比例（%）
2005	13762	7331	53.3	6415	46.6	16	0.1
2006	15341	8282	54.0	7034	45.9	25	0.2
2007	17155	9253	53.9	7880	45.9	22	0.1
2008	17469	9844	56.4	7588	40.4	37	0.2
2009	18396	10290	55.9	8065	43.8	41	0.2
2010	19410	10572	54.5	8515	43.9	53	0.3
2011	20091	10806	53.8	9221	45.9	64	0.3
2012	21088	11022	52.3	9989	47.5	77	0.4

资料来源：河南省民政厅民间组织管理局。

由表1可看出，近年来，河南省社会组织呈稳步增长趋势，全省每年新登记社会组织在1000个左右，年均递增5%左右。

1. 河南省社会团体发展现状

第一，社会团体保持较快发展态势。登记数量从2005年的7331个，增加到2012年的11022个，增幅为50.3%。

第二，重点领域社会团体快速发展。社会团体种类基本涵盖了国民经济各个门类，在规划行业发展、反映行业诉求、提供行业服务、促进行业自律方面发挥着越来越重要的作用。特别是基层服务性社会组织包括农村专业经济协会和城市社区社会组织得到快速发展，初步适应了河南省新农村建设和城市工作重心下移、基层服务不断增长的新要求。

第三，社会团体综合实力不断增强。各类社会团体基本建立了以章程为核心的法人治理结构和组织运行机制，社会团体自身能力得到加强，社会服务功能日益提升，初步形成了自我发展、自我管理、自我约束的运行机制。特别应该提到的是"5·12"汶川发生大地震后，全省广大社会团体积极参与抗震救灾活动，广泛动员社会力量向地震灾区捐赠款物，全省社会团体为灾区捐款数亿元。

2. 基金会的发展状况及特点

基金会的数量显著增加。2005年，河南省共有基金会16个，2012年，基金会发展到 77 个，增幅达 381%，基金会是三类社会组织中增长最快的。

3. 民办非企业单位的发展状况及特点

第一，民办非企业单位登记数量呈快速增长趋势。2005 年，民办非企业单位共有 6415 个，2012 年增加到 9989 个，增幅达 55.7%。其中以文化、体育类居多，占总数的 50% 以上。

第二，民办非企业单位种类繁多，涉及领域、行业、部门广泛。主要分布于教育、卫生、劳动、体育等领域。以 2007 年为例，全省 7880 个民办非企业单位中，有教育类民办非企业单位 2958 个，约占全省民办非企业单位总数的 37.5%；卫生类民办非企业单位 1478 个，约占全省民办非企业单位总数的 18.8%；劳动保障类民办非企业单位 981 个，约占全省民办非企业单位总数的 12.4%；科技类民办非企业单位 663 个，约占全省民办非企业单位总数的 8.4%；体育类民办非企业单位 527 个，约占全省民办非企业单位总数的 6.7%；民政类民办非企业单位 549 个，约占全省民办非企业单位总数的 7.0%；文化类民办非企业单位 324 个，约占全省民办非企业单位总数的 4.1%；社会中介服务类民办非企业单位 120 个，约占全省民办非企业单位总数的 1.5%；其他民办非企业单位 214 个，约占全省民办非企业单位总数的 2.7%。

第三，民办社会工作服务组织呈较快发展势头。民办社会工作服务组织作为新出现的民办非企业单位，近年来在河南省得到了较快发展。2011 年，郑州市金水区被授予"全国社会工作人才队伍建设试点示范区"。为进一步推进社会工作人才队伍建设，郑州市金水区通过引进和培育专业机构、借鉴先进经验，先后成立了郑州市金水区彩虹社会工作服务中心等 10 余家民间专业社工服务组织。

（二）河南省培育发展社会组织的措施

1. 培育和发展社会团体的措施

第一，根据河南社会经济发展需要，调整社会团体布局，制定社会团体发展规划。重点发展社会主义市场经济急需的、有利于政府机构改革和职能转变的公益性、行业性社团，如省互联网协会、省证券业协会、省电子商务协会等；大力支持那些有利于促进科技、文化、体育、卫生等事业发展的社团，如省民营科技促进会、省技术创新协会等；对那些带有计划经济烙印的、所谓以企业管理为主要职能的社团，进行调整和重新组合，如将省电力建设企业管理协会、省电力劳协、省电力教协、省电力质协、省电力规统协会合并为省电力行业协会；对那些新兴行业和高科技、高智能行业的协会优先培育发展，如省软件产业协会；通过登记手段对社会团体的结构和总量进行调控，确保社会团体与河南省经济和社会协调发展。

第二，选准突破口，积极推进社会团体管理体制改革。一是行业协会改革发展取得新突破。郑州市、新乡市出台了《关于促进行业协会发展的指导意见》和《行业协会管理办法》，按照"自愿发起、自选会长、自筹经费、自聘人员、自主会务"的原则，大力培育发展以民营经济为主体、与城市产业发展相适应的行业协会。二是城乡基层社会组织培育发展推出新举措。为推进社区建设，全省各级民政部门通过降低门槛、简化手续，采取登记或备案方式，积极培育扶持农村专业经济协会和社区社会组织。新乡市政府出台了《关于加强社区民间组织培育发展与管理的意见》，将社区社会组织培育发展工作纳入全市社区发展整体规划。三是制定相应的法规政策，加强社会团体的法制建设。（1）2001年9月7日河南省政府常务会议通过了《河南省〈社会团体登记管理条例〉实施办法》，体现了"培育发展和监督管理并重"的方针，并且明确了社团收取会费应使用税票的规定。（2）为了规范执法活动和执法程序，制定了《河南省取缔非法组织暂行规定》和《河南省取缔非法民间组织执行程序》，建立完善了预警机制，有效地打击了非法和违法社会组织，保护了合法和守法的社会组织。

第三，开展专项治理，加强社会团体规范化建设工作。一是开展了社会团体评比达标表彰活动清理工作。根据省政府有关部署，下发了《关于做好社团组织评比达标表彰活动清理工作的通知》，对全省社会团体开展的各种评比达标表彰活动进行了一次全面清理和规范，建立了社会团体评比达标表彰活动监管机制。二是开展社会团体收费专项清理，加强社会团体规范化建设。通过专项清理，加强了登记管理机关对社会团体票据使用的监管，遏制了社会团体乱收乱支现象，使社会团体财务管理不规范的状况有了明显改变，内部管理制度进一步得到完善，服务活动逐渐趋于规范。

第四，出台政策，加强社会团体党建和人事劳动保障管理工作。2003 年 8 月，河南省委组织部、省民政厅、省人事厅以及省劳动和社会保障厅联合下发了《关于加强民间组织党的建设和人事劳动保障管理工作的通知》，就切实做好全省民间组织党建、人事和劳动保障管理工作做出具体要求，这对于进一步推进社会团体党的建设，保证社会团体正确的政治方向，形成留住人才、吸引人才、才尽其用的用人机制和政策环境具有积极作用。

2. 民办非企业单位管理的举措和创新

第一，切实抓好了民办非企业单位日常监督管理工作。一是加强和改进了民办非企业单位年检工作。依据民政部民办非企业单位年检办法，明确每年年检的重点内容，从强化监督、注重服务的角度出发，完善了有关年检报告材料，加强财务审计，及时纠正和查处民办非企业单位的各种违规行为。并做到对无明显问题的民办非企业单位当场予以年检，提高了办事效率。二是强化了监督管理，非法、违法民办非企业单位得到一定遏制。全省各级民办非企业单位登记管理机关在抓好民办非企业单位培育发展的同时，注重加强对民办非企业单位的监督管理。工作中，通过举办培训班、向社会宣传等多种形式，督促指导民办非企业单位依法、按章程开展活动。

第二，进一步加强了民办非企业单位规范化建设工作。一是深入开展民办非企业单位自律与诚信建设活动。二是贯彻《民政部关于深入开展民办非企业单位信息公开和承诺服务活动工作的意见》，对河南省深入开展民办非企业单位信息公开和承诺服务活动进行部署。三是探索了管理办法，民间组织规范化建设取得明显成效。积极会同省财政厅贯彻实施财政部颁布的《民间非营利组织会计制度》，通过分期分批对民间组织会计、出纳人员进行系统培训和财务检查，督促指导民间组织建立健全了财务管理制度，加强了财务管理，规范了收支行为。四是完善了有关政策，社会组织的合法权益得到一定保障。会同省地税局制定下发了《关于加强民间组织税务登记及发票管理有关问题的通知》，通过开展社会组织税务登记、发票管理及税收代征工作，较好地解决了影响社会组织正常活动开展的票据使用和税收征管问题。会同省委组织部、省人事厅、省劳动和社会保障厅联合下发了《关于加强民间组织党的建设和

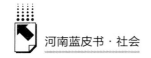

人事劳动保障管理工作的通知》，通过初步开展民间组织专职工作人员核定、档案管理及其工资、社会保险等人事管理工作，维护了民间组织专职工作人员的合法权益。

第三，大力推进民办非企业单位快速发展。全省各级民政部门紧密结合当地民办非企业单位的发展现状和经济社会发展的实际需要，着眼于人民群众反映强烈的"教育难、医疗难、文化活动难、娱乐健身难"等社会问题，重点部署了做好教育科技、文化体育、医疗卫生类民办非企业单位。

二　河南省社会组织发展中存在的问题

河南省社会组织发展取得了较大成绩，在社会经济发展中发挥了重要作用。但总体来讲，与发达地区和沿海城市相比，发展相对缓慢，运作的规范化程度较低，社会组织的发展还不能满足社会管理和社会服务的需要。河南省社会组织在发展过程中存在以下四方面问题。

（一）总量偏少，规模偏小

河南省的社会组织总体上数量偏少，规模偏小，远不能满足各界别、各群体、各行业以及公民和法人表达利益诉求、实现共同意愿、加强自律管理、提供社会服务、谋求自我发展等多方面的巨大社会需求。河南社会组织在数量上与发达地区和沿海城市差距较大。截至 2009 年年底，河南省的社会组织共有 18390 个，其中有社会团体 10290 个，民办非企业单位 8065 个，基金会 41 个。河南省社会组织数量偏少和规模偏小的主要原因在于政府为社会释放出来的空间有限，与此联系在一起的是政府购买服务的力度较小，限制了社会组织的发展。

（二）社会组织缺乏独立自主性

尽管河南省的政府体制改革取得了较大成绩，但其官方色彩较为浓厚，社会组织缺乏独立自主性。这造成社会组织失去了作为社会进步力量的民间代表性，使其严重脱离社会土壤，对社会治理的独特作用大打折扣，主要表现在两个方面。一是有些社会组织从属或挂靠于某个政府机关，甚至作为政府的附属机构发挥作用。这是由于改革开放以来河南省在政企分开、政事分开方面进展较快而在政府与社会组织的关系调整方面明显滞后造成的。二是政府对社会组织偏重行政干预的手段，管得过多过死。双重管理体制赋予业务主管单位对社会组织拥有很大的管理权限，造成业务主管单位可以随意干预甚至直接操持社会组织的活动。此外，登记管理机关在行政审批之外，还要求社会组织重大活动实行报告审批制度，在这种严格控制和管理之下，社会组织缺乏独立自主性也就不难理解了。

（三）社会组织监管体制存在漏洞

注重事前审批、忽视后续监管是传统体制下行政管理观念的一个重要特点，这一特点在我国政府对社会组织的管理上也得到了充分的体现。业务主管单位与社会组织之间有千丝万缕的关系，双方的共同利益驱使其只偏重于申报活动，而疏于日常管理与监督，有的甚至放弃管理；而民政部门由于业务非常宽泛，工作任务繁重，面对众多的社会组织，人力资源紧张，工作经费有限，无暇顾及社会组织具体的日常活动，很难实施真正有效的监管。这样，双重管理实际上变成了纯粹的申报与登记机关，背离了自己的职责，致使双重管理体制的落实出现漏洞。

（四）社会组织内部运行机制不完善、自身能力不高

一是内部制度不完善，尚未实现自我治理。二是问责与绩效评估体系未形成。三是民主政治建设不到位。从河南省目前情况来看，现有的社会组织比较弱小，其管理能力、专业水平及筹措资金的能力还不高，无法很好承担政府提出或委托的服务项目，无法有效动员各种社会资源和承担应负的社会责任。

三 河南省社会组织发展前瞻

党的十八届三中全会通过了《中共中央关于全面深化改革若干重大问题的决定》（以下简称《决定》）。《决定》中关于全面深化改革的总目标中明确提出了要推进国家治理体系和治理能力的现代化。提出要改进社会治理方式、

激发社会组织活力。《决定》中涉及社会组织的内容之多，是前所未有的，并提出了加快社会组织发展的新举措、新要求和新发展。这为社会组织的发展提供了广阔的发展空间，也为社会组织的发展指明了方向。结合十八届三中全会精神和河南省的省情及社会组织的发展的状况，河南省社会组织发展主要有三个层次的问题需要解决：第一个层次是河南省社会组织的发展路径问题。第二个层次，完善扶持发展社会组织的制度环境、政策环境和社会环境，同时加强宏观层面的监督管理。第三个层次是河南省社会组织自身的发展与能力建设。

（一）社会组织的发展路径

社会组织的发展路径没有优劣之分，只有适合与不适合之别，适合社会环境的社会组织发展路径就是合理的。从目前来看，河南省各级政府给社会释放出来的空间有限，政府的力量依然很强大。与世界上许多国家的社会组织不同的是，我国相当一部分社会组织还存在着较强的官办特征。社会组织应该是独立于政府和市场的"第三部门"。目前社会组织的官办特点或独立性不强与我国的政治体制有着紧密联系，社会组织不能脱离现实的政治体制环境而按理想化的模式发展。社会组织的发展要建立在现实基础上，首先要在现实环境下"活下来"，才谈得上发展，才谈得上增强独立性和自主性。当然作为政府需要尽快释放空间，克服"越位"的惯性，为社会组织的发展提供良好的环境。

（二）改善社会组织的发展环境

第一，转变、梳理和剥离政府职能。《决定》提出"正确处理政府和社会的关系，加快政社分开，推进社会组织明确权责、依法自治、发挥作用。适合社会组织提供服务和解决的事项，交由社会组织承担"。从制度设计层面来看，培育和发展社会组织制度性前提是政府职能转变。只有转变政府职能，把政府建设成有为、有责和有限的服务型政府，把原来由政府包办且办不好的具体事务从政府剥离出来，以项目招标和委托等方式，交由社会组织承接，政府才能实现功能重新定位，才能实现政府和社会组织之间的功能耦合。河南省需要下大力气加大政府职能转变的力度，为社会组织的发展提供空间。

第二，合理注册程序。政府需要在体制和制度方面进行积极探索，对于不合理、不适应的注册程序予以取消、替代，从而在组织的登记、变更注销、组织形式、监督管理等方面为社会组织的健康发展创造一个良好的氛围。建立分级、分类准入制度，在一定范围内取消双重管理制度。对于公益类社会服务组织取消业务主管单位，实行在相应民政部门直接登记注册。国家可以对政治倡导类及其他认为有必要的社会组织的业务主管单位另行作出规定。

第三，建立社会组织与政府良好的互动合作关系。从资金筹措和服务提供来看，政府与社会组织主要有四种关系模式，一是政府主导模式，资金和服务全由政府提供。二是双重模式，政府和社会组织共同承担。三是合作模式，政府出钱社会组织提供服务。四是社会组织主导模式，资金和服务全由社会组织提供。制定标准、规范，有效监管，提升社会组织能力。社会组织通过专业化、规范化的运作提高服务质量。通过二者的良性互动和有机合作，形成社会管理和公共服务的整体合力。

第四，建立社会组织的孵化培育基地。借鉴工业发展的经验，建立社会组织的孵化和培育基地，创建社会服务集群式发展的新模式。工业社会发展到今天，集群式发展已成为一种非常明显的趋势，集群式发展催生了大批的工业园区和工业城市，为工业现代化提供了强有力的保证，也成为工业现代化的标志之一。社会组织在发展方面同工业企业有相似之处，如能实现集群式发展，无疑对社会组织发展将产生极大的推动力。政府可以整合社会资源，专门用于开展社会服务，新兴办的社会组织可以进驻孵化培育基地，等逐步成熟壮大后再搬离孵化培育基地，以便扩大服务区域。2007年，"公益组织孵化器"在上海浦东成立，采用"民间力量兴办、政府支持、专业团队管理、社会公众监督、公益组织受益"的模式，对初创期的社会公益组织提供关键性的支持，包括办公场地、办公设备、能力建设、小额补贴、注册协助等，对上海公益型社会组织的发展起到了积极作用。

（三）社会组织加强自身建设

社会组织要高质量地完成公共服务供给的任务，加强社会组织的自身能力建设成为社会组织发展的当务之急。其中最重要的就是要加强队伍建设，强化人才保障。要积极开展社会组织人才的培养工作，建立一支高素质的社会组织专职人才队伍。开展对社会组织中高层管理人员的职业和管理能力培训，使其成为推动社会组织规范化管理的中坚力量。对社会组织专职工作人员进行职业能力培训，形成社会组织的专职工作队伍。营造有利于社会组织人才成长、稳定发展的环境。

（本研究资料来源于民政厅民间组织管理局和郑州市金水区民政局）

参考文献

包双叶：《政府职能转变与社会组织发展》，《理论与现代化》2011 年第 6 期。
《中共中央关于全面深化改革若干重大问题的决定》，《人民日报》2013 年 11 月 16 日。

B.25
城镇化进程中打工青年
婚姻稳定性研究

崔学华*

摘　要：

当前，打工青年的婚姻稳定性不容乐观，突出表现在婚姻基础比较薄弱、婚姻观念发生异化、婚恋行为混乱复杂等方面。打工青年的婚姻变化影响着家庭和谐、社会平安和子女的健康成长，已经成为尖锐的社会问题，带来了严重的负面影响。必须从体制和机制上，保障已婚打工青年夫妻双方整体流入城市，加强职业文化教育，保障合理的节假日和休闲娱乐，增强婚姻稳定的社会干预机制，促进打工青年家庭和睦，避免因为大规模的人口流动所带来的巨大社会问题。

关键词：

城镇化　打工青年　婚姻稳定性

城镇化进程催生流动人口，流动人口形成独具特色的流动婚姻。近年来的现实和研究表明，流动人口的婚姻存在很大的风险性和不稳定性，尤其是青年打工群体的婚姻，存在更多的不确定性。统计数据显示，在全国2.6亿流动人口中，18~35岁的青年人口的比例超过70%，接近1.9亿都是青年农民工。调查表明，这个群体的婚姻稳定性不容乐观，根据对河南的调查，有部分乡镇外出打工青年的离婚率高达50%以上。受社会变迁、打工经济、城乡分割、文化因素、资源不均、保障体制等因素的综合影响，

---

* 崔学华，河南省社会科学院社会发展研究所助理研究员。

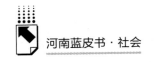

农村外出打工青年的婚姻状况从观念到行为都发生了深刻变化。他们的婚姻变化影响着家庭和谐、社会平安和子女的健康成长，应引起相关部门的高度重视。

一 打工青年婚姻稳定性现状分析

本文主要考察 18～35 岁农村外出打工青年的婚姻稳定性和变化状况。这种变化突出表现在三个方面。

（一）婚姻基础比较薄弱

工作流动导致打工青年的婚姻缺乏牢固的基础。如果是已婚青年，外出打工后夫妻两地分居多，日积月累感情逐渐异化；如果是未婚青年，很容易在打工中产生流动婚姻。首先是通婚圈增大，婚姻半径拉长，跨市县，甚至跨省婚姻成为正常现象。调查显示，22% 的打工青年其择偶半径超过 55 公里，跨越县域，7% 的打工青年其择偶半径超过 100 公里以上，跨越省域。所以，男女双方的全面了解比较欠缺，尤其是双方的家庭环境、性格特点、风俗习惯不是短时间就能够了解的。其次，他们仓促订婚，偶然性很强，没有传统婚姻的媒妁和长辈的指点，隐患很多，加上他们的人生阅历较浅，文化水平较低，缺乏正确的婚恋观，一旦婚姻出现危机，中间缺乏朋友圈、熟人圈的支持，缺乏双方家庭的及时支持，社区支持几乎没有，也就是说，打工青年婚姻中的社会支持网络比较缺乏，社会约束力降低，社会干预机制很弱。出现问题后，感情破裂较快，回旋余地较小，婚姻基础比较脆弱，最终导致离婚结局。最后，这种流动婚姻通常比较节俭，男方很少给予女方彩礼、房子、家具等，很多婚姻甚至是裸婚，造成女方婚后满意度降低，男方因为付出较少，婚姻代价不高，往往也不知道珍惜，离婚率普遍增高。

（二）婚姻观念发生异化

1. 没有稳固的基础，异地恋情几乎不存在。这主要是由于资讯发达引起的情感危机。首先是手机依赖症，诸如微信聊天，网络社交，迷失了青年的感情方向。网络上充满诱惑，打工青年面对精神需求、情感寂寞和生活压力，往往会诉求于虚拟世界来解决问题。感情的选择范围增加了，突发问题也增加了，复杂性和偶然性增加。大家通过网络社交、微信聊天，很容易与异性朋友交往。如果打工青年因为工作流动不在一个城市，他们的婚恋会很快解体。他们认为异地恋情是非常短暂的，几乎不会存在。因为每个人眼前的诱惑就有很多，很难保证自己和另一半不出问题。调研中一位打工青年说，我和女朋友目前一起生活，但是，如果她工作调离，我们的关系就预示着要结束。他们认为，只要年轻人不在一起上班，感情就会异化，很可能就要出问题，有些特殊服务行业的青年，贪图眼前利益，很容易就跟着富人走了。

2. 消费青春，及时行乐的观念比较普遍。打工青年面临许多生存压力，比如他们从事的工作低端，工资不高，攀比消费，房租高涨等问题，而且他们的各种权益保障比较缺乏，导致部分打工青年只顾眼前利益，产生男女合租、临时夫妻、消费青春、及时行乐等婚恋观念，出现许多年龄差距很大的临时夫妻。过去，传统婚姻一般年龄差距不大，现在，男女婚龄差距十几岁已经成为正常现象。而所谓年龄不是问题，里面暗藏着各种骗局，例如，重婚骗婚现象、唯利是图观念，最终会产生一些单亲妈妈、单亲爸爸和留守儿童。一般来讲，婚姻出现问题后往往对女性和单亲儿童造成的伤害较大。

3. 行业环境诱导婚恋观念变化。有些服务行业进行的入职培训，完全是应对职业需求和利益需要，他们诱导员工采取各种手段吸引顾客，与顾客建立长期稳定的合作关系，培训员工如何通过手机、聊天、甜美的语言、性感的服装来稳住顾客。通过这种入职培训，导致打工青年价值观扭曲、异化，尤其是一些特服行业，比如桑拿洗浴、歌厅茶楼、针灸按摩、保健中心等行业。这些行业主要为中产阶层以上的富人服务，打工青年出卖自己的服务，能够看到一些富人比较真实的肮脏的一面，产生强烈的仇富心理和扭曲受伤的心理。而且，这类行业入职门槛很低，职工素质参差不齐，加上行业环境的不良诱导，对打工青年的婚恋观念产生影响，冲击婚姻稳定性。

（三）婚恋行为混乱复杂

由于婚恋观念的变化，导致婚恋行为比较混乱，复杂。诸如婚前同居、早婚早育、未婚妈妈、临时夫妻、闪婚闪离等。产生这些婚恋问题的原因主要是农民工自身素质较低、心理不健康、社会保障制度缺失、社会舆论和宣传导向存在问题或失误等，导致婚恋危机，问题丛生。这里简单谈谈临时夫妻及闪婚闪离两种现象。

临时夫妻。农村青年外出打工，由于户籍、住房、孩子教育等原因，导致他们无法拖家带口，不得不和配偶分居两地。但是，常年在外打工又很孤单，为了寻求心理的安慰和满足生理上的需求，他们自愿组建"临时家庭"，被称为独具特色的农民工"临时夫妻"。这种特殊的婚外情，在中国的一线城市"北上广"，以及浙江、福建等沿海城市，甚至中部省会城市，如郑州等地已很普遍，在农民工群体中已经形成心照不宣的秘密，并形成群居效应，冲击着传统的农村婚姻生态。打工青年寻找临时夫妻的途径很多，通常是老乡之间、工友之间、邻里之间，甚至通过微信聊天、舞厅娱乐等方式寻找临时夫妻。有人说，微信、微博和QQ时代，是一夜情、临时夫妻和宾馆火爆的时代，可能有一定的现实依据。

闪婚闪离，即所谓的闪电式结婚、闪电式离婚。通常表现为两种状况，一是常年在外打工的青年民工，平时忙于繁重的工作，几乎没有节假日，通常是在过年回老家时才有机会相亲并确定婚恋关系。仅凭短暂的十几天时间，男女双方迅速订婚，男方拿出几千到数万元的"婚约保证金"后，双方一同或分别外出务工、同居，并于次年年底正式结婚。双方的了解较少，感情基础薄弱，婚后如果不在一个地方工作，很容易快速婚变。另一种情况是，由于种种原因，打工青年通常会选择异性合租和婚前同居，导致早婚早育现象，形成事实婚姻。这种事实婚姻形成后，很多男方家庭不再举行隆重的婚礼仪式，导致女方不满，婚后满意度降低，矛盾不断滋生，最终离婚。以上各种复杂混乱的婚恋行为，造成打工青年的婚姻问题增多，隐患无穷，离婚率普遍增高。

二　打工青年婚姻不稳定的消极影响及发展趋势

当前，打工青年的婚姻正在经历着"急风暴雨"般的嬗变。无论是已婚的还是未婚的打工青年，他们的婚恋基础、婚恋观念和婚恋行为，都发生了前所未有的深刻变化，离婚率持续攀升，已经成为尖锐的社会问题，带来了严重的负面影响。

（一）对留守孩子的危害

打工青年一旦离婚，遭受伤害最严重的是其子女。这些孩子通常是被迫留守老家，由隔代人抚养。他们没有父母直接监管，不能在父母怀里撒娇。隔代人教养不到位，问题孩子增多，这是打工青年婚姻不稳定给子女造成的最大伤害。这些孩子比正常的留守孩子更加脆弱。正常的留守孩子，父母定期会打电话，定期回来看望孩子；离婚后的留守孩子，通常很少能见到父母，没有得到抚养权的父亲或者母亲一方，几乎不可能回来看望孩子，孩子的亲情纽带被割断，孩子的性格发展、情感完善很容易出现问题。即便是尚没有离婚的打工青年，只要婚姻出现裂痕，只要有婚外情、夫妻冷战以及夫妻不和睦的现象，家庭环境就开始发生变化，对孩子的教育管理就退居次要位置，夫妻关系问题就会占领上风。只要婚姻不稳定，对孩子的影响是必然的，也是婚姻不幸带来的最大危害。据有关统计资料表明，在所有的未成年人犯罪中，农民工子女的犯罪数量占到了60%以上，成为危害社会稳定的重大隐患。

（二）对家庭和谐的冲击

打工青年婚姻不稳定，最直接的伤害是夫妻关系，是对家庭和谐的巨大冲击。如果妻子留守老家，丈夫在外边搞婚外情，这种关系迟早会被妻子发现。妻子本来在老家深受"三重大山"的压力，劳动强度高，精神负担重，缺乏安全感，丈夫的忠诚与否是留守妻子最大的心理负担，也是她们心中最敏感的话题。一旦发现丈夫有了外遇，妻子首先被伤害，接着是孩子没人管，老人没人养，整个家庭和谐被破坏，家庭生态环境被践踏。如果夫妻双方都有婚外情，最可怜的是孩子没人管，被迫留守在老家。所以，对孩子的教育问题，永远是在家庭和睦的基础上展开的，没有和谐的家庭，教育只能是纸上谈兵。从这个意义上说，家庭的和睦要高于一切，要高于对孩子的教育，对老人的赡养，对事业的执著，对赚钱的欲望。正所谓"家和万事兴"，关注家庭和睦，关注农民工的婚姻状况，与关注农民工子女的教育问题同等重要。另外，夫妻双方离婚后，又会对现实婚姻产生直接冲击，继续造成更多家庭的不幸，甚至会造成重婚骗婚、闪婚闪离以及产生新的临时夫妻等婚姻乱象。

（三）对社会稳定的影响

打工青年婚姻不稳定，对社会稳定造成了极大的影响。随着离婚案件的增多，家庭的不稳定逐渐影响到整个社会的和谐安定。根据笔者对豫南部分乡镇的调查，在乡镇妇联接访的案件中，对离婚判决不满意的外出农民工比例占家庭类投诉案件的39%以上，并且在财产分割、子女抚养等方面达不成一致意见时，当事人往往年轻气盛，不顾后果，通常会做出反常举动，严重者还会发生恶性事件，造成刑事案件增多，影响城乡社会的和谐稳定。

从未来发展趋势看，打工青年的婚姻稳定性仍然不容乐观。当前，由于城乡二元体制的分割而产生的一系列制度壁垒尚未破除，如教育制度、医疗制度、住房制度、社会保障制度等，仍然阻隔着农民工家庭的整体流动和农民工婚姻的自由迁移，导致多数农民工夫妻被迫分隔在两个完全不同的世界里。社会学家李强曾经分析，"在今后几十年里，农民工分居的家庭数量只能是有增无减，分居的家庭模式是我国农民家庭的主要模式"。基于这样的客观事实，打工青年的婚姻不稳定现象将会持续很长一段时间。

三　促进打工青年婚姻稳定的对策建议

打工青年的婚姻危机四伏，严重影响社会和谐安定。必须从体制和机制上，保障已婚打工青年整体流入城市，加强打工青年职业文化教育，保障打工青年合理的节假日和休闲娱乐，增强婚姻稳定的社会干预机制，促进打工青年婚姻家庭和谐稳定。只有这样，才能避免因为大规模的人口流动所带来的严重社会问题。

（一）支持已婚青年夫妻双方整体流入城市

打工青年群体的婚姻不稳定现象，是社会变迁过程中人们正常心理和生理需求的反应，是家庭功能缺失的不良后果。同时，外出打工的陌生环境，使得原有的在农村"熟人社会"里的道德约束失效。因为，从本质上讲，婚姻不仅仅是一种个人行为，更重要的是，婚姻是一种社会行为，婚姻更需要社会的监督，而这种社会监督只有在"熟人社会"里才能正常地发挥作用。所以，要通过管理体制的改革和相关制度的创新，逐步打破城乡二元分割的壁垒，使城乡教育、医疗、住房、就业以及社会保障制度等方面，尽快适应青年农民工家庭的整体流动和融入城市社会，促进已婚青年举家有序流动，夫妻住房妥善安置，子女平等接受教育，医疗和就业保险更加合理。只有从体制和机制上保障了打工青年的各种合法权益，才能从根本上提高其婚姻稳定性。

（二）加强打工青年职业文化教育

打工青年的教育培训主要包括职业技能培训、传统文化教育、婚恋计生教育和法律法规培训等。首先，要重视打工青年的思想道德建设以端正其婚恋观。当前打工青年文化水平普遍较低，修养不够，需要将传统文化的普及和现代思想品德教育相结合，将二者融入义务教育体系中，贯穿到大学毕业，甚至当作一生都要修行的大事来做。其次，打工青年个体文化水平普遍较低，主要以初中和小学水平为主，只有少部分受过高中教育。年龄在 18～35 岁之间，从事的行业门槛较低，主要以服务行业、私营企业、推销员、保安、建筑、娱乐会所等为主。他们工作很累，很脏，或者是处于灰色地带，行业环境导致他们很容易走上歧路，甚至变坏。笔者认为，如果能普及高中教育，不断提升文化水平，将有利于提高农民工的整体素质、抵抗诱惑的能力以及婚恋观念的提升。婚姻家庭的问题，根源不在顶层，而在于底层。因为底层农民工没有受到良好的教育，很多人小学或初中没毕业就辍学，尤其是思想品德教育缺失，对其健康成长产生了极其不利的影响。在农村，很多思想品德课甚至都是自学的。改变现状的做法是，把思想品德课作为学生的必修课，把高尚的道德和主流价值观从小到大持续强化，重视思想品德课像重视语、数、外课程一样。同时，要普及高中教育，继续降低大学门槛，收费更加合理，以利于全民素质更快提高。

（三）保障打工青年合理的节假日和休闲娱乐

打工青年劳动强度大，节假日和休闲娱乐的时间寥寥无几。只有真正接触农民工群体，倾听他们的心声，才能知道他们渴望融入社会、渴望被社会接纳、渴望休闲娱乐的愿望有多么强烈，知道他们的真正需求，也才能提出更加客观的应对方法。打工者密集的企业一定要树立以人为本的思想，关心农村打工青年的切身利益，提高他们的劳动积极性和主人翁精神。督促企业执行《劳动法》，不能随意延长打工青年的劳动时间，要保证打工青年必要的节假日和休闲娱乐时间。要适时组织青年员工开展一些联谊活动，丰富他们的精神生活，扩大他们的社交范围，为他们的恋爱婚姻提供良好的环境和条件。引导他们在相互了解的基础上，再走进婚姻生活；让他们与城市年轻人一样，有条件进入休闲娱乐的场所。共青团、工会和妇联，要关注打工青年的娱乐方式，多提供健康向上的免费休闲娱乐场所，丰富打工青年的精神生活，扩大他们的社交网络，提高他们的婚恋资本和婚姻幸福指数，降低离婚率。

（四）增强打工青年婚姻稳定的社会干预机制

婚姻的稳定性，有赖于对当事人结婚的干预和离婚的干预两个方面。对结婚的干预机制，主要是通过对打工青年普及正确的婚恋观念，依靠家庭、社区、企业、政府以及同伴交往来完成。对离婚的干预机制，首先是重新解读新的《婚姻登记条例》，在具体实施过程中，采取以人为本的理念，多做工作，多做调解，法院对许多还能挽救的婚姻，不要轻易判决"准予离婚"，应通过多种方式、多种途径，尽最大努力促使双方当事人重归于好。其次要针对准备离婚的夫妇双方，进行有的放矢的心理咨询和指导，增加婚姻家庭问题的社会干预机制。各级政府要采取得力措施，尽量让青年农民工夫妻双方一起进城务工，改善他们常年两地分居的状态；工会、妇联组织在组织各类相亲活动时，应将农民工考虑在内，为他们在城市找寻另一半提供条件。同时，企业应多替农民工考虑，通过开设夫妻房、申请廉租房、给予农民工探亲假等，让他们能经常夫妻团聚，增强婚姻稳定性。

参考文献

李强：《关于"农民工"家庭模式问题的研究》，《浙江学刊》1996 年第 1 期。

汪国华：《城市农民工婚姻家庭的再造》，《南通大学学报》2006 年第 9 期。

Abstract

This book, compiled by Henan Academy of Social Sciences, systematically sum up the main achievements on social development in Henan province during recent years, particularly in 2013, analyzes the situation, the tasks and the main problems that urgently heed to be solved, and also offers proposals on social development in Henan in 2014.

Based on the Report of the 18th National Congress and the spirit of the Decision by the Third Plenary Session of the 18th Central Committee of the Chinese Communist Party, the subject of *Blue Book of Henan* (*in 2014*) is "promoting social equity and juse deepening social system reform". This book is composed of the main report, reports on balancing urban and rural development, reports on people's livelihood and employment, reports on online public opinion and reports on social governance. The main report, written by the research group of analysis and forecast on social situation under Henan Academy of Social Sciences, analyzes Henan's social situation and forecasts its future. In the opinion of the main report, in 2013, in Henan province, the Party committee and the Government persisted in the ruling position of the scientific outlook on development in the process of the economic and social development, made great efforts to build a strong, civil, safe and beautiful Henan, and focused on adjusting the structure, transforming the model of development, promoting reform and improving people's livelihood, which has promoted the sustainable development of economy and society in Henan. However, the basic provincial conditions of a large population and a weak economic foundation, and the social undertakings lag behind other provinces, have not completely changed, there exist some difficulties and obstacles to be solved urgently in the process of development, and Henan is still at a critical period to overcome difficulties and transfer deeply. The basic fact that the social undertakings are wholly underdeveloped is still the key factor restraining the harmonious development of economy and society in Henan. 2014 will be an important year to fulfil the strategic programme to fully deepen the reform by the Third Plenary Session of the 18th Central Committee of the Chinese Communist Party. For Henan to realize scientific development and quicken social development it must transform social development model, improve people's livelihood, deepen social system reform, promote social equity and justice, solve the difficulties in the social development, form the scientific and effective social governance system and improve the qualities of economic and social development. In the reports on balancing urban-rural development, people's livelihood and employment, online public opinion and social governance, specialists and scholars from Henan province, studied, evaluated and analyzed the hot and difficult problems in social development and social system reform from different points of view. The whole book, with a clear-cut theme and rich contents, reflects the track of Henan's social development in 2013, solves the contradictions and problems in the social-development domains in Henan, puts forward policy proposals on deepening social system reform, quickening development of social undertakings and innovating social governance system, and looks forward to future development of social situation in Henan in 2014.

Contents

Abstract: 2013 is the first year when Henan province fully implements the spirit of the CPC's 18th National Congress. 2013 is also an important year when Henan province began constructing the core area of grain production, central plains economic zone and the economic comprehensive experimental area of Zhengzhou air harbor, which were projects approved by the central government. In this year, in Henan province, The Party committee and the government persist in the ruling position of the scientific outlook on development in the process of the economic and social development, make great efforts to build a strong、civil、safe and beautiful Henan, and focus on adjusting the structure、transferring the mode、promoting the reform and benefiting the people's livelihood, which has promoted the sustainable development of economy and society in Henan. However, the basic Provincial conditions that we have a large population and a weak economic foundation, and the social undertakings are lagging behind, has not been completely changed, there exist some difficulties and obstacles to solve urgently in the progress of development, and Henan is still at a critical period to overcome difficulties and transfer deeply. Livelihood issues such as education, employment, health care, income distribution, social security etc. are still rather serious, institutional reforms in the social domain have not achieved major breakthroughs, the supply of basic public services is unequal between urban and rural areas, and therefore it is a long-term and arduous task to achieve social equity and justice. More and more social conflicts and risks make the social governance more difficult, with the fast rise of an aging population the province faces the pressure of an aging society, and the situation in the fields of ecological environment and public safety etc. are very serious. The basic status quo that the social undertakings are wholly lagging behind is still the key factor to restrain the harmonious development of economy and society in Henan. The Third Plenary Session of the 18th Central Committee of the Chinese Communist Party convened on 9th November, 2013, which was an very important meeting at a time when our reform and opening-up enters upon a new and crucial stage. The Decision of some major issues that the Central Committee of the Communist Party of China fully deepens the reform has been passed, which made a comprehensive programme for fully deepening the reform in the new historical starting point. The Decision has put forward strategic focus, the highlights, working mechanism, propulsion mode and time management, and formed some new major breakthroughs on the reform theory and policy. *The Decision* offered a comprehensive programme for social development whose main contents are to better ensure and improve people's livelihood, to deepen social system reform, to promote the system innovation in the social domain and to form the scientific and effective social governance system. The Decision is a programmatic document to guide people on how to fully deepen the reform in the new situation. 2014 will be an important year for fulfiling the spirit of the 18th National Congress and the strategic programme to fully deepen the reform by the Third Plenary Session of the 18th Central Committee of the Chinese Communist Party, and also will be a crucial year to build central plains economic zone. The main tasks before Henan to realize scientific development and quicken social development are to transform social development modes, energetically improve

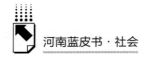

people's livelihood, deepen social system reform, promote social equity and justice, make great efforts to solve the difficulties in the social development, quickly form the scientific and effective social self-organizing system and improve the qualities of economical and social development in the entirety.

Keywords: Improving People's Livelihood; Social Governance; Social System Reform

B. 2 The Prospects and Challenges of Urbanization Supporting System Reform in Henan *Qi Haijun* / 036

Abstract: The New Urbanization construction is a complicated system engineering system reform and perfect mechanism. we need to promote urbanization and the supporting system reform to consolidate and improve the new urbanization that is people-oriented. Since Henan has been promoting new urbanization, The speed of resources factor of urbanization more than people, supporting system reform is lagging behind. According to the decision of The third plenary session of 18 that Establishes a unified and open market, Pushes human-centered urbanization, Promote the reform of social programs and administrative system, Henan needs to further promote and perfect the urban development layout, and promote the reform of the household registration, land, administrative management, social security, social undertakings, public service and environmental protection and other supporting systems.

Keywords: Henan; The New Urbanization; Supporting System; Reform

B. 3 Research on the Problem of Narrowing the Income gap Between Urban and Rural Residents in the Urbanization Process of Henan Model *Ren Xiaoli* / 051

Abstract: In the process of promoting new urbanization, the income of urban and rural residents in Henan to achieve rapid growth, urban and rural residents enjoy the tangible benefits of the reform to a certain extent. However, from a practical perspective, expand the income gap between urban and rural residents of the situation has not changed, the distribution gap and unfair distribution is still the focus of a series of social contradictions. Especially in the rapid development of urbanization, the income gap between urban and rural residents in Henan narrow faces new plight and worry, the cause of continuous widening of income gap is the lack of institutional consensus top-level design and overall reform, plus two structure in urban and rural areas, system monopoly and unfair competition in the market environment is not reasonable institutional arrangement etc.. To resolve this problem, we must speed up the reform of the systemespecially to speed up the government reform, through system innovation as the income gap between urban and rural residents to provide a fair, equitable system reduced rights, equal opportunity guarantee.

Keywords: New Urbanization; Income Gap Between Urban and Rural Residents; Dilemma; Root System; System Innovation

B. 4 The Research of Farmers'living Condition and Policy Expectation in The Process of New-type Urbanization in Henan Province

Research Group on new Urbanization Development of Zhengzhou University / 064

Abstract: The new-type urbanization construction plays a vital role in the synchronous development strategy between political party and nationality at the aspect of four modernization, which is also the crucial measures in realizing the coordination development of HENAN Province. The new-type urbanization construction mainly involves the fellows' urbanization, particularly the rural urbanization. Hence, the investigation about rural living condition and desire is the optimum method in identifying the urbanization development achievement. This survey applies the pattern of questionnaire research and semi-structured interview, and selects the households from 13 representative cities as the subjects, which are already lived or in the near future in the urban community. Its main propose is to understand rural living

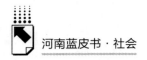
condition and the satisfaction degree to the new-type urbanization policy. According to the research, seeking the factor restricting the development of urbanization, putting forward suggestion for the government's macro decision, and promoting the further development of new-type urbanization construction in HENAN Province.

Keywords: New-type Urbanization; Rural

B. 5 Analysis of problems and Countermeasures of New Rural Community Construction in Henan

Fan Huifan, Peng Fei / 080

Abstract: With the construction of new rural communities pilot experience in Henan area, the construction of new rural communities began to enter the stage of popularizing in an all-round way. In this paper, the sociological perspective, the realistic background of Henan new rural community construction, discussed the current situation, and focus on the problems occurring in the process of construction are summarized and reflection, and on this basis to explore the corresponding countermeasures and solutions.

Keywords: New Rural Community Construction; Achievements; Outstanding Problems

B. 6 The Investigation Report on Citizenization of the Rural Youth in the Process of New Urbanization

Research Group of Henan Youth belonging to Henan's Party committee / 094

Abstract: Restricted by the household registration of various institutional factors, the lack of economic resources and social capital, differences of cultural level and values between urban and rural areas, the qualities of the immigrant workers, the program for rural youth integrating into the city, even the process of the urbanization, is blocked. From the perspective of the Communist Youth League Organizations, we not only to confront with the trend, explore the development of it as well as set a goal for it in the work, but also, based on service, to be a reliable strength for the youth who are in trouble by adopting a long-term perspective and pragmatic working style. Leading the immense youth to engage into the construction of urbanization, we will make active contributions to help the rural youth realize citizenization, promote social harmony, stability and development.

Keywords: Process of New Urbanization; Rural Youth; Citizenization

B. 7　Research on Cenozoic Migrant Workers' Urbanization　　　　　　　　*Li Huaiyu* / 107

Abstract: With the generational shift of floating population, Cenozoic migrant workers has become the main force of the floating population. They are an important force to support the city's economic development, at the same time, have been the emphases, difficulties and breakthrough of urbanization development in the new period. In fact, most of the floating population hope to be townspeople, especially the new generation of the floating population. But due to the current policy and institutional constraints, the process of urbanization of new generation floating population is slow. Therefore, the government should pay attention to reform of various policies, by ensuring their education, health care and housing to make a breakthrough for the barriers which prevent the urbanization.

Keywords: Cenozoic Floating Population; Townspeople; Generation Renovation

B. 8　Research on Social Security Problems in New Urbanization Process of Henan　　　*Liu Zhenjie* / 115

Abstract: In recent years, with the rapid advance of urbanization process, the harmony degree between urban and rural areas has been increasing. As an important safety net of social security system construction of harmonious society system, also must with it transformation and upgrading. But looked from the present situation, the separation of urban and rural dual system obstacle, especially social security, land, household registration, social governance system reform lag, the rural labor force, land assets and other factors of production can't really reasonable flowing between urban and rural areas, to achieve the optimal allocation of resources, seriously hindered the factors of population agglomeration process. In this case, we should accelerate the reform of the system, through the balance urban and rural social security system adjustment and improvement, to adapt to the new urbanization strategy, to build a well-off society in an all-round way in 2020 to provide institutional guarantee.

Keywords: New Urbanization; Social Security; Urban and Rural as a Whole

B. 9   Analysis Report on the Current Outstanding Problems in the Construction of Henan People's livelihood

Zhou Quande / 129

Abstract: In recent years, Henan people's livelihood construction continued progress, its mainly embodied in the " people's livelihood project " effect is significant, employment and income distribution situation gradually improved, the social security system gradually perfected. In spite of this, due to various reasons, the Henan people's livelihood construction also faces some prominent problems and social risks need to be resolved. In order to resolve outstanding issues on the construction of people's livelihood, Henan province should be to carry out the mass line education activities as an opportunity, actively promote the construction of the central plate culture, continue to speed up the pace of social organizational reform, vigorously develop social undertakings, to formulate and implement the scientific, reasonable, fair social policy as soon as possible.

Keywords: People's livelihood Construction; Problem; Prospect and Countermeasure

B. 10 Analysis of Henan Employment Status, Trend and Countermeasures

Cai Shufeng / 142

Abstract: Since the beginning of this year, slowly in the recovery of someeconomic foreign body, in the unfavorable economic situation Henan's employment situation remained basically stable, all kinds of employment growth, the registered urban unemployment rate below the control target. But looked from the whole, the employment situation in Henan province is still grim, employment still exist many problem to solve. As the employment pressure is still larger, structural contradictions increasingly prominent employment, college students and urban poor groups employment difficulty is increasing. We must have a clear understanding, Careful analysis, in-depth study, innovation ideas mobilize all positive factors, overall grasp, trying to find a measure of relief.

Keywords: Henan; The Current Employment Situation; Prospect of trend; Countermeasures and Suggestions

B. 11 A Research Report on Henan Public Employment Service System

Research Group of Henan Province Development and Reform Commission / 153

Abstract: Public employment service is one of the duties of the government. In the process of rapid development of urbanization, rural labor's employment services become the litmus test of government's public service functions. Henan province is abundant in rural labor force, employment is difficult, and has urgent demand for the public employment service. Therefore, improving the public employment service system, enhancing the capacity of employment services, become the foundation of bearing the harmonious development between urban and rural areas.

Keywords: Public Service; Rural Labor Force; Transfer Employment

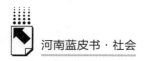
B. 12　Research of Henan Construction Labor Services Transformation Upgrading and the Development Trend

Meng Bai / 163

Abstract: Henan province is always a big province, construction labor services playing an important role in promoting the rural labor transfer, expand employment, increase farmers' income, promote rural economic and social development and social stability. Construction labor services development, driven mainly by the government on construction labor services company self development, it need not the money, no pollute needn't the land, the location tax, make more income tax, can lead the farmers to get rich quickly. Now Henan province in the face of the serious situation of building of other provinces' strong market competitiveness are growing, facing the urbanization speed up the development opportunities and the laborer the reversed transmission situation of difficult employment, low income, should be through the transformation and upgrading of the provincial government has to speed up the construction labor services. This topic research purpose of the transformation and upgrading of Henan construction labor services and developing trends is : Improve the decision-making departments at all levels in Henan province to the recognition of the importance of building services, to draw lessons from the experience of building strong province such as Jiangsu, Zhejiang, make preferential policies and incentives about Henan building labor services conduction long-term development of rely on the government, enterprise own development, promote economic and social development of rural social stability. Through the transformation and upgrading of Henan province construction labor services and the development trend of research and analysis, make Henan construction labor services industry bigger and stronger, to walk in the forefront of the country.

Keywords: Construction Labor Service; Innovation of Management ; Transformation and Upgradi

B. 13　Research on Residents'income Situation and its Countermeasures in Henan Province

Research Group of Henan Province Development and Reform Commission / 178

Abstract: Deepening the reform of the income distribution system, optimizing the structure of income distribution, is the urgent need to accelerate transformation of the mode of economic development, and also the basic act of maintaining social equity, justice, harmony and stability. Since the reform and opening up from 1978, Henan province has seen a steady rise in the income of urban and rural residents, and a significant improvement of the quality of life. But problems existing in the field of income distribution also need to be solved.

Keywords: Residents' Income; Distribution System; Countermeasures

B. 14　Analysis of Network Public Events in Henan Province

Yin Lu / 195

Abstract: the network public event is not the network provoked event, but a reflection of realistic problems on the Internet. Prominent social contradictions are the main reason. While the diffusion and aggregation of the network help it out. Emergency lights the social emotion, which forms explosion point on the network rapidly. This is how a network public event forms. One is that rising, social contradictions highlight social risk; on the other hand is the formation of independence and equality of the network public space. In this case, variation of the network public events will become inevitable. To make people understand the right and wrong of events is a basic principle of calming events, and to resolve social risks is the key to respond to network events.

Keywords: Network Public Events; Variation of Public Opinion; Regulation of Public Opinion

B. 15 Analysis of Public Opinion Online in Henan Province in 2013
Zhang Kan / 208

Abstract: Public opinion online in Henan Province demonstrates new characteristics and changes with the fast development of internet in 2013. Henan, as a province at the juncture of transition for leapfrog development, is confronted with new scenarios and challenges in its economic and social development. Public opinion online not only reflects reality but also exerts profound influence to development. Thus it is necessary to analyse and clarify the momentum and trend of online public opinion through active participation and leading it to work as a valve for reducing social pressure. Moreover, a long-term and interactive mechanism is established between the local government and netizen to build a flowing online public opinion system. Additionally, the leading role of public opinion leaders and traditional media shall be weighed more to further regulate internet environment and highlight positive energy. So that the public opinion would develop in a healthy way and play a constructive role in promoting the social stability and harmony as well as sustainable development.

Keywords: Online Public Opinion; Social Management; Public Opinion Leader; Seek Advice From Netizens Online

B. 16 Analysis and Forecast of Henan Province and the Status of Network Security Monitoring *Li Wenjiao* / 220

Abstract: This article gave a clear thought about the status of network security on the internet public opinion, fake website, internet scam and others of Henan province. We found that there were four major problems in our province. The first was the local government and people lacked of safety awareness. The second was the network security and supervision lacked of perfect laws and regulations. The third was the regulator lacked of effective linkage mechanism. Our province would face more and more problems in the future. Such as, the network security form in our province would be even more severe, network information fraud and the regulation of the mobile internet would become the important content, new technology would bring new risk. So we could promote the strength and level of network security and supervision by enhancing funds investment, legal construction, building the linkage mechanism, enhancing regulation technology.

Keywords: Network Security; Network Supervision; Status Analysis; Countermeasure and Suggestion

B. 17　An Analysis on the Government's Response Ability of Network Opinion　　*Zhao Weitai* / 234

Abstract: The essence of the government response ability of network opinion is that the government by the events revealed on the network gives self-mangement. This article revealed the essence of network opinion, put forward the right to response on network opinion, and at the same time studied three parts of the government response ability, that is, the response opinion the government should have to respond network opinion, construct a comprehensive response system, normalized response procedure and index. We should improve the government ability from the whole framework to perfect the government's response of network opinion, which is the key factor to rebuild the credibility.

Keywords: Network Opinion; Right to Respond; Response Opinion; Response System

B. 18　Research on Network Consciousness and Behavior of Migrant Workers of Henan Province Under the Background of Network Society
Jiang Meihua, Yang Linfang / 244

Abstract: In our country, with the increase of the usage of Internet, migrant

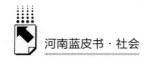

workers become an important part among the groups who use the Internet. According to the research, many distinct characteristics can be seen in rural migrant workers' usage. In terms of using the Internet, there are a lot of positive points, such as the stronger consciousness of network subject, a wider range of Internet use, fully using of Internet leisure, preliminary development of network communication and the mature awareness of network morality. Of course, there are still a lot of problems in network consciousness and behavior of migrant workers in Henan Province. For example, cracks are still standing between migrant workers and network, the consciousness standard of network safety is low, the awareness of network norm is immature, the development of E-learning is not so good and the consciousness of citizens has not formed yet. These problems are caused by multiple factors, therefore, we should put forward relevant countermeasures and suggestions from different angles. as for the country, laws and regulations related to network usage need to be established and perfected. Second, the governments should strengthen the guidance on new generation migrant workers about rational behaviors on the network. Besides, the society should create a nice and harmonious network environment for the migrant workers. Last but not the least, the migrant workers themselves should be active in improving their own consciousness and practical skills about network. Through the cooperation of all social parts, the migrant workers will make better use of network new media to enrich and improve their living quality. Then there will be a push for the orderly development of the network society.

Keywords: Network Society; Migrant Workers ; Network Awareness and Behavior

B. 19　An Analysis on Ten Social Hot Questions in 2013 in Henan
Feng Qinglin / 254

Abstract: The Third Plenary Session of the 18th Central Committee of the Chinese Communist Party just closed successfully, the trump already sounded to fully deepen the reform. Where should we start the reform from? To pay close attention to the social hot questions will provide the train of thought with deepening the reform. Therefore, this article selected ten questions and reviewed briefly in order to provide a useful reference to futher deepen the reform. The ten questions are the followings: funeral reform, helping the foundling, security housing to build, the governance of rumours、environmental pollution、urban traffic congestion and the freeloading, the policy the Government response hot problems, social credibility and integrity, how to motivate people's passion to participate in public service.

Keywords: the Year 2013; Henan; Social Hot Questions

B. 20 The Status Quo Analysis on the Social Self-organizing System in Henan *Luo Yinghao* / 266

Abstract: At present, "less governing, more self-organizing" has become a consensus. In resent years, Henan Province has gradually improved the social self-organizing system, governance modes becoming more diverse and governance mechanism continually completed, and achieved remarkable results, which yet cannot reach the aim to modernize the social self-organizing system . Therefore, rooted in our practice, exploiting the traditional advantages to the full, adopting the successful social self-organizing experiences from foreign countries, and with the government、the market、the society and the people mutually constructed and jointly building, we should innovate the self-organizing mode, compact the self-organizing foundations, strengthen the system security, establish and improve participation system and service system, and make the social self-organizing system modernized in order to reach good governance, which are the development trends of the social self-organizing system construction.

Keywords: the Social Self-organizing System; Status Quo Analysis; Development Trend

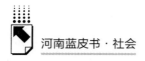

B. 21　Henan Social Governance Report
—In Xinzheng, Sanmenxia, Anyang, Lingbao four City

Liu Xiaoyu / 279

Abstract: In this paper, Xinzheng, Sanmenxia, Anyang, Lingbao four city as an example, combing, summed up all over the social model of governance on the basis of analysis of the current social governance, Henan Province, Problems and shortcomings, and to further enhance and strengthen the social governance suggestions and measures to work on the future of social governance in Henan Province to provide theoretical references and decision making.

Keywords: Henan; Social Governance Innovation Model

B. 22　The Analysis of the Current Situation and Problems of Government Purchasing Social Work Services in Henan Province

He Huijiang / 289

Abstract: In this paper, the status of the Henan provincial government to buy social work service, problems and countermeasures were analyzed. This paper proposes Henan provincial government purchase of social work services in its infancy, At present, only the pilot of the Zhengzhou Jinshui District Office and Henan provincial Civil Affairs Department implemented the "three areas" social work personnel support programs. Judging from the pilot, There are some problems in the government social organizations and social workers. This paper proposes to actively sum up experience of the pilot to aim at the problem of the government purchase social work service. And as soon as possible the implementation of the government purchasing social work service work in the province widely. On the problems in pilot also proposed the exact orientation of the government purchasing social work service function of government, to guarantee the government purchase social work service expenditure, and actively support the development of social organization, social organization operation, standard

setting scientific social worker jobs and tasks, establishing social service standard specification, stable social workers team and corresponding countermeasures.

Keywords: Government Purchase; Social Work Service; Social Work

B. 23 The Study on Burial System Reform of Henan Province

—Thinking about Canceling Grave in Zhoukou City

Yang Xudong / 301

Abstract: Henan Province made Provisional Administration Method of Funeral and Interment in 1986, then burial system begun to be reformed in the whole province. Because of local public facility construction such as public graveyard and placement of cinerary casket delaying, coupled with the influence of the traditional funeral customs, wasteful funeral, second burial after cremation, graves in the middle of cultivated land and other phenomena still exist in many places. Henan province have made two modifications to the funeral management Ordinance making in 1999 to further promote reform of funeral and interment. Although rates of cremation, funeral facilities and the construction of public cemeteries, funeral supplies market management system and other sides have made significant progress, but problems still cannot be ignored, especially the system of canceling grave and returning to plant needs to be adjusted. Local government should develop practical policy measures to further expand public coverage of funeral reform, encourage civil power playing a positive role, and promote ecological burial, steadily and orderly to carry forward the reform of the funeral system.

Keywords: Burial System Reform; Cremation; Burial; Public Graveyard; Ecological Burial

B. 24 Research Report of Henan's Current Development of Social Organization

Abstract: Both social management system's innovation and social governance's

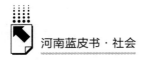

improvement need the development of social organization. Recently, development of social organizations in Henan has made great achievements, but there are also some problems. To stimulate the social organizations' development in Henan, there are three problems need to solve: the path of the development of social organization, the optimization of the social organizations' develope environment, and the improvement of social organizations'ability .

Keywords: Social Organization; Social Management; Social Governance

B. 25   Research on Marital Stability of Youth Work in the Process of Urbanization   *Cui Xuehua* / 325

Abstract: At present, the marital stability of youth work is not optimistic, Outstanding performance in the marital foundation is weak, the alienation of the concept of love and marriage marriage, chaotic behavior of complex etc. . Marital change working youth affect family harmony, social security and the healthy growth of children, has become the sharp social problems, has brought serious negative influence. Must be from the system and mechanism, guarantee the whole city youth work flow, strengthening occupation education, ensuring reasonable holidays and leisure entertainment, enhance social intervention mechanism of marital stability, Promoting youth work family harmony, avoid the huge social problems because of the large-scale population migration caused by.

Keywords: Urbanization; Youth Work ; The Stability of Marriage

权威报告　热点资讯　海量资源

当代中国与世界发展的高端智库平台

皮书数据库　www.pishu.com.cn

皮书数据库是专业的人文社会科学综合学术资源总库，以大型连续性图书——皮书系列为基础，整合国内外相关资讯构建而成。该数据库包含七大子库，涵盖两百多个主题，囊括了近十几年间中国与世界经济社会发展报告，覆盖经济、社会、政治、文化、教育、国际问题等多个领域。

皮书数据库以篇章为基本单位，方便用户对皮书内容的阅读需求。用户可进行全文检索，也可对文献题目、内容提要、作者名称、作者单位、关键字等基本信息进行检索，还可对检索到的篇章再作二次筛选，进行在线阅读或下载阅读。智能多维度导航，可使用户根据自己熟知的分类标准进行分类导航筛选，使查找和检索更高效、便捷。

权威的研究报告、独特的调研数据、前沿的热点资讯，皮书数据库已发展成为国内最具影响力的关于中国与世界现实问题研究的成果库和资讯库。

皮书俱乐部会员服务指南

1. 谁能成为皮书俱乐部成员？

- 皮书作者自动成为俱乐部会员
- 购买了皮书产品（纸质皮书、电子书）的个人用户

2. 会员可以享受的增值服务

- 加入皮书俱乐部，免费获赠该纸质图书的电子书
- 免费获赠皮书数据库100元充值卡
- 免费定期获赠皮书电子期刊
- 优先参与各类皮书学术活动
- 优先享受皮书产品的最新优惠

3. 如何享受增值服务？

（1）加入皮书俱乐部，获赠该书的电子书

第1步 登录我社官网（www.ssap.com.cn），注册账号；

第2步 登录并进入"会员中心"—"皮书俱乐部"，提交加入皮书俱乐部申请；

第3步 审核通过后，自动进入俱乐部服务环节，填写相关购书信息即可自动兑换相应电子书。

（2）免费获赠皮书数据库100元充值卡

100元充值卡只能在皮书数据库中充值和使用

第1步 刮开附赠充值的涂层（左下）；

第2步 登录皮书数据库网站（www.pishu.com.cn），注册账号；

第3步 登录并进入"会员中心"—"在线充值"—"充值卡充值"，充值成功后即可使用。

4. 声明

解释权归社会科学文献出版社所有

法 律 声 明

　　"皮书系列"（含蓝皮书、绿皮书、黄皮书）由社会科学文献出版社最早使用并对外推广，现已成为中国图书市场上流行的品牌，是社会科学文献出版社的品牌图书。社会科学文献出版社拥有该系列图书的专有出版权和网络传播权，其 LOGO（ ▊ ）与"经济蓝皮书"、"社会蓝皮书"等皮书名称已在中华人民共和国工商行政管理总局商标局登记注册，社会科学文献出版社合法拥有其商标专用权。

　　未经社会科学文献出版社的授权和许可，任何复制、模仿或以其他方式侵害"皮书系列"和 LOGO（ ▊ ）、"经济蓝皮书"、"社会蓝皮书"等皮书名称商标专用权的行为均属于侵权行为，社会科学文献出版社将采取法律手段追究其法律责任，维护合法权益。

　　欢迎社会各界人士对侵犯社会科学文献出版社上述权利的违法行为进行举报。电话：010－59367121，电子邮箱：fawubu@ ssap. cn。

社会科学文献出版社